江恩
选股术

WALL STREET
STOCK SELECTOR

[美] 威廉·江恩 著

武京丽 译

企业管理出版社
ENTERPRISE MANAGEMENT PUBLISHING HOUSE

图书在版编目（CIP）数据

江恩选股术 /（美）威廉·江恩著；武京丽译 .— 北京：企业管理出版社，2024.1

ISBN 978-7-5164-2665-4

Ⅰ.①江… Ⅱ.①威… ②武… Ⅲ.①股票投资—基本知识 Ⅳ.① F830.91

中国版本图书馆 CIP 数据核字（2022）第 128388 号

书　　　名：	江恩选股术
作　　　者：	（美）威廉·江恩
书　　　号：	ISBN 978-7-5164-2665-4
责任编辑：	尚　尉
出版发行：	企业管理出版社
经　　　销：	新华书店
地　　　址：	北京市海淀区紫竹院南路 17 号　　邮　　编：100048
网　　　址：	http://www.emph.cn　　电子信箱：qiguan1961@163.com
电　　　话：	编辑部（010）68414643　　发行部（010）68701816
印　　　刷：	三河市东方印刷有限公司
版　　　次：	2024 年 1 月 第 1 版
印　　　次：	2024 年 1 月 第 1 次印刷
开　　　本：	160mm×235mm　　1/16
印　　　张：	18.5
字　　　数：	270 千字
定　　　价：	72.00 元

版权所有　翻印必究　·　印装有误　负责调换

前 言

每一位华尔街上的股票交易者都是奔着赚钱才入市的，不过正如大家都知道的一个事实，大多数交易者实际上是赔了钱。他们赔钱的原因五花八门，其中最重要的原因之一就是不知道如何正确挑选股票，并在正确的时间进行买入和卖出。我期望能给交易者提供一些经过实战证明有效且实用的操作法则，它们不仅可以让交易者学会如何选择正确的股票，同时可以将买卖的风险降至最低。

我写这本书的主要目的就是带给大家一个与时俱进版的《股票行情的真谛》，让每位股票投资者和交易者能从我最近7年来弥足珍贵的经验中获益。如果读者能靠它们赚到钱，那就证明这些经验对他有同样的价值。

在人的一生中，我们总会有些明确的目标或是得到幸福的希望。金钱并不能带来所有的一切，我们也不可能总是靠钱去帮助别人。我觉得，帮助他人最好的方式就是让他们知道如何去自救，所以将知识和理念正确地传授给他们是最有意义的一件事。同时，这对我们自身也有益。成千上万位读者曾经写信给我，说我通过《股票行情的真谛》一书给了他们很大帮助。我相信，比起其他任何一本书，这本《江恩选股术》将会给予你更多的知识，而你依靠这些知识赚的钱也会给你带来更多的幸福。如果这本书真能起到这样的作用，我的辛劳也就得到了很好的回报。

威廉·江恩

1930年4月24日于纽约

目录
contents

第 1 章　股市进入新时代还是经济周期发生了改变 …… 1
交易者如何被股市周期所愚弄 …………………………… 2
1814—1929 年间的历次股市恐慌 ………………………… 3
股市周期如何循环往复 …………………………………… 9
牛市行情的各个阶段 ……………………………………… 13

第 2 章　股市投资黄金法则 …………………………… 17
资金的安全 ………………………………………………… 19
止损单 ……………………………………………………… 19
改变想法 …………………………………………………… 20
过度交易 …………………………………………………… 21
保住你的盈利 ……………………………………………… 21
进场的时机 ………………………………………………… 22
太早或太晚买卖股票 ……………………………………… 22
迟疑的危害性 ……………………………………………… 23
何时采用金字塔交易法 …………………………………… 24
期望多高的盈利 …………………………………………… 25
如何应对追加保证金的要求 ……………………………… 26
联名账户 …………………………………………………… 26

交易者不想知道的事 ················· 27
　　人性最大的弱点 ··················· 28

第3章　我在华尔街受到的教育 ············ 31
　　为什么现在想要打败股市更难了 ··········· 31
　　可以冒险投机的年纪 ················ 33
　　一个人能赔掉1亿美元吗 ·············· 35
　　一个人的运势何时会发生改变 ············ 37
　　恐惧vs知识 ···················· 40
　　为什么交易者没有在高位时卖出股票 ········· 41
　　聪明的傻瓜 ···················· 42

第4章　股票行情图和趋势变化 ············ 45
　　解读交易数据的新方法 ··············· 45
　　历史记录证明因果关系 ··············· 46
　　最好用的行情图 ·················· 48
　　看行情图定趋势 ·················· 49
　　如何研究股票每日、每周和每月的行情图 ······ 53
　　与每日行情图对应的操作法则 ············ 53
　　与每周行情图对应的操作法则 ············ 55
　　与每月行情图对应的操作法则 ············ 55
　　每周和每月的变盘时间 ··············· 56
　　每月的重要日期和趋势的变化 ············ 57
　　需要关注的变盘月份 ················ 61

第5章　成功的选股方法 ··············· 67
　　全额以自有资金买入股票 ·············· 67
　　正常或平均幅度的波动 ··············· 69

抬高的顶部和走低的底部	70
普遍认同的交易价格	71
为什么股价在高位时波动速度更快	73
以前的顶部和底部	74
第一次上涨与第一次下跌	74
如何给股票试算平衡	75
三日看盘法则	82
如何给美国钢铁试算平衡	83
成交量	85
美国钢铁的交易量	87
股票什么时候处在极度弱势或极度强势之中	91
判定正确的卖出时间	93
横盘波动	95
在整数价位买进和卖出	98
在低价位卖空股票	101
危险的卖空	102
在牛市行情后期买入低价股	103
如何确定短期龙头股	104
运行缓慢的股票	104
为什么股价会走极端	105
为什么股价低时波动慢，而股价高时波动快	105
持股的期限	107
股价被操纵的股票	108
有过巨大涨幅的股票	110
新股	113
你从没听说过的做空真相	113
为什么股票要拆分和宣布分红	115
谁拥有公司	115

利率、债券和股票价格 ………………………………………… 117

第6章　投资者应如何交易 ………………………………… 121
投资者何时应获利了结 ………………………………………… 121
投资者应关注些什么 …………………………………………… 125
买入上市多年或资历深的股票 ………………………………… 126
如何操作与大盘走势相反的上市多年的股票 ………………… 139
投资安全 ………………………………………………………… 141

第7章　如何选择牛市早期和后期的领涨股 …………… 143
化工类股 ………………………………………………………… 144
铜与金属类股 …………………………………………………… 151
机械设备类股 …………………………………………………… 156
食品类股 ………………………………………………………… 160
汽车或轿车类股 ………………………………………………… 162
石油类股 ………………………………………………………… 171
公共事业类股 …………………………………………………… 174
橡胶和轮胎类股 ………………………………………………… 176
钢铁类股 ………………………………………………………… 179
百货商店和零售类股 …………………………………………… 195
糖业类股 ………………………………………………………… 202
烟草类股 ………………………………………………………… 206

第8章　未来的股市 ………………………………………… 209
飞机类股 ………………………………………………………… 210
留意个股的未来机会 …………………………………………… 214
美国橡胶的未来 ………………………………………………… 214
钒钢 ……………………………………………………………… 215

第 9 章 将来的情况和发展 217
  超买的股票 217
  生产和消费 218
  投资信托公司 218
  兼并与合并 220
  战争赔款债券 221
  投资者的恐慌 222

后　记 225

附　录 227
  答疑解惑 243
    股市中的零碎股交易和谷物期货中的零星交易 243
    权威作家应具备什么能力 243
  江恩提供的服务将如何帮助你 245
  江恩对 1929 年股市的预测 250
  对 1929 年的总体展望 252
  哪些因素会导致下一次的经济萧条和股市下跌 253
  供求简报 283

第1章 股市进入新时代还是经济周期发生了改变

在1927年、1928年和1929年上半年,许多人都在说股市进入了一个新时代,说是联邦储备银行在防止市场出现恐慌方面起到了重要的作用。很多经济学家、银行家、大型金融机构的运营者和商界人士都表示,像1907年和前些年那样由于货币出现状况而引发市场恐慌的日子已经一去不复返,同时他们也在津津乐道金融领域和股票市场的黄金时代近在眼前,但是他们好像已经忘了在1920年和1921年都发生过什么事情。在1919年大牛市行情后,1920年到1921年股市的下跌就是冻结贷款和紧缩的货币政策造成的。而那时已经有了联邦储备银行,但是却没能阻止自由债券跌到大约85美元,对于股价下跌至1914年世界大战前以来的最低水平也是无能为力。在此,我要引用一篇1927年11月28日出现在某主流报纸中的文章。这篇文章的标题是《再见了,经济周期》。

这个被妖魔化了的"经济周期"已经大体上失去它引发人们恐惧的能力。科学化的管理似乎已经克服了这一弊端。几年前总能听到关于经济繁荣和萧条会循环往复的言论,讲这些话的那些所谓经济预言家大都是自封的,他们习惯谈论经济循环,并对工业和金融发出严重预警。这些预言家宣称,经济的波动就如同海里的波浪,波峰越高,波谷就会越深。他们认为这就是经济活动的本来面目,很长一段时间里,他们都以此妖言惑众，倒是为自己敛了不少财。

但是这个魔咒已经不灵了，而且这些预言的阴霾也已然消散。各行各业的经商之士都摆脱了这样一种近乎迷信的想法。他们发现"经济周期"只不过就是立在田地里来吓唬小鸟的稻草人。他们也知道了只要公司业务平稳发展，那样的事情就不会发生。决定生意成败的全部必要条件是要有基本的业务知识，要与他人进行合作，再加上良好的判断力。当然现在还是有一些"经济循环论"的鼓吹者，但即便他们不停地念这些无用的咒语，以至于喊破了喉咙，这些年以来经济依然一路向好，没有出现过什么"循环"，甚至连丁点儿兆头都没有。经济空前繁荣，其基础也就再扎实不过了，这一切都是因为商界人士们已经学会了该如何去应对。

很容易就能看出这个作者有多么自信，他竟以一句"经济空前繁荣，其基础也就再扎实不过了，这一切都是因为商界人士们已经学会该如何去应对"来收尾。对于这位作者的诚实和尽责，我一点也不怀疑，但他要么是得到了错误的讯息，要么就是能力实在有限。他对过去的回顾实在是不够久远，所以无法知道在股市和经济中历史一直在重演。

1929年深秋爆发了史上最严重的股市恐慌，随之而来的就是经济萧条，这就验证了经济周期的确会循环往复这一理论的正确性。当我们感到自己好像处在新时代的时候，其实那只不过是在重复原有的经济周期或状况而已，这在每次战争结束几年后总会出现。

交易者如何被股市周期所愚弄

很多华尔街股市上颇有资历的老手，在1921—1929年这轮牛市行情中却如十足的门外汉一样犯了一个糟糕的错误。

第1章
股市进入新时代还是经济周期发生了改变

股票交易者中有许多人对股市历史交易记录的研究仅限于1901年到1921年之间，有的人甚至连这段交易史也从没回顾过，于是他们通过看其他人写的材料或者听人家发表的言论之后认定，以往任何一轮牛市行情从未持续过两年以上。这种错误的想法让众多交易者损失惨重。股市从1921年到1923年出现上升行情后，在1924年有一波下跌，当柯立芝先生选上美国总统后重拾升势，1925年股市继续涨升。而交易者们认为，按照以前的规律牛市该结束了，于是便开始卖空，结果损失惨重。在这轮牛市行情期间，那些交易者继续与市场进行着一次次的博弈，每一次他们都认为市场创出的新高会是本轮行情的最后一个高点。然而有些股票一路上涨到了1929年。很多股场上的老手在1929年牛市行情的终点犯了这轮行情操作中的最后一个错误，不过这次错误可要比之前那些错误严重得多，那就是他们开始看多后市并买进股票，可以想见在随之而来的股市恐慌性下跌中，这些在高位接最后一棒的人损失会有多大。

目前有1500多只股票在纽约证券交易所挂牌上市，而1924年时的上市公司数量仅为现在的一半左右。新的股票板块逐渐形成，新的领涨股票也开始引人注目，在这种新形势下，股市打造出了一批新的百万富翁，同时也让一些以前的百万富翁，变得一贫如洗。股场中有些昔日的风云人物没能够在新的股市环境中随机应变，仍旧沿用以前的操作方法，最后落得破产的下场。据报道，在1924年和1925年利弗莫尔（Livermore）按照以前所用的评估标准来看股价平均走势时，发现股价太高了，于是就进行卖空操作，后来赔了一大笔钱斩仓离场。而在1927年他再度入市，又因为没能掌握好正确的卖出时机不得不割肉出局。在1929年他又一次出击，终于在股市恐慌性下跌中大赚了一笔。

1814—1929年间的历次股市恐慌

在剖析1929年这次华尔街有史以来最惨烈的股市恐慌性暴跌的原

因之前，回顾在美国和华尔街很长一段历史中发生过的其他几次市场恐慌和它们各自的起因也很重要。

引发股市恐慌的原因有很多种，而对于所有恐慌来说，其首要原因就是高利率，而高利率是由信用的过分扩张和投机过度造成。其他一些原因还包括未被市场消化的证券，包括股票和债券，或是商品价格和外币兑换比价低、在商业和股市上的过度交易、银行倒闭、进出口贸易，以及银、铜、铁等基础商品的价格。如果经济繁荣持续了很长时间，而股市价格也连着涨了好几年，公众就会开始变得过于自信，市场和经济也就到达了投机的阶段。每个人都表现得十分乐观，他们被非理性的狂热冲昏了头脑，不停地买进，直到一切都做过了头，股价已经高到各行业的经济状况或各上市公司的盈利都无法支撑的地步。当到了这个阶段以后，货币出现短缺；股价在经过巨幅扬升之后，银行满负荷放贷的钱也被拿来炒股，沉重的抛盘自然会接踵而至。

1814年的市场恐慌源于出口业务的疲弱和过度放贷。1818年的恐慌也是货币状况引发的，银行扩张的速度过快。1825年和1826年发生的恐慌是由于英格兰的高利率和高贴现率，以及商品价格的下跌，特别是棉花的跌幅最大。1831年恐慌的导火索还是利率太高，贷款增加速度过快和企业经营业务开展过度。而1837年到1839年的市场恐慌是过度投机和紧缩货币所致，银行不得不停止兑付贵重金属货币。在1839年，倒闭的银行家数创了当时的历史新高。1848年，市场恐慌是由于银行数量的增加和纸币流通的大增，还有商品价格的走低，其中以小麦、玉米和棉花为甚，而这些在当时基本上是这个国家赖以繁荣的东西。1857年出现的恐慌在当时看是有史以来最严重的一次，其成因也不外乎是流通领域的纸币过多所致。对于每1美元的金币和银币，在流通领域大约就会有价值8美元的纸币。银行又开始大规模地倒闭，而对于那些没倒闭的银行，也不得已推迟兑付金币和银币。1861年的市场恐慌是因为内战的爆发。1864年恐慌的元凶为战争、经济萧条和紧缩的货币政策。股市在此之前有过一波大幅度的上涨，也拴牢了大量贷

第1章 股市进入新时代还是经济周期发生了改变

款。1869年的恐慌主要是华尔街上的恐慌。"黑色星期五"发生在1869年的9月。它的起因就是由于长时间的投机冲击波，内战之后股价已经升到了极高的价位，而投机却正是方兴未艾。当时的利率是自1857年和1860年以来最高的水平。1873年的市场恐慌是内战以来最严重的一次，它是由于战争带来的货币大规模扩张所致。不过，过度投机也是产生恐慌的主要原因之一，当时的利率也高过了1857年之后的任何时期。

1873年9月18日，杰依·库克金融公司（J. Cook）、国家信托公司（National Trust Company），联合信托公司（Union Trust Company）和其他银行的相继破产倒闭给金融业带来了严重问题。1873年9月20日，纽约证券交易所破天荒地关门停业，一直到9月30日总共休市了10天。那时的银行贴现率为9%，对于用纸币兑换贵金属货币的业务，银行也不得不推迟兑付。1884年市场产生恐慌的原因是股市的过度投机；黄金外流到欧洲，导致国家的储备量很低。这期间还发生过好几宗重大的破产案，其中就有格兰特-瓦德公司的倒闭。在恐慌爆发的前几年中，短期贷款的利率一直居高不下，1882年达30%，1883年为25%，1884年是18%。1890年的恐慌大体也是源自于过度投机和高利率。1889年短期贷款的利率又高达30%，而1890年这个数字更是攀升到了45%。商品的价格降到了内战以来的最低水平，助长了经济萧条的产生。而伦敦巴林兄弟银行（Baring Brothers）的倒闭更是对这次恐慌的爆发起到了推波助澜的作用。1893年的市场恐慌大致还是高利率的产物。1892年的短期贷款利率高达35%，1893年为15%。低廉的商品价格，特别是小麦、玉米和棉花的低价导致了大批企业的破产。1896年的恐慌来自于布莱恩的白银短缺和人们对金本位制度是否会动摇的担忧。然而商品价格的走低也在很大程度上引发了这次恐慌，因为全国经济形势普遍很差，并且这种情态也已经维持了多年。短期贷款的利率竟然达到了125%，这在当时看来是从内战以来的最高利率水平。股市均价在8月8日跌到了极低的点位，随后开始回升，在麦金利当选总统后，股市也迎来了麦金利繁荣时代，这波涨升在当时称得上是历史上最大的一次牛市行情。1901年股市的恐慌发生在5月9日，起因是北太平洋公司股票的囤积战。

股市在经过了这次恐慌之后有过反弹，但总体来讲，在接下来的几年里一直是走下坡路。

1903年和1904年的恐慌主要是由于新发行证券的疲软和政府对铁路公司的打击。1903年短期贷款的利率为15%，而到了1904年就低至1%，并且在这一年之中，该利率也没有超过6%。老罗斯福在大选后又一次担任总统，而经济状况从1904年下半年也开始转暖，一轮牛市行情在1905年和1906年展开，股价上升到了自麦金利繁荣时代以来的最高位。1907年的市场恐慌被称作"富人的恐慌"，它也是高利率、投机过度和反托拉斯，以及已故的西奥多·罗斯福总统在当时采取的大棒政策和针对铁路公司的立法共同作用的结果。1907年10月短期贷款的利率高达125%，而恐慌状况也达到了极致。银行被迫在全国范围内延迟对金属货币的兑付。1910年到1911年的恐慌或者说是萧条，主要是源自于《谢尔曼反托拉斯法》，因而这个时期又被称为反垄断时期。

标准石油公司被勒令解散，美国钢铁公司也遭到了解散诉讼，后来该诉讼告负。1910年短期贷款的利率是12%，股市的市价在7月跌到了最低的点位。货币状况在1911年稍有缓解，短期贷款的利率降到了6%以下。1914年市场恐慌是由于世界大战的缘故，并导致纽约证券交易所从7月31日一直休市到12月15日。但是即便没有爆发战事，这个国家也会出现恐慌和经济萧条，因为当时的商品价格已经在低位维持了很多年，经济状况普遍出现恶化。1912年的利率就已经很高了，短期贷款的利率达到了20%，而在1913年和1914年，短期贷款的利率为10%。世界大战爆发的时候，欧洲人持有大批华尔街的股票，因而他们的大量抛售让纽约证券交易所被迫关门。这场战争让金钱和生意都流入了美国，物价开始上涨，也为美国本土经济起到了助推作用，随后股市迎来了一轮繁荣期。

第 1 章
股市进入新时代还是经济周期发生了改变

股票的价格在1916年秋达到了高位，投机又开始过度，短期贷款的利率达到了15%。有人开始出货了，这也就引发了1917年的市场恐慌。它是战时繁荣期内人们过度投机的结果。而在战后，另一波疯狂的投机潮发生在1919年，并在当年的11月达到了顶峰，接下来股市展开了一轮恐慌性的下跌。1919年10月和11月的利率高达30%，1920年的秋天为25%。1920年和1921年的恐慌主要由于"冻结贷款"和商品价格下跌造成。全国的商户都积压了很多高价买来的货物，而银行则是放出了太多的贷款。

在1921年恐慌之后，曾经有过一段很长的繁荣期。短期贷款的利率从1922到1928年一直也没有超过6%，而在1924年和1925年期间，短期贷款利率更是低至2%。无论是从华尔街还是单从股市来说，1923年和1924年都不能算是恐慌之年。这段时间只不过是简单的回调时期或休整期而已，这个时期之后，股市又迎来了一波大牛市行情。当柯立芝在1924年11月大选再次成为美国总统后，经济状况开始稳步好转。长时间宽松的货币政策与经营活动的扩张都催生了股票历史上最大的牛市，这也是自1869年9月见顶的那轮牛市，和1898年到1906年的麦金利繁荣时代以来持续时间最长的一轮牛市。

1929年华尔街上的恐慌——这次恐慌之所以会爆发，不光是因为美国人在疯狂地赌博，外国人也在狂赌。全世界都在美国的股市中下注，人们不顾股价高低一律吃进，纸面财富在短时间内制造。无论是侍应生还是千万富翁都投身股市，史无前例的投机潮过度得无以复加。经纪人的贷款继续攀升，一直到800万美元之上。据保守估计，全国还不上用于买卖股票的贷款要超过300亿美元。当股价达到顶部时，纽约证券交易所全部股票的总市值高达1000多亿美元。债券价格在1928年开始下跌，利率也开始提高，而这也是牛市行情即将结束的第一个警示。1928年短期贷款的利率是13%，到了1929年升到20%。联邦储备银行发布的警告也无人理睬。

1929年创下了纽约证券交易所历史上新股上市的最大数量，所有新股都需要大批资金。这轮大牛行情的最后阶段是如此之快，以至于连一次回调、有秩序的下跌，或是有秩序的抛盘都没有发生。当每个人都满仓买入后，就开始抛售，没有人再想着去买股票，这样一来崩盘也就不可避免了。这波暴跌在历史上是最惨烈的，给公众造成的损失也是最大的。然而这次不仅是富人在恐慌，穷人也处在恐慌中，身家百万抑或千万的富翁们同那些外行的投机者们一起受难。在短短不到3个月内，500万、1000万、2500万、1亿或是更多的利润都付诸东流了。大户们和小散户一样无法从股市中脱身，因为根本就没有人来买他们手中不得不卖的股票。9月3日这一天，平均指数达到了极高的点位，交易量大约为450万股，随后大盘从9月5日开始下跌，成交量在550万股左右，而在大盘见顶之前的很长一段时间，成交量都没有越过500万股大关。在10月4日出现回调的底部时，成交量约为550万股。在恐慌性暴跌的第一天，即10月24日，成交量为1289.4万股。10月29日这个股市历史上最黑暗的日子，成交量达到了1641万股；10月28日的成交量在911.2万股；10月30日的成交量为1072.7万股；11月12日的成交量是645.2万股；11月13日大盘见底，交易量为776.1万股。在形成这个底部后，日成交量一直没超过550万股，直到4月3日才再一次接近600万股关口。

　　道琼斯30种工业指数从9月3日开始的波动也很有看头，我注意到它从9月3日的顶部381点，经过第一轮下跌后，在10月4日跌到了325点，30天内下跌了56个点。随后的快速反弹使平均指数在10月11日回到了363点，涨了38个点。而到了10月29日，指数下跌至231点，从10月11日算起，跌去了132个点，如果从9月3日开始算的话，就是跌了150个点。在两天的反弹之后，指数上升到273点，涨了42个点。11月13日，指数创下了极低的199点，比10月31日时的点位低了74个点，而比起9月3日的点位总共低了181个点。后来的一轮反弹持续到了12月9日，将指数又带回到263点，从底部反弹了64个点。接下来又是一波下跌，一直跌到12月20日的231点，从12月9

日算起的话，跌去了32个点。随后就是一些小幅的反弹，股价逐渐走高，直到1930年4月17日，平均指数涨到了294点，从1929年11月13日的极低点位算起，上涨了95个点。

股市周期如何循环往复

1929年股市恐慌大体是由货币状况引发，主要因为过度扩张的贷款和未被市场消化的证券。对内战后经济形势的研究和对股市价格的回顾将表明，世界大战后的经济情况没有太多不同，股市的情形也是大同小异。这轮牛市在去年8月结束前，到处都可以听到人们说，这轮牛市持续的时间比历史上任何一轮牛市都长，它愚弄了最聪明的精英们。事实上，它愚弄了每个人的确是真的，但是说它比历史上任何一轮牛市时间都长却不全对，下面对股市历史波动情况的回顾会证明这一点。

铁路股平均指数——我编制了1856—1896年的铁路股平均指数，这样你不仅可以知道内战开始前股价的情况，也能了解内战后股价发生了什么变化。要比较战前和战后的经济情况，最好的晴雨表和指南非股市莫属。图1可以看到铁路股从1856年到1896年期间每年的高点和低点的价格。那轮牛市在1856年见顶，平均指数最高达到了96点。接下来在1857年出现了恐慌性下跌，把该平均指数拖低到了37点。1858年平均指数的高点是79点，低点是59点。1859年指数的高点在70点，低点在53点。1860年的高点也是70点，与1859年的高点相同，低点是54点，仅比1859年的低点高了1个点。1861年的高点为65点，而在3月创下新低48点。内战在1861年4月爆发，但是你可以看到股市的价格早已提前反映了战争的影响，股价随后很快开始反弹。1862年6月，平均指数突破了70点，这个点位曾是1859年和1860年的高点。9月指数又突破了79点，而这也曾是1858年见到的最后一个高点。牛市行情继续展开，在1863年1月，指数突破了1856年的顶部，上升趋势

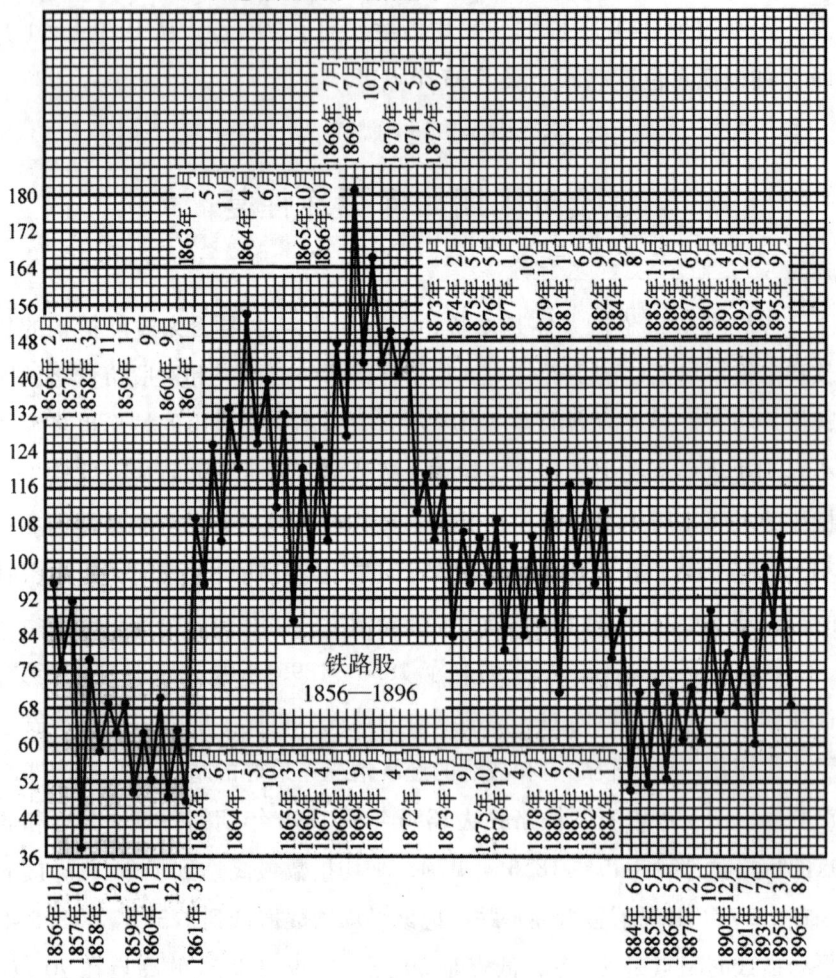

江恩铁路股平均指数（1856—1896年）

图1

一直延续到1864年4月，在154点见到大顶。随后指数迅速回落，并再次回到了88点，比起一年前的点位低了66个点。在1865年10月，指数反弹到了121点。1866年2月，指数下跌到了100点，10月的平均指数又涨到了125点。然后又开始下跌，到了1867年4月，指数跌至104点，这个低点比1866年的底部要略高一些。从这一低点起步，大盘开始了另一波大幅扬升，并在1869年7月达到了这轮行情的最后一个高点，平均指数在181点见顶，比起1867年4月的低点高出了77个点。1869年牛市最后阶段的市场表现狂野，交易活跃，在最后疯狂的3个月里，指数大概涨了33个点。

内战时的那轮牛市行情真正起步是在1861年3月，到1869年7月才结束，就如同1921年到1929年这波牛市一样，牛市的行情中也时常出现回调。从1861年到1869年的牛市共持续了8年零4个月。而从1921年到1929年这波牛市的时间跨度为8年。从内战前后的记录你就可以发现，其实当年的那轮牛市比1921年到1929年这波牛市持续的时间还要稍微长一些。

1869年8月股市开始下跌。真正的恐慌性暴跌发生在9月，1869年9月24日"黑色星期五"，股指在9月内跌了30个点，当月的低点是144点。10月有一波快速反弹，涨到了167点的高点，而这个点位也成为了本轮行情的最后一个高点，股价随后开始一路走低，直到1873年跌到84点之前，只是经历了一些小幅的反弹，而从1869年的高点算起，共跌了97个点。随后的反弹延续到了1874年2月，指数攀升到了107点。1874年9月，指数跌到了95点，在1875年5月，又反弹到了106点。1875年10月，指数又跌回到95点，1876年3月平均指数重新站上110点。而接下来的下跌一直持续到1876年12月，当时的低点是81点，与1869年7月时的高点相比下跌了100个点。随后是一波牛市行情，一路上涨到1879年11月，平均指数触到了119点。随后的下跌延续到了1880年6月，指数跌到了73点，从这个低点开始，大盘展开了快速的扬升，在1881年1月指数达到了118点，仅比1879年11月的高点低了1个点。1881年5月和6月，指数两次到了同样的高位。而从这一顶部开始，大盘出现了一波漫长的熊市行情，直至1884年6月才结束，指数当时的低点为51点，8月指数反弹到了72点。在1885年3月、5月和6月指数在52点见到了底部，这比前一年中的极低点位要高了1个点。1885年11月，平均指数又重返73点，而在1886年5月却又跌回到53点，这个点位也是此次下跌中的最后一个低点。大盘从这个低点起步，开始了一轮缓慢的爬升行情，指数处于缓慢回升状态，到了 1890 年 5 月行情告一段落时，指数才回到 89 点。熊市行情又随即展开，并导致了 1893 年恐慌的出现，当时指数在 7 月见底，最低跌至 61 点。同一低点在 1893 年 12 月又出现了一次。随后的上涨行情一直持续到了 1895 年 9 月，指数最后攀升至 106 点。在指数见顶后，出现了布莱恩的白银恐慌，这次恐慌延续至 1896 年才结束。1896 年 8 月 8 日，股市见到了内战以来的最低点位，或者说是 1869 年 7 月股市在内战后见顶以来的最低点。1896 年，很多股票都到了清算财产管理人的手里。像纽约中央公司（New York Central）这样的股票，在 1869 年见顶后持续走低，直到 1896 年才最终见底。

从 1896 年到现在，道琼斯平均指数中的铁路股指数和工业股指数都是市场趋势最可靠的风向标。在《股票行情的真谛》这本书中，我曾对这些指数从 1896 年到 1922 年的运行情况做过回顾。1928 年，在指数突破 1906 年这个当时的历史大顶后，你接下来就要去看那些构成该板块指数个股的高点价位，要注意那些已经突破了 1906 年高点的股票。比如，阿奇逊公司（Atchison）、纽约中央公司和联合太平洋公司（Union Pacific），这些股票的股价都突破了它们在 1906 年的顶部价位，是铁路类股中涨幅最大的股票，而与这些股票相对而言，圣保罗公司（St. Paul）和其他股票的股价涨幅就小得多，尚未达到它在 1906 年的高点。

交易者都应该知道这些事，明白以前发生过的事还会再度重演。你不应仅凭期盼而持有股票。当看到你的操作出错时，应该设置止损单，哪怕是赔点钱，也应尽快出局。成千上万的人被 1929 年见顶的那轮牛市所愚弄，他们还将被很多在 1929 年股价见顶的股票所愚弄，因为这些股票还在寻底中。唯一可以保护你不遭受重大损失的办法，就是在还不算太迟时离场。固执在股市中是不会帮助你的。事实上，当你操作错误时，没有什么能够帮到你，你所能做的就只剩下出局，然后等待下一次机会，或是转手去操作别的股票。

第1章
股市进入新时代还是经济周期发生了改变

牛市行情的各个阶段

牛市行情是按阶段或波浪式运行的。从1921年到1929年的这轮牛市行情可分为以下几个阶段：道琼斯20种工业指数在1921年8月见底后，本轮行情开始启动。牛市的第一阶段在1923年3月见顶。接下来是一次回调，或称为小熊市行情。一些股票在1924年5月见底，而其他股票于1924年10月见底。市场在这波回调过后，就展开了牛市的第二阶段行情，股指又继续向上拉升，直至1925年11月为止，而随后的回调也只不过是牛市中的一次调整罢了。接下来股指又重拾升势，第三波的涨升从1926年4月一直持续到8月，随后股指调整了两个月，在1926年10月见底，接下来再度上扬。大盘在1927年10月见顶后，有一波很急的下跌调整，但也仅维持了一个月。不过很多股票开始休整，一直回调到了1928年2月才再次启动，这波反弹的速度很快，在1929年1月和2月见顶。这可以被看作是牛市第三阶段的尾声。股指在1929年3月就遭遇了一次恐慌性下跌，并在3月26日见底。接下来的股市在大约两个月里呈窄幅震荡，或者说是在蓄势。1929年5月迎来了牛市的第四阶段，也是最后一个阶段的上涨。这最后一涨的来势很凶猛，很多股票创造了在同样的时间内涨幅最大的历史纪录。从1929年5月到9月3日，道琼斯30种工业指数上涨了90个点。而这次指数见顶主要都是一些由大户运作的活跃的高价股做出的贡献，随后便是铺天盖地的抛盘来袭，在两个月多一点的时间里，道指暴跌了182个点，这是有史以来的最大跌幅，给公众投资者和联营操盘者都带来了历史记录中最大的损失，全部股票市值亏损已超过了400亿美元。

工业平均指数——我在《股票行情的真谛》一书中对道琼斯工业平均指数从1896年到1922年的波动情况做过回顾，同时还配有月高低点示意图和年高低点示意图。1922年10月的高点是103点，1922年11

月的低点是92点。而这也是下一轮涨升的起涨点，这轮涨升在1923年3月于105点见顶，仅比1922年的高点高出2个点，比起1920年的高点来还是低了4个点，而指数只有突破了这个高点，才可以说明后市看涨。接下来指数出现了回调，直至1923年10月跌到了86点。围绕这个点位，指数在86点到88点之间进行了长达5个月的横盘蓄势整理。在1924年1月和2月出现了反弹，指数又回到了100点。随后又是一波下跌，1924年5月在88.5点见底。接下来的三个月里，指数的低点都维持在这个点位，一直没有破掉。该点位比1923年的低点高出了2个点，说明指数在这里有良好的支撑，是股价要走高的信号。1924年8月的高点为105点，刚好与1923年3月的高点相同。随后就有一波温和的回调，并在1924年10月见底，当时的低点是100点。在10月底有过一次反弹，平均指数当月收在104点，而11月的开盘点位也是104点，并快速突破了105点，这可是两年多以来指数的顶部点位，该突破可视为股价会继续上涨的明确信号，这时你就应该去选择那些在样本股中走势最强的股票买入，股价的上升空间已经被打开。

当柯立芝先生在1924年11月的大选中胜出后，股市开始迅速回升。11月底之前，平均指数就已经突破了1920年的顶部109点，该突破又是一个预示股价会再上升的好兆头。1924年12月指数又突破了120点，这个点位是1919年的顶部，也是当时的历史最高点位。这次突破说明股价接下来要大涨了。1925年3月的高点是125点，随后指数快速回调，在3月末于115点见底。股指在这个点位上有强劲的支撑，随后股价又开始上涨。5月，平均指数突破了3月的高点125点，在以后的每个月里，指数的高点和低点都在不断抬高，这种上行状态一直保持到1926年2月，指数在162点见顶。当时的这个顶是个尖顶，后面在3月的回调也很急，称得上是一次恐慌性的破位下跌，很多交易活跃的股票都跌了75到100个点，指数当月的低点在135点。这次回调就像1925年3月的回调一样，也仅维持了一个月。市场在窄幅震荡中度过了交易低迷的两个月，经过这样的蓄势后，6月股市的主趋势再次反身向上。1926年8月，指数的高点达到了166点，恰好比1926年1月的顶部高出了4个点，而这应该算是一个后市看涨的信号。接下来有一波将近两个月的回调，1926年10月将指数拖到了146点的底部，随后才又重拾升势。那些活跃的龙头股量价齐增，1927年5月，平均指数突破了166点，后市可继续看多，10月的高点在199点。好的卖出点位总好像是在偶数附近，比如100点、200点或是300点。指数在见顶后就有一次急跌，在10月底以前跌到了179点。但是这次破位下跌后的反弹也来得很快，1928年1月指数就突破了200点。而一般指数若能站到偶数点位之上的话，往往就会确立后市走牛的趋势。当时的顶部点位是203点，接下来2月有一次小幅回调，低点在192点，3月指数又迅速收回失地，并突破了203点。这波牛市在1928年5月和6月见顶，指数的高点是220点。6月平均指数快速回落到202点，但它并没有跌破200这一偶数点位，表明股价还可看高一线。7月和8月的蓄势整理很充分，随后就展开了报复性地上涨行情，股价就像脱缰野马一般，这种行情一直延续到1929年2月，平均指数在222点见顶为止。从顶部下来的一波下跌在3月见底，低点在196点。接下来又开始了迅猛的拉升，平均指数在4月创下新高227点。5月上旬股指从这样一个尖顶开始急速回调，5月下旬就跌到了194点，比1929年3月的底部只低了2个点，说明指数在此点位见底。在6月启动的这轮快涨行情中，公共事业类股和后期启动的个股发挥了领涨的作用。

　　平均指数一路上行，每个月的高点和低点都在抬高，直至1929年9月3日见到最后一个大顶381点，当时这个点位也是创了历史新高。对于大多数交易活跃的股票来说，见到这个尖顶时成交量都很大。随后经过快速回调，指数在9月5日回落到370点，而接下来的反弹在9月7日达到377点的次高点；9月9日，指数又跌到367点，显示股价走弱，后市看跌；指数在9月11日迅速反弹到371点，9月12日，低点又回调到366.5点，又是一个看空后市的信号；9月16日的反弹高点是372点，比上一个反弹高点没高多少；9月19日指数跌破了366点，预示着大幅下跌就在眼前；10月4日，指数在326点见底，随后经反弹，指数在10月11日上涨到362点，但这个高点比前一个高点要低。从这个高点开始，出现了一波恐慌性的下跌，指数在10月29日下探至231点。接下来，出现了一次仅两天的快速反弹，这最后一次反弹的高点为10月31日的273点。随后抛盘又铺天盖地而来，股指暴跌，并在11月13日见到本轮行情的最后一个底部199点，比1929年9月3日的大顶跌去了182个点。

这次暴跌是股市有记录以来最快的一次下跌，它将以华尔街最惨重的恐慌性下跌的名义被载入历史。见底后大盘出现恢复性上涨，在12月9日达到高点263点。接下来又跌到12月20日的231点。要注意的是，平均指数在10月29日和12月20日的低点在同一点位上，它比1929年11月的极低点位高出了32个点。这是股价即将上涨的信号。从这个低点开始，股指开始了缓慢地攀升，其中只有一些小的回调。1930年2月5日和14日，平均指数的短期高点均为272点，接下来的调整使指数在2月24日回落到263点。随后股指又开始上升，并于4月17日在294点见顶。

对于那些交易活跃的股票来说，道琼斯30种工业指数是它们很好的趋势风向标，但是你要记住，必须去逐一研究个股，看其是否符合平均指数的运行趋势。如果该股表现出相反的运行趋势，那就按照个股的趋势来进行操作。当市场交易低迷，窄幅震荡的时候，要关注指数在底部或顶部时成交量是否缩得很小，因为此时成交量萎缩是变盘的信号。而当市场在底部或顶部交易非常活跃的时候，还要留意看成交量是否能持续放大。只要成交量开始减少，就要留意市场趋势会发生什么变化，以及随后可能出现的市场拐点。

第2章　股市投资黄金法则

　　为了在股市交易中获得成功,交易者必须制定明确的法则并加以严格执行。下面这些法则是根据我个人的操作经验总结而成,只要你照此去做,就可以成为股市赢家。

　　1. 所用的资金量:把你的资金分成10等份,永远不要冒险在任何一次交易中投入超过全部资金十分之一的数目。

　　2. 设置止损单。坚持在离你成交价3~5个点的位置设止损单来保护交易的安全。

　　3. 永远不要过度交易。这会破坏你的资金使用法则。

　　4. 永远不要让盈利化为亏损。当你一旦取得了3个点或更高的账面盈利时,提高你止损单的设置点位,这样你就不会亏本了。

　　5. 不要逆市而动。如果你按照股价示意图无法确定股价的走势,就永远不要进行买进或卖出的操作。

　　6. 对市场没把握时尽快离场,而且在心存疑虑时也不要进场。

　　7. 只操作交易活跃的股票。不介入股价运行缓慢且表现呆滞的股票。

　　8. 均摊风险。如果可能的话,把钱投到4只或5只股票上。避免把所有的资金都捆绑在一只股票上。

　　9. 永远不要给你的报价设限制条件,或是固定一个买价或卖价。应以市价进行交易。

10. 没有合理的理由就不要平仓。一路用止损单来保住你的盈利。

11. 把盈余存起来。当你在一系列交易中都获得了成功后，将一些盈利存到你的盈余账户中，以备紧急情况或是万一股市发生恐慌性下跌时应急之用。

12. 不要仅为了得到一只股票的分红送股而去买它。

13. 不要试图摊薄亏损。这是交易者可能会犯的最糟糕错误之一。

14. 不要仅仅因为你失去了耐心而离场，也不要因为你等得心焦就匆忙入市。

15. 避免为了贪图小利而亏了大钱。

16. 不要撤销你在交易时已经设置的止损单。

17. 避免过于频繁地进场和离场。

18. 就像你愿意做多买进股票那样愿意进行卖空操作。将你的目标定在要与股票的趋势保持一致和赚钱上就可以了。

19. 永远不要只是因为股价便宜才买它，也不要仅仅因为股价高而去做空它。

20. 注意不要在错误的时候采用金字塔交易法。只有等到股票交易非常活跃，并且突破了阻力位之后才可以追加买入量，反之在股票跌破派发区之后才能进行追加卖出的操作。

21. 挑选小盘股，并在它一路上涨的时候用金字塔交易法做多买进，而挑选流通量大的大盘股来卖空。

22. 永远不进行对冲操作。如果你做多一只股票，而它又开始下跌，不要去卖空另一只股票来对冲它。你应该以市价卖出该股并离场观望，这次损失了，那就静候下一次机会。

23. 没有好的理由，就永远不要在市场中改变你的立场。在你交易股票时，一定要有充分的理由来支持，或者按照某个明确的计划进行操作，而接下来，在没有出现明确的趋势转变信号之前不要出局。

24. 避免在长时间成功交易后，或是在一个时期内连续获利后，扩大你的交易规模。

第 2 章
股市投资黄金法则

当你决定进行股票交易时，一定要确保不会违反这 24 条法则中的任何一条，因为它们是关系到你的交易能否成功至关重要的保证。当你出现亏损斩仓的时候，回过头再来对照这些法则看一看你违反了其中的哪一条，以后记住同样的错误不要再犯第二次。经验和调查可以让你信服这些法则的价值所在，遵守并研究它们会带给你正确而实用的理论，让你在华尔街上取得成功。

资金的安全

你在进行交易时的第一个想法必须是如何确保你的资金安全。怎样做交易才会尽可能的安全？这里有一条能够确保实现这个目标的安全法则，只要你严格遵循该法则，不要在执行时出现偏差，就能保障你的资金安全，而且确保你每年都能有所收获。这个法则就是让你把资金平分成 10 份，在任何一次交易时都不用超过十分之一的钱去冒险。如果你起步时有 1000 美元，那么你在第一笔交易时投入的资金就不应超过 100 美元，同时为了控制你的损失还要设置止损单。想想你如果买了 10 股，每股赔了 3 个点，也就是说一共亏了 30 美元，这要比起你买了 100 股，每股也是赔 3 个点，总共赔上 300 美元好得多吧。只要你手里还有资金可操作，你就总会找到新的赚钱机会。在最初交易时冒太大的风险会让你的资金处于危险的境地，也会妨碍你的判断力。按照我说的办法来操作，即便一时出现了点亏损，你也不会感到精神上的困扰。

止损单

我觉得对于设置止损单，无论怎样重复去讲它的作用都不为过，因为它就好比是保护投资者和交易者唯一的安全阀。投资者或交易者在交易时设置止损单,该止损单有十分之一的机会恰恰在顶部或底部成交。从那以后,那个人就会一直记着这件事,并告诉别人:"如果我在买卖股票时下了止损单,当买入股票后股价开始走低,卖出的止损单就会成交,而当我卖空股票后,股价开始走高,买入的止损单也会成交,不过当止损单成交后,股价往往却又朝着另一个方向运行。"所以他下一次就再也不用止损单了。他的经纪人也常对他说,止损单总是会成交的。但是交易者忘记了其实止损单正确的概率是十分之九,当市场的趋势与他的想法背道而驰时,止损单能够让他避免遭受巨大的损失。它虽然有十分之一的可能让你在错误的时候出局,但它会有九次的机会让你在正确的时机离场,完全可以弥补那一次的损失。所以不要排斥使用止损单。

改变想法

聪明人会改主意,而傻瓜则从来也不会。聪明人会先调查研究再做决定,而傻瓜则不进行调查就去做决定。在华尔街上,一个不会改变想法的人,那他很快就会发现,没什么事需要考虑作出改变了。当你一旦决定进行股票交易时,一定是有理由的,而如果没有合理的原因来支持,就不要作出改变。我所指的最重要的事,就是当市场的走势对你不利时,改变止损单的点位,或是取消止损单。你在交易股票时要做的第一件事就是下止损单,这是对你自己的保护。当你设了止损单,你的行为就是明智的,你的判断也是理性的。要改变这个决定的想法才是愚蠢的,要取消止损单的想法并不是基于理性的判断而做出的,它仅仅是出于一种对股价的期盼,但是这种期盼在华尔街上只会带给你亏损。如果你设置止损单后不去取消它,那么它就有十分之九的机会证明给你看,它是你做过的最为正确的事。严格执行止损单设置的人会在股市上获得成功。我再重申一遍,如果你不能遵守这条法则,那就趁早不要来投机，因为你会输掉全部身家。在交易的时候切记要设置止损单，并不可将其取消，这是你必须遵循且永远不能出现偏差的操作法则之一。

过度交易

历史之所以会重演就是因为人性中的弱点在作怪。对一夜暴富的贪心让公众付出了不可计数的金钱上的代价。每个有经验的股票交易者都知道过度交易是他最大的弱点，但是他却让这个弱点继续摧毁自己。对于这个交易中最大的弱点必须有治愈的方法，而药方就是止损单。一定要克服这个最薄弱的地方，止损单可谓是医治过度交易的良策。

保住你的盈利

保住你的盈利和保护你的资金是同等重要的事。一旦你在交易中有了账面盈利，千万不要让它转变为亏损。这条法则中有特例，那就是由盈利的多少来决定止损单设置的点位。下面的这个方法是在一般情况下最安全的操作。当股价朝着对你有利的方向移动了3个点时，你止损单的设置点位要确保即便是止损单成交了，这次交易也是打个平手，不赔不赚。对于非常活跃的高价股，你可以等有了4～5个点的盈利后，再相应地提高止损单的设置点位，这样一旦市场变脸，你也不会亏钱出局。按照这个方法，你就能将风险降到最低，而获得盈利的可能性则是无限大。当股价的波动方向与你的想法一致时，在操作中一直要有止损单进行跟进，它不仅可以保住盈利，还可以让盈利不断增加。

进场的时机

作为交易者，知道在什么时候去买卖股票非常重要。你必须有一些方法，或是看到一些迹象，用来提示你该下单买卖股票了。当你认为股市见底或见顶时，过后你会发现 10 次中有 7 次你都判断错了。股市今天的走势如何，以及你认为行情将如何演绎都不重要，关键是市场发出的趋势信号到底是怎样的，它会告诉你股价将往哪里走，跟着它来进行操作你才会在将来获得所期望的盈利。

当股票到了低点或高点，而你想进场时，要等趋势向上或向下转变的信号出现后再出手。有时，你或许因为等待而错过了底部或顶部的最佳价位，但你是一直等到有理由让你相信你是在顺势操作，并没有逆势而为的时候才入场，整个算下来你还是省了钱的。

你心里应该牢记的最重要事情之一不是去盘算股票交易会让你赚多少钱，或者是亏多少钱，你应该把钱的部分先抛开，你的目标应该是在股市中尽量保证操作方向的正确性。要与股票的趋势为伍，对股票的研究始终围绕着如何正确判定其趋势来进行。不要总想着去盈利，只要你的操作方向是对的，利润自然就会找上门。如果你的操作方向发生错误，那就要靠那个值得信赖的老朋友来保驾护航了，它就是止损单。

太早或太晚买卖股票

投资者经常会太早出局，因为他们已经持股很长时间，等到交易开始活跃，股价出现上升时，他们往往在股价第一波拉升到新高后就全部抛掉，这样的操作显然是不对的。

还有一种投资者总是离场太晚，因为当股价出现大幅扬升后，他就捂股不动，一心盼着股价还会升到前所未有的高位。然而股价永远不会达到他想象中的卖出价位。当出现第一次急跌后，他决定当股价再次反弹到前期高点时，他就会卖掉手里的股票。其后股票的确是反弹了，不过未能达到前期高点，接下来跌得更深，这时他又在心里确定了一个卖出价，但这只不过是"期望"价罢了，他就这样看着股价慢慢地越走越低，直到最后不得不在股价已经从顶部大幅下跌之后，才极不情愿地将它卖出。在你没有发现趋势有什么变化之前，你持股等待卖出时机是可以的，但是当你一旦发现趋势确实发生了改变，就要毫不迟疑地卖出股票。对于这类交易者来说，在买卖股票的同时必须一直伴有止损单，即便止损单的点位相隔 10~20 个点也能起到作用。

迟疑的危害性

想在华尔街上赚钱，你出手就要快，不要总是犹犹豫豫的。光有期盼是没有用的，它不能让你在股市博弈中取胜。那些凭期盼来赌一把的人总有破产的一天。你必须抛掉那些凭空的期盼，开始用头脑来思考。当经过了深思熟虑之后，你还必须在正确的时间采取行动，否则想得再周全也是一场空。而仅仅知道什么时间该出手，却又迟迟不行动也是徒劳。迟疑总会带来危害。你在股市里空想的时间越长，出手前迟疑得越久，你的判断力就会越差，而你的操作中就越有可能犯错误。停滞就意味着死亡与毁灭，只有行动起来才会有生机。无论你的操作是对是错，毫无行动永远不会给你减小损失或是帮你赚钱。记住，迟疑在任何时候都有危害性。与其相信未来某个不确定的时间里会发生的涨或跌，当前的果断出击比不靠谱的等待要好得多。永远不要在你生病或情绪低落时进行交易。在身体状况欠佳的时候，你的判断力也会跟不上。对于一个成功的投机者来说，保持健康的身体也是一条操作法则，因为健康即财富。

何时采用金字塔交易法

金字塔交易法在股票向上或向下运行时都可以采用。一种是只要市场突破到了一个新的价格区域，在创新高时更多地买进，而在创新低时更多地卖出。在快速运行的市场中，只要市场的走势对你有利，你就可以在股价每上涨或下跌3个点、5个点或10个点的时候持续买入或卖出更多的股票，具体要根据该股的实际情况或是你自己的金字塔交易方法来定。我的方法是要确定股价回调的点位，看股票已经从短期顶部回调了多少个点，或是从短期底部反弹了多少个点。找出那些回调了3个点、5个点、7个点、10个点或12个点的股票，然后按照上一次的回调幅度，再去等3个点、8个点或10个点的回调，在它们从顶部回调下来后分别进行第一次、第二次、第三次或第四次的买入。在熊市的时候，反过来用这个方法就可以了。如果从1924年到1929年，你按照这个法则来交易通用汽车公司（General Motors）的股票，你就会发现，这种金字塔交易法比那些间隔很多点位才进行一次买入或卖出的方法要更安全。

我的时间法则会在你用金字塔交易法时起作用，它可以判定出第一次重要的回调时间。比如，通用汽车从1924年的启动时间算起，仅回调了三周，每次它从任何一个顶部回调下来两三周后都是很好的买点，一直到它的股价最后上涨到大顶，趋势开始向下为止。判定回调的时间，并以这种方法来估量它可以大大提高你的盈利，并让你跟上股价走势的大方向，有时用几年的时间，你经常能获得100~200个点的盈利。这条时间法则与其他法则一样，用在股性活跃的高价股身上效果最好，并且只适用于交易活跃的市场。

在采用金字塔交易法时也要有止损单来保驾护航，其实不论你用什么交易方法都需要它来保住你的盈利。你的盈利越多，可以留给市场的波动空间就越大，或者反向或回调的空间也就越大，就是说你的止损价位可以定得离市场价更远些，这样的股价回调自然不会对你的金字塔交易法的操作产生什么影响。例如，假定你买的股票在一路上涨，较之原始买入价已有100个点的盈利。如果这只股票以前出现过20个点的回调，在不改变主趋势的情况下，它还有再回调20个点的余地，所以你的止损价可以设在市价下方20个点的价位上。这样即使该止损单成交了，你也不会损失到本金，只是亏掉些账面盈利而已。不过在使用金字塔法的开始阶段，你的止损价位要与市价更接近些才行，以达到保护本金的目的。

期望多高的盈利

大多数交易者期望从投机中获得非常多的盈利。他们总是忍不住去盘算如果每年获利25%，那经过10年到20年之后，总共能赚多少钱。从1000美元起步，每年获利25%，那10年后就是9313.25美元；如果投10000美元的话，也按每年获利25%来算，10年后就会有93132.7美元。由此可见，如果一个人保守些，不要期望得过高，那么在足够长的时间里积累财富是多么容易。许多交易者来华尔街时，都抱着在一周或一个月内让他们的钱翻倍的想法。这是办不到的。有时的确会有一些很特别的机会，让你可以在一天、一周或一个月内赚取丰厚利润，但是这样的大好机会堪称凤毛麟角，一旦当你撞上了这样的一次机会，大捞了一笔，不要想着你还能继续以如此大的数目一路赚到底。记住市场在大多数时间里进行的都是正常的波动，而你就必须在大部分的时间里去获得通常水平的盈利。

众多交易者在买进或卖出股票的时候，从没有想过能赚钱的可能性有多大，也没想过亏钱的可能性是多少。当你认为你的盈利不会超过3~5个点时，不要去买卖股票，除非你在离成交价1~2个点的位置设止损单，这也应该成为你的一条操作法则。通常来说，为了可能获得的3~5个点的盈利，去冒3~5个点的损失是不划算的。在你有确定的赚钱机会时再去操作，或者至少可以保证赚的比赔的多时再出手。当你认为只有赚3~5个点的机会时，就没有必要介入该股，因为你可能判断失误，反而亏掉3~5个点，或者更多的钱。最好是等股价向上突破或向下跌破了阻力位之后再介入，这时有机会获得更大的盈利，股价震荡的幅度也会更长。抢帽客是赚不到钱的，他们只不过吃点差价而已。请记住：要想在股市上获得成功，你的盈利就必须一直大于你的亏损，你的操作法则必须是及时止住亏损，并让盈利飞涨。

如何应对追加保证金的要求

当你进行交易时，要支付所需的保证金，而过些时候，如果股票的走势与你的想法相反，经纪人就会给你打电话，让你追加保证金。在大多数情况下，你要做的不是去给他更多的保证金，而是应按照市价卖出股票，如果你当初是卖空股票的话，就按市价买入股票。如果你交了更多的保证金，可以在你有了充足的理由，你的判断力更好的时候进行一次新的交易。十次中有九次，当交易者第一次补了保证金后，如果是做多的话，他会捂着股票不动，直到又接到经纪人第二次和第三次不断打来追加保证金的电话，只要他手里还有钱，他就会继续追加，最后落得在这一次交易中赔光他所有的本金。如果经纪人不得不打电话让你追加保证金，一定是你在交易中出现了什么失误，最好的办法就是赶紧离场。

联名账户

如果你能避免的话，永远不要设立联名账户或是与其他人结成股票交易的合作伙伴关系。当两个人共同拥有一个交易账户时，他们可能会同意在正确的时间去做多，或是在正确的时间进行卖空，也许他们刚好选对了开始交易的时间，但问题恰恰就出在这里，当要进行获利了结时，他们对离场的时间和卖出价格往往达不成一致意见。结果就会造成他们在出局时的失误。其中一个人将会持股，只是因为另一个人不想离场，最后股市发生反转，开始朝着对他们不利的方向发展；而他们所做的是继续持股，盼着情况能好起来，结局只能是割肉出局，而当初这笔交易的账面其实是有盈利的。一个人在股市中征战并想保持全胜已经是很不容易的事了，更何况现在是两个人，要想让两个人在操作中达成一致意见来交易股票就更是难上加难了。两人合作唯一可以成功的方式是一个人管买卖，而另一个人只负责设置止损单。止损单在他们出现操作失误时对两个人都能起到保护作用。夫妻共用一个股票交易账户也是不提倡的。是否入场和离场应取决于一个人的决定，这个人要去学习在投机交易中如何操作，要做到当机立断、不受合作伙伴的影响。

交易者不想知道的事

一般交易者都不愿意听令人痛苦的真相，他们想听的是与他们的期望相吻合的事情。当他买入一只股票时，会相信所有的新闻、传言、观点和谎言都是看多后市的，但要是有一些不看好市场的报告出炉，或有什么人告诉他一些关于那只刚买进股票的坏消息，他是不会相信的。只有真相才能对他有所帮助，而真相是他最应该知道的东西，不要去听一些让他建立起希望但在将来会让他赔钱的不实之词。交易者在他犯了错误之后总会说："我下次不会这样了。"但事实上他做不到，这就是为什么总是有老的门外汉引着新来的门外汉去走他们亏钱的老路。华尔街上赔钱的真相究竟是什么却很少有人提及。

无论交易者的实力如何，他们总爱谈论在交易中赚到了钱，吹嘘他们的成功交易案例，但是对亏钱的事却保持沉默。所以，当那些天真的门外汉来到华尔街时，总会相信这里就是一个赚大钱的地方，他们没有听到另外的声音，不知道那些华尔街上赔钱的事，而那些事恰恰可以帮他们提高警惕，不要重蹈覆辙的良言。初来乍到的门外汉应该知道，股市上90%的操作失误是由于没有设置止损单和交易过度造成的。所以为了能够成为股市赢家，他就必须克服这些已经毁了其他人的弱点。

人性最大的弱点

当交易者赚了钱的时候，他就开始信任自己，感觉他的判断力很棒，所有这些成果全是靠他一个人来完成。而当他亏钱的时候，却会转变为另一种态度，他很少责备自己，或是努力为赔钱寻找借口。他会找到借口，说是发生了无法预期的事，或是如果他听了别人的忠告，就会挣到钱。他能找出很多的"如果"、很多的"要是"，以及很多的"但是"，就是想不到其实是他自己的错。这就是为什么他会一而再再而三的犯错并亏钱的原因。

投资者和交易者必须想出解救自己的办法，为他的亏损去责问自己，而不是其他人，除非他能够这样做，否则就永远也无法纠正他的缺点。毕竟是你自己的行为导致了亏钱，是你在进行买入和卖出的操作。你必须要找到其中的问题，并且去改正它。这样你才会获得成功，而在此之前你都不可能成为赢家。

交易者会赔钱的一个主要原因就是他们没有独立思考，而是让别人帮他们想问题，给他们意见，然而其他人的判断并不如他们自己的判断好。想要获得成功，你就要自己进行研究和调查。除非你从一个门外汉转变为一个思考者，并积极地去寻求知识，否则就会走所有门外汉的老路，倒在让你追加保证金的人的利斧之下，其他人只有在你自己肯帮助自己时才能帮到你，才能告诉你如何去帮助你自己。

第 2 章
股市投资黄金法则

　　我能告诉你这个世界上最棒的交易法则，也能告诉你判断股票走势的最佳方法，但是接下来，因为你最大的弱点，也就是人性的弱点，你还有可能会赔钱。你将不能按照这些法则来操作。你会由着期盼或恐惧的情绪，而不是根据事实进行交易。你会迟疑，也会变得不耐烦。你会太快地进行交易，或是拖太长时间才进行交易，因为你有这些人性上的弱点，于是你开始自己欺骗自己，接下来反而去责怪市场。不要忘记交易出现亏损是你自己的错误造成的，不是市场的行为，也不是股价操纵者的错。所以你要努力去遵循这些法则，不然就远离这注定会让你失败的投机。

第3章　我在华尔街受到的教育

为什么现在想要打败股市更难了

年复一年，普通交易者想要在股市赚钱已变得越来越困难，因为股票的数量在增多。目前在纽约证券交易所上市的股票大约有 1500 只，这些股票之间出现彼此截然相反走势的情况比过去任何时候都要多。同一板块的股票也会呈现相反的走势。在一个板块的总体趋势呈下降或上升状态时，其中的一只股票偏偏反其道而行之，这就会让交易者摸不着头脑，作出错误的操作。

当股性活跃的股票数量很少，而其中大部分又都是道琼斯工业指数和铁路指数的样本股时，这些平均指数还可作为判定个股走向的可靠依据。市场中一些大户又把持着这些股票，这些股价操纵者们几乎都在同一时间出手操控这些板块的股票价格。现在众多家在证券交易所上市的股票构成了如此多不同的板块，要想得到一个可靠的平均指数，你就必须逐一去查看不同板块的平均指数，如石油类股、橡胶类股、钢铁类股和制造业类股各自平均指数。你不必花太多精力在这些平均指数上，而要将重点放在判定这些平均指数所代表的板块中每只个股的走势。你会发现在同一个板块里，有些个股走得非常弱，股价呈下跌趋势，而同时其他股票的走势却很强，关于这一点，在下文关于不同板块中的个股分析里会看得很清楚。

平均指数的法则应用于人寿保险业时将很有效。保险精算师能计算出 1000 名年龄各不相同的人的寿命，并能说出每一年他们之中平均会有多少人死亡，但精算师却不能算出其中某一个人的寿命，也无法根据平均数的多少来得知这个人会在哪一年离世。这是因为出生在不同时间的人被归在了一组，而这一组中所有人都有着同一个平均指数。股票的平均指数也是由不同上市公司的股票构成，这些上市公司成立的时间可能是 5 年、10 年、20 年、30 年、50 年和 100 年不等。由于其存在的时间相差很大，行业分布在全国各地，并且受到地理位置以及其他条件的影响，某些股票的走势与该板块的平均指数完全相反也是很自然的事。

例如：以石油工业和石油类板块来说，构成该行业平均指数的石油公司成立于不同的时间，各公司的管理者也不一样，办公场所分散在全国的不同地方，也受制于各种不同的境况。所以，为了得出可靠的预测，必须对每家公司和它的股票进行独立分析，逐一进行预测，而不能和其他股票混在一起进行分析和预测。曾经有过这样的例子，当休斯敦石油公司（Houston Oil）的股票出现大幅上涨的同时，其他石油类股的股价却在下跌。休斯敦石油的流通盘很小，它的走势与众不同，其实让它的走势与大多数股票的走势相反很容易。

在目前的情况下，交易者想要在股票交易中取得成功，就必须去研究每一只个股，并按照它本身的走势进行操作，而不要去管同一板块中其他股票的走势，也不要去管大盘的走向，或是其他任何一只股票或任何一个板块的动向。但由于人性中的弱点在作祟，做到这一点很难，这就格外有必要让交易者确立一套操作法则，并严格执行，而设止损单是他必须贯彻于交易始终的一条法则。

我们这个国家发展到如此大的规模，与其他许多国家都有生意往来，那么在其他国家发生的形势变化和一些事变，无论有利还是不利，都会影响到我国的股市，这也就增加了那些凭猜测、小道消息或内幕消

第3章
我在华尔街受到的教育

息走的交易者的操作难度。事实上，他这么做根本无法战胜市场。

我国已经从一个农业大国转变成了一个制造业大国。曾经有过一段时期，铁路类股受农作物收成的影响很深。如果农作物的收成好，铁路类股就会上涨。而农作物歉收就会引发铁路类股的下跌。当铁路公司不再需要依靠农作物来保证它们的货运吨位量不减，而是把业务的重心转到了制造业后，再将农作物的收成情况当作铁路类股风向标的人就会发现，这个方法开始不灵验了。

我国目前形势变换得很快。运输方式从富尔顿（Fulton）的蒸汽船转变到火车花了很长时间，但是为了享乐和商务的目的，人们从开始使用汽车到乘坐飞机之间所用的时间就短多了。汽车改变了铁路公司的境遇，现在看来，飞机也将改变汽车业和铁路公司的状况。从目前那些大型汽车公司都在试图进入飞机制造领域的现状，就可以很清楚地认识到这个问题，因为飞机是未来的运输主体；而只生产汽车的公司将来会发现，他们的业务和利润一年不如一年。

要想成功，你就必须走在时代的前面，而不是落后于时代。你必须留意那些新兴产业中最棒的股票。不要抱着老股票不放，盼着以前的好日子还能再回来。如果它们开始出现下行趋势时，就卖空它们，就如同从1909年到1917年应当做空铁路类股那样，而当1921年拐点出现，铁路类股的股价开始上行后，做多买进这些股票就可以赚钱了。在世界上最大的牛市行情期间，工业类股在大多数情况下都比铁路类股有更多的机会，也更有利可图。

可以冒险投机的年纪

一个人从20岁一直到50岁，想要赚大钱就不得不去把握某些机会，但是在做投资或投机性买入股票时，这些机会或风险必须建立在合理的判断和一些科学知识基础上去精选股票。而当一个人到50岁之前，他的温饱问题应该无忧了。如果他此前的投机或投资中遵循了一些法则并获得了成功，那他到了50岁就不必再去冒风险或是抓住重大机会了。如果他还没有富有到这个程度，那么无论如何也不应该再去碰什么运气了，因为一般来讲，一个人50岁以后生意上赔了钱或是破产的话，很少有人可以东山再起。如果在50岁时他在华尔街上还是个输家，那么还是出局为上。如果他在这个年纪已然是股市赢家，未来的日子就没有什么好担心的了，可以泰然处之。人们在惨遭重大损失之后，为了要捞回亏掉的钱，又把仅剩的那部分钱拿去冒险，这是人性的弱点，也是再自然不过的事。这是很多年过50的投机客或是卷入商务风险的人都会犯的大错。当然，任何规律都有例外。一些60多岁人在股市上做得很成功，还有些70多岁的成功交易人士，但我们所讲的是针对一般人而言。

要想在投机领域或生意场上获得成功，一个人在20岁上下就应该开始学做一门生意，或是研究股市，逐步积累知识和经验。如果他投入10年的时间努力学习，那么到了30岁时就已具备了在未来10年或20年中成功投机的能力，但是如果他在30岁时停下来不再钻研，认为自己学到手的东西已经足以让他所向披靡了，那么在未来20年中的某个时候，他还将遭受挫折。

他必须继续研究股市上不断变化的情况，除了老股票之外，也要研究新上市股票的走势，不要让一只股票在不同时期出现的变化所愚弄。不可以用旧瓶装新酒，或者换句话说，不能像很多交易者在1921年到1929年那轮牛市期间那样，用老的衡量标准来判断处在不同周期或不同时期的股票。在那轮牛市中，特别是在1924年到1929年之间，交易者们都认为，与以前的牛市行情相比，那一轮牛市持续的时间应该已经够长了，所以就犯了过早做空，或是过早卖出多头仓位的错误。

每个人都必须接受股市的教育，并且牢记：无论是谁，都永远无法真正从华尔街这所学校毕业。每年你都必须研习相当于研究生的进修课程，才能跟得上时代的发展。事实上，为了成为华尔街上的赢家，你要始终走在时代的前沿。

一个人能赔掉 1 亿美元吗

一般人们总有这样的想法，当一个人拥有了 100 万美元或是更多的钱以后，就不会赔掉它们了。换句话说，他是个大人物，能够驱使股市按照他的意愿发展。我们只需要看一看 J. O. 阿莫尔的例子就能明白，他可是曾经损失了大约 3 亿美元啊。在世界大战即将结束时，阿莫尔这位包装业之王所拥有的财富大约为 3 亿美元。由于战争导致形势发生了变化，使他的资产开始流失。当他看到自己损失了 2000 万美元时，他拒绝接受这个事实，就又将手头那 2.8 亿美元投入股市中一搏，想把损失的 2000 万美元给捞回来。但行情继续朝着对他不利的方向发展，情况非但没有转好，反而变得越来越糟糕。他继续逆势进行操作，直到全部家产都灰飞烟灭，自己的身体也搞垮了，最终在无力挽回的破产局面下离开人世。当然，他在股市中的争战是出于对金钱的热爱，因为当时他手头那一大笔钱没什么用场可派，但是一旦他有了目标，他就搭上了他的健康以及他的所有，试图实现这一目标。

W. C. 杜兰特因为在 1919 年牛市的顶峰坐拥 1.2 亿美元的身家而成名，可最终他丧失了全部财产，他所持有的通用汽车公司的股票也以低于市价的水平卖给了摩根家族（Morgans）和杜邦公司（DuPonts）。很多人在股市里赚到了 500 万~5000 万美元不等的钱，但又将这些钱赔了个精光。按照丹尼尔·德鲁的说法，他的身家曾经为 1300 万美元左右，但也都输光了，最后不仅是破产，还赔上了性命。托马斯·W. 劳森的资产也一度在 3000 万到 5000 万美元之间。他最后也是全部财产都付诸东流，死的时候身无分文。丹尼尔·J. 萨利、尤金·苏克尔斯、杰西·利弗莫尔以及其他很多人也都赔过 500 万美元，或者更多的钱。

在 1929 年的那次恐慌性暴跌中，大交易商们在 90 天里损失了 1000 万、2500 万、5000 万、7500 万或者是 1 个亿美元，据说有些还损失了

2个亿到3个亿美元。如果连这些人的损失都上千万或以亿来计，你当然不会比他们强。如果一个拥有1亿美元的人操作失误了，他赔掉这个亿就如同人家操作失误赔上100美元一样容易，而且速度还会快得多。有100美元的人能退出，而拥有1个亿美元的人却做不到。或许你会问，为什么一个拥有500万、1000万或1个亿美元的人能把全部财产都赔光。这是因为他在赔钱的时候没有运用与他当初挣钱时相同的判断力。挣钱是一回事，而保住它却是另外一回事。人的一生就如同股票一样，也是有周期的。当一个人达到人生巅峰时往往不自知。当他赚钱的好日子到头了时，他就应该保住已经到手的钱，而不是想着去赚更多。对于一个人的运势，应该是存在着周期性趋势和可量化科学的周期来决定它能走多久、走多远，当他与这一法则发生对抗时，大潮会迎面扑来，他就会被逆流卷走。对每个人来说，最重要的事就是要知道何时应该退出。当一个人赚了钱以后，他必须知道当赚的钱足够多时，就应该停手，要去保住已经到手的钱。

敏锐的交易者经常会犯的错误是，他们会追随在市场上一度很成功的领军人物来买卖股票。当这个领军人物的运气开始走下坡路，而且对市场的判断并不比这些交易者更好，甚至还不如他们时，这些交易者却还在跟着他走。从1915年到1919年，当杜兰特思路正确，赚到了数以百万计的财富时，有成千上万的人跟着他的操作来交易股票，而在1920年和1921年这两年里，当杜兰特的操作频频出错时，那些人依旧继续按照他的交易情况来操作，结果不仅把赚的钱都赔了进去，连本都亏了。他们当初能够避免遭受这样大的损失吗？如果采用一些他们自己的方法，就能够判断出汽车股的股价已经掉头向下，那么就应该停止做多买进，清空多头仓位并开始卖空汽车股。

任何人只要按照我的法则去研读股票的行情图，就能从通用汽车和其他几只汽车类股的走势中发现，在1919年下半年它们的趋势已经掉头向下，而且在1920年和1921年继续保持下行。那么他们为什么在杜兰特操作错误并赔光了全部家当的时候，还依旧照搬他的操作呢？永远不要信任任何一个领军人物，更不要追随他们太长时间。独来独往的猎人或是渔夫才会捕获大家伙。如果跟风的人太多，他们也会使领路人达不到目的。大人物也会像小人物那样经常犯错，但大多数的大人物都很精明，当他们发现自己犯了错时，能够立即随机应变，予以纠正，而不会像公众投资者那样持股不动，苦苦期盼解套的一天。

一个人的运势何时会发生改变

人的运势也会像股市的行情那样发生周期性变化，好运气与坏运气循环往复，周而复始。通过记录你自己的交易情况，你就可以判断出什么时候你的运势会朝着好的或者坏的方向发展。我曾经保持过连续200次只赚不赔的交易记录。当我开始运作那波行情时，我不相信自己能在连续50次交易中不赔钱，但我的完美交易还在继续，每笔交易都赚到了钱，这样的成绩一直保持到了第200次交易。我那段时间的好运气到头了，或者说上升趋势走完了。如果我当时无法预测到这一点，那么有什么信号可以来提醒我，大势已然对我不利，我应当急流勇退，出局等待呢？最开始显出苗头不对的信号就是我在连续200次成功交易后，第一次出现了赔钱的交易。我记得那次赔的钱很少，大约为100美元左右。而在其后的一笔交易中，我赔了500多美元。这就说明，无论是由于判断力差，身体状况不好，还是疲劳产生的紧张，或是别的什么原因，我的运势已经转向了，它正朝着对我不利的方向发展。如果我当时能够明智一些的话，就应该获利了结，保住到手的全部盈利。但我又进行了第三次交易，像大多数交易者那样，还追加了交易量。这一次交易我很快就在账面上赔了5000美元，但我并没有马上认赔出局，就此罢休。结果是我继续着一连串的赔钱交易，一直到1907年11月银行歇业为止，我再也无法从银行里取出更多的钱来。被迫让经纪人平掉了我所有的仓位，亏了好大一笔钱，究其原因就是我在逆着自己的运势而行。

我的那段好日子已经到头了，接下来我应该做的是休息、娱乐和充电，但是我却在那个时期还继续交易，想着去挣更多的钱，而其实自己并不需要那些钱。银行一连几个月都不能提现，我也就拿不到投机的本金。我把时间都花在股市研究和行情判断上，找到了我自己失误和亏钱的原因。

1908年春天我又开始进场交易，那时我已经掌握了一些操作法则，可以知道什么时候我的运势会转到对我有利的方向。我最先做的是小麦期货，在头三笔交易中都赚钱。这说明我的好运气又回来了，此时就应该抓住它不放手。紧接着我开始在期货市场买入棉花，并跟进一路走高的市价，在7月利弗莫尔第一次成功囤积棉花的同时进行金字塔式交易，终于赚了个盆满钵满。

我能举出自己赚钱和赔钱的经历中更多类似的例子，但有一条法则是所有交易中都应该注意并遵守的，那就是在经过一连串的交易获利之后，只要有两三次的交易亏了钱，交易者就应当退出市场，暂时休息一下。远离股市可以给你足够的时间将思路理清。随后，当你认为自己的思路又回到正确的轨道时，先拿小钱试两把。如果第一次交易的结果还是不理想，就应该再次出局，离开股市一段时间。再过些日子，当你又一次出手时，如果在头两三次交易中赚了钱，就要把握住自己的好运气，期待在其后一段时间的交易中获利，直到又看到趋势的大潮开始发出对自己不利的信号时，就必须再一次离场。

我在股市上赚钱最多的时候，往往都是在离开股市很长一段时间，再重返股市之后赚到的，而我也总会在股市中长时间鏖战之后赔得最惨。没有人可以在股市上频繁进行交易时不神经紧绷，而当他的精力散失，身体也不在健康的状态时，他的判断力也会越来越差，这样他就会开始赔钱。当情形的发展开始对你不利，你还在股市中恋战，抱着股票，苦苦期盼，这些都是没有用的。这时要做的是赶紧认赔离场。

此刻你出局等待，当市场行情转好，恰逢你的身体状况也恢复了，精神也处在最佳的状态，你再入市就可以赚到钱了。你要击败市场，这

第 3 章
我在华尔街受到的教育

是一场智慧之战。你的头脑必须保持活跃、机敏和警觉。你必须根据实际情况的变化随机应变,出手要快。当你觉得你的大脑反应开始迟钝,也不能做到当机立断采取行动时,那么你就没有资格再待在市场里了。我与经纪公司有联系,了解大批交易者的情况。我看到市场行情的走向一步步对这些交易者不利,持续的时间从几天,发展到几周。渐渐地他们会开始退出,但其中还有一些人非常顽固,死抱着股票不放。我认为他们是顽固,而他们自己说这是有胆量的表现,但是当行情已经走坏,朝着不利于交易者的方向发展时,还是不肯交出手中筹码并不是有胆有识的人所为。它只不过是因为交易者心中还有些许期盼,是个人固执的表现。胆量不应在行情对你不利时表现;即使你要表现,你的钱也不足以让你持续与走势作对。交易者通常会在经纪人的行情室里彼此交谈。如果大多交易者都割肉出局了,只剩下两三个人时,他们就会说,他们准备交上更多的保证金并坚持到底,一直等着拐点的出现。

最后,只剩下一个人了,他会说他不准备以地板价卖出股票,还是要挺过去。而再后来,期望变成了绝望,他会下卖单,准备在股价反弹到一定价位再卖出股票。但股价却没能涨到他所设的卖出价,接下来的日子里,他不断地改动着该股的卖出价,但始终没有成交,而市场却在继续低走。终于有一天,他下单按市价将手里的股票都卖了出去。这对我来说就是买进的信号。我会以市价买进,赚钱是毫无疑问的事。这个例子说明,交易者经过长时间的持股后,几乎总会在错误的时间作出错误的事情。这也证明,一个拥有健康、资金、胆量和知识的交易者,在场外等到最佳时机才入场,就总是能赚到大钱。

某个在赌马中赚了很多钱,也赔过很多钱的人写下了这样的诗句:

> 当别的马士气低落尽显疲态,
> 正是我的马干劲十足之时,
> 冲刺阶段的角逐异常激烈,
> 终点线上交织着旗帜与彩带。

那种能够在别人看不到希望的时候采取行动并开始介入的能力，才会帮助你在投机中取得成功。当所有事都看上去无比凄凉，没有人能看到希望的曙光时，恰恰是买进那些好股票的良机。而当人们热血沸腾，每个人对后市都很乐观、眼前一片晴空万里时，就是该卖出手里股票的时候了。在某种情况下，期盼会让人们的判断力严重受损，甚至丧失，而另一个极端的情况是，畏惧使人们失去了期望和判断力，失望至极的交易者会以地板价卖出股票，而且其中很多人还开始做空。这就是聪明的"傻瓜们"的机会，那些在股市极端低迷时敢于涉足其中做多的人就会赚到大钱。

而身在场外，手里有钱的投资者，通过坚持研究和观察行情图，就能够看到这些股价在极低点的机会，并充分利用它们。

恐惧 vs 知识

恐惧是让交易者在华尔街亏钱的主要原因之一。事实上，恐惧也是人的一生中绝大多数困境和不幸的原因。是什么引起了人的恐惧呢？是无知或是知识不足。事实上，无论是科学知识还是其他方面的知识，当一个人有了知识，他就会知晓其中的道理，就不会再害怕了。有了知识，他就不会妄自期盼，因为他知道即将发生什么，也就不会对将要发生的事产生期盼或是恐惧。

人为什么会在股价最低的时候卖光手中的股票呢？那是因为他担心股票还会继续下跌。如果当初他知道那时的股价已经见底了，他就不会害怕，不但不会卖出股票，还会去做多买进股票。同样的道理也适用于股价见顶的时候。人为什么会在股价最高的时候做多买进股票，或是在最高价上进行空头回补的买入呢？原因是他已经没有了盼头，害怕股价还会继续往上涨。如果他掌握了相关的知识，就不会无端地害怕，就应该运用良好的判断力来研判股价的走势。要想获得成功，就必须消除期望和恐惧对自己的影响，而唯一可以不让这两种情绪来影响自己的方法就是尽可能多地学知识。

为什么交易者没有在高位时卖出股票

在每一次的牛市中，很多交易者都会有巨幅的账面盈利，但是他们却没有在正确的时间出局。于是他们只能眼瞅着股价往下跌，有时在卖出股票的时候，已经有 50~100 个点的盈利在暴跌中被抹掉了。其中必定是有原因的。我们已经听过很多关于华尔街心理学的言论，有些撰稿人认为，1929 年华尔街的股市恐慌就是由于从众心理造成的。大体而言，它是对的。但是当初如果这种从众心理没有引发那轮大牛市，以至于每个人都在买进股票，同时又过于乐观，没能在获利丰厚时出局，那么这种暴徒似的心理就不会导致这次恐慌的出现。

下面这个真实发生的小故事让我们看到为什么交易者在获得丰厚的账面盈利时没有卖出股票。有一位我认识多年的先生，1921 年在 80 美元左右买进了美国钢铁这只股票。他一直持股没动，1927 年还分得了 40% 的红利。接下来，除权后上市的新股跌到了 111.25 美元，他在股价反弹到 115 美元时又加了些仓，而且将前后买入的所有股票一直抱到 1929 年 9 月股价上涨到 261.75 美元时。早在股价突破 175 美元之前，他就说过会在股价升到 200 美元时卖掉美钢，但是当股价突破了 200 美元后，他又觉着股价会涨到 250 美元，决定等到那个时候再卖。大概就在美钢的股价达到 250 美元时，这个人遇见了我的一位朋友，并问我的朋友："江恩现在认为美钢这只股票会怎么走？"我的朋友回答："江恩认为市场将在 8 月底左右见顶，他要做空美钢这只股票了。"这个人说："我听说美钢会涨到 300 美元，也许更高，接下来 1 股还会拆分成 4 股，然后我就准备卖掉它了。"1929 年 11 月，当美钢的股价到了 150 美元之后，这个人来到我那个朋友的办公室。我那个朋友问他："H 先生，你是在美钢股价250美元以上时卖出它的吗?"他答道:"不,我那时没卖,到现在还拿着这只股票呢。"我的朋友又问:"当初你能赚那么多的时候,究竟是因为什么没有卖呢?"他的回答是:"怎么说呢,你知道当股价涨到接近顶部的时候,就好像是给你施了催眠术,让你觉得昏昏欲睡,接下来你在股价快见底的时候才清醒过来,刚刚意识到发生了什么,可再想卖出股票已经为时太晚。"

从这个人讲的话中可以看出,交易者没能在高位卖出股票的原因之一,就是他们当时的确被催眠了,压根就没有意识到发生了什么,或者将要发生什么,等他们醒悟过来时,股价已经一泻千里了。如果投资者和交易者学会了在获利后如何用止损单来跟进,就会在股价开始下跌时,保住大部分盈利顺利出局,那他们的日子就好过多了。这个人买进美钢的时点是正确的,但却任凭它跌去了100多个点,抹掉了最大的一块盈利,这到头来又有什么用呢?当然,在美钢下跌了20个点以后,他不会相信这只股票还会再跌80个点甚至更多;如果当时能料到的话,那他早就会把股票给卖了。一定要记住,你相信的东西、你的想法或期望都是靠不住的,还是市场说了算。所以,一旦你有了账面的盈利,就必须采取一些操作法则来保住这些盈利。据我所知,没有比止损单更好的自动保护措施了。

聪明的傻瓜

自以为是的交易者认为没有他不知道的,总跟着市场上的小道消息和内幕消息来进行股票操作。他对于自己不理解的东西加以谴责,这样的人永远不会有进步,因为他认为自己无所不晓。这样的人把依照科学和股票行情图来操作的人称为傻瓜,而这些按照股票行情图来交易的人却是聪明的傻瓜。一般人认为将科学用在股市里是很愚笨的,而且由于不知道如何解读股票行情图,便认为这些图根本没用。在他眼中股票行情图是很傻的，因为他不知道解读行情图的方法。他既没有多年的炒股经验，也没有接受过如何正确分析图表，或是如何精确判断股票未来轨迹等方面的培训。成功的交易者深知他们并非无所不知，所以总想多学些知识。而一旦某个人认定他对股市已是无所不知了，那他就注定要失败。当股票的活跃程度降低时，股价就会出现停滞，而当一个人不想继续学习了，他就只会退步，不会进步。想成为成功的交易者就必须要有一套操作计划和法则，并严格遵照它们进行股票交易。

第4章 股票行情图和趋势变化

解读交易数据的新方法

过去人们解读交易数据的方法就是站在股票行情自动收录机旁,留意一只股票随着交易量的放大而产生的爆发式行情,接下来就是去买进或卖出。这个理论在过去每次活跃的龙头股都超不过三四只的年代里还是很管用的。但是现在它已经落伍了,因为现在股市一天当中参与交易的股票有时多达800只。有太多的股票走势会出现截然相反的现象,当一些股票一路下行时,另外一些股票却总是一直在拉升。那些终日守在经纪人办公室中股票行情自动收录机旁的人,从1921年以来就没能战胜过市场,将来他们也不会再取胜了。

这里我有一个解读交易数据的新方法。它不仅适用于过去的任何一个市场,也适用于未来的任何一个市场,当然它能发挥作用的前提是交易者要先摒弃人性的弱点,遵照冰冷的数字上的事实,做判断的时候还要把期盼与恐惧的情绪都抛开。在《股票行情的真谛》一书中,我说过正确解读交易数据的方法是开盘时远离股票行情自动收录器,取而代之的是在收盘之后去分析股票的交易数据。工作忙的人应该在收盘之后去买张报纸,注意一下自己感兴趣的股票在当天的高点和低点。也应该浏览一下所有股票的成交情况，重点关注那些单日交易量在10万股以上的股票。这样的股票要么已经是市场的龙头，要么就是刚开始步入龙头的行列。假设他关注一只股票长达几周或几个月，但它的单日交易量从未达到过1万股；而突然在某天收盘以后，当他拿起报纸，却发现这只股票的交易量达到了2.5万股。这就预示着它的行情要启动了，或向上或向下，那么这位交易者就应该开始交易这只股票了。如果一只股票在某天的成交量放得非常大，并且股价已经在很窄的范围内波动了一段时间，那你要等到波动幅度变大之后再进行买进或卖出，而且要随着该股行情启动的方向顺势运作，让我们把这也作为一条法则吧。根据这一法则和给出的实例，坚持绘制股票的每日、每周、每月和每年的高点和低点示意图，并据此来判断股票的走势。这才是正确解读交易数据的新方法。

历史记录证明因果关系

通过研究过去的历史行情，你就可以知道未来的行情只不过是过去行情的重复而已，这样你能根据时间因素和具体情况来判断出行情的成因。有时甚至需要追溯到很久以前的行情去确定这次行情的起因，这样你就必须要研究战争和它产生的影响，以及战前和战后的不同情况（参见图1，本书第10页）。一般人不会记住以前那么久远的事，他只会记住那些他愿意记住的东西，或是切合他心中期盼和恐惧的东西。他会过于依赖别人，缺乏独立思考。所以他应该对过去的市场行情进行记录，制作成图表，以此提醒自己，过去股市发生过的事，将来还会发生。另外不应该让他的热情在与其判断力的角逐中占上风，又出现凭借期盼去买股票的情况，认为市场永远不会再出现什么恐慌了。就像只要这个世界存在一天，就肯定会有潮起潮落那样，股市以后还会发生恐慌，而牛市随后又会来临，这是因为人的天性会让人把所有的事情都做过头。当

第4章
股票行情图和趋势变化

他充满希望，非常乐观的时候，他会走到乐极的境地，而同样在恐惧控制住他时，他又会步入到另一个极端。

1929年交易者们的操作错误在于卖出时太急而买进又太迟。如果交易者能坚持绘制个股和平均指数的高低点示意图，这些错误本来都是可以避免的。因为那样的话，他们会看到个股和指数的底部和顶部都在不断抬高，特别是那些处在强势的个股，它们不应该被拿来做空。当道琼斯平均指数突破了1919年的高点，创下历史新高时，就已发出了明确的看涨信号，牛市还会持续很长一段时间，股价上升空间已经打开。美国此时的购买力水平已经提上去了，流通中的货币也比以往任何时候都要多。历史上也从未有过这么多的人被灌输要去参与投机，这个势头将股价不断推高，使其超出了股票的内在价值所能支撑的股价。不过从这些行情图显示出了个股一路上行的趋势，交易者如果可以正确解读这些图表，并按照个股的趋势进行操作，就不会出现失误。那些靠着内心的期盼或恐惧而买进或卖出股票的行为是很不专业的。每个交易者的任何一次交易行为都应该有合理且充足的理由，接下来他还必须预料到自己可能出错，应该设置止损单来以防万一。

你要不断了解自己准备交易的那只股票的情况，在交易之前要拿到它以往的交易记录。如果它以前或几年前曾经出现过股价的大幅波动，而现在看来处在窄幅震荡中，我也把这种走势叫做横盘整理，那就先把这只股票放在一边，等它什么时候出现了明确的上升信号时再介入。如果该股在前一波牛市中曾是一只领涨股，或者它在上一次熊市中曾是一只领跌股的话，那它在下一波行情中再次成为领头羊的机会就很小，除非行情图中可以明显看出它即将在上涨或下跌中有先行一步的迹象。

研究每只股票和每个板块的走势，看它们在反弹和回调时是如何表现的，这样你就能判断出它们是不是正处在牛市的某个阶段，过些时候还要重拾升势，或者它们是不是处在熊市当中，而一波熊市行情必定要经过三到四个阶段才能见底。反复查看你手头的行情图，你就能发现当板块和个股开始出现下跌趋势后，都要经历三到四个阶段才会走完这波熊市行情。首先，股价出现急跌；接着是一波反弹，股票进行派发；然后又是一波下跌；市场出现犹豫，紧跟着又是反弹，随后再次出现下跌；市场再次停顿犹豫，接下来就是最后一次的破位大幅下探，此时投资者和每个人都受到了惊吓，认定股价永远也不会上涨了，于是卖光了手里的股票，所以我们也把这个阶段称为清仓阶段。当最后的股票清仓阶段出现时，就是买入的时机了，随后将会有另一次牛市的长期涨升行情。

如果股市出现五周到七周的下跌，那你多年的盈利就有可能全都化作泡影，比如1929年9月到11月的那次恐慌性下跌就造成了这样的结果。交易者之所以会赔掉长久以来积攒下来的盈利，是因为他没有用止损单来保护自己。止损单对于交易者来说是再好不过的保护措施，因为到了止损价位它能自动成交。在实际操作时，交易者的心里可能会有一个止损价位，但是当股价真的到了这个价位时，他却没有卖出。交易者已经习惯于通常回调10~20个点的正常股市，他们认为，当大跌来临时，股票已经跌了10~20个点，股价跌得够低了，他也就不用担心还会有更糟糕的事了。但是如果遇到1929年的那种情况，股价还是会继续下跌，在恐慌性下跌中，股价会跌掉100个点、200个点或是300个点。那么在这种情况下，除非他设了止损单或者是一看到下跌就以市价卖出股票，这样才有机会在出局时有一定的获利或是能保住本金。

最好用的行情图

那些认为行情图没有用的交易者其实是不知道哪种行情图最好用。他们在看所有的行情图时都采用同样的法则或推理。最能愚弄交易者的莫过于股价波动区间图，它虽然可以显示股价上下2个、3个或者5个点的波动，但是却没有考虑到任何时间因素。其次经常愚弄交易者就是股价的日高低点示意图，根据它判断大势的波动方向出错率最高。这些

第4章
股票行情图和趋势变化

股票的日高低点示意图的缺点，就是它只能体现股价的小幅波动，它的威力就像是小石子在大海里激起的涟漪一样弱。它不能干扰或是决定股价的大幅波动或是主趋势的方向，但是绝大多数交易者平时常用的就是这样的图。

最好用的图是股价的周高低点、月高低点和年高低点的示意图。股价的周高低点示意图比日高低点示意图价值高得多，这是因为它所截取的时长是后者的7倍。与周高低点示意图相比，月高低点示意图是更好的趋势风向标，因为它所截取的时长是周高低点示意图的4倍，是日高低点示意图的30倍。股价的年高低点示意图是判断大趋势时最好的指标，如果与月高低点示意图结合起来使用的话，对于交易者和投资者来说是最为有益的。从时间跨度来看，它所覆盖的时长不仅是日高低点示意图的365倍，还是周高低点示意图的52倍，也是月高低点示意图的12倍。

当市场的交易很活跃时，股票的日高低点示意图和周高低点示意图对于那些股价很高的个股来说是很有用的，原因在于这些个股正在攀升或处于最后一波主升的阶段，而这两种图可以捕捉到股价趋势的第一次变化。在快速波动的顶部运用它们比底部时效果要好。不过，当市场出现快速的恐慌性急跌时，日高低点示意图和周高低点示意图的作用就显现出来了，但是在长期拉升的行情和判定主趋势时，年高低点示意图和月高低点示意图还是最好的风向标。

看行情图定趋势

在图2美国铸管（U. S. Cast Iron Pipe）不同时长的股价高低点示意图中，你可以看出市场在经过20天、20周、20个月和20年的运行之后会怎么走。所有这些图看上去股价的波动区间几乎是一样的，但是为什么那些年高低点示意图与日高点示意图走势一样的股票，能够产生大

图 2

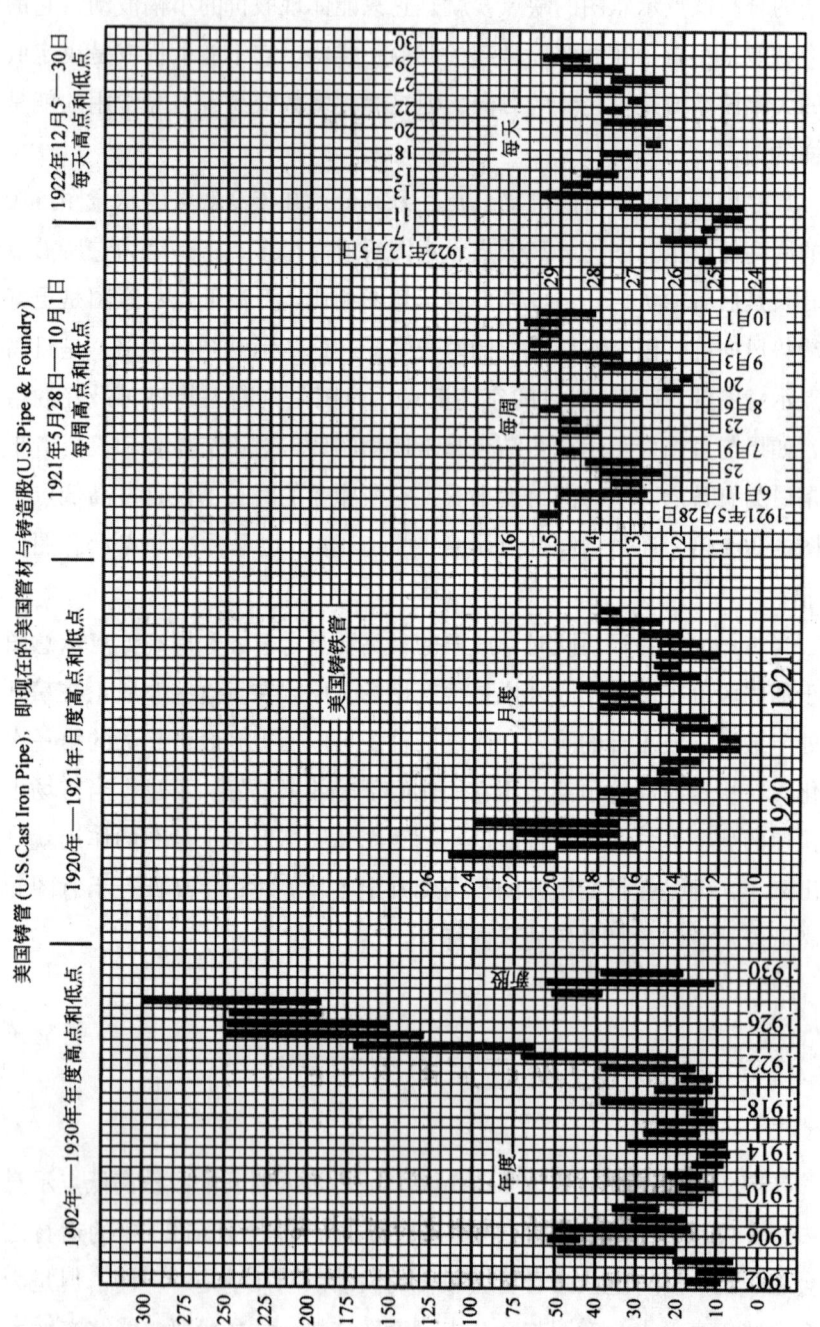

第 4 章
股票行情图和趋势变化

幅拉升呢？这是因为用 20 年的时间积蓄起来的能量和关键影响力的影响是永远不可能在 20 天、20 周或者 20 个月里完成。而这也正是愚弄了很多看图者的地方。如果研究的对象是一只新股，或是一波新行情的开始阶段，那它蓄势或派发的时间也就只有几天而已，你不可能期待股价会出现长期单边上涨或单边下跌的行情。在股票有足够多的时间来完成蓄势或派发阶段之前，股价很少会出现长时间持续的上涨或下跌。一只股票经常发生很多次假启动。在派发的过程中，股价会多次回到接近底部的价位，或是多次涨到靠近顶部的价位，不过一旦蓄势或派发阶段走完，该股就会突破到新的价格区间，接下来，股价的快速波动行情也就展开了。

美国铸管——从美国铸管的这些股价高低点示意图中，可以看到该股 1902 年到 1930 年 4 月之间每年的高点和低点价位、1920 年 1 月到 1921 年 12 月之间每个月的高点和低点价位、1921 年 5 月 28 日至 10 月 8 日之间每周的高点和低点价位，以及 1922 年 12 月 5 日至 30 日之间每天的高点和低点价位。把这些不同时长的股价高低点示意图放在一起给你看的目的，就是让你看出一只股票在不同的时间跨度里，即 20 年、20 个月、20 个星期和 20 天，突破阻力位之后股价是如何运行的。所有这些图看上去都很相似，但是由于这些图时间跨度的不同，就造成了股价突破阻力位之后产生不同的上涨的幅度。

日高低点示意图所取的时长为 20 多天，显示出该股在 1923 年 1 月，当股价突破了 29.5 美元，这一过去 30 多天中的最高价之后，股价开始缓慢上升，直到 1923 年 3 月在 34 美元见顶，仅 5 个点的涨幅却用了大概 90 天。随后该股在 1923 年 7 月下跌到 20 美元，一波大幅上涨从这个点位展开。当股价在日高低点示意图上显示进入新高区域时，那些除了看日高低点示意图之外，别的图一概不看的交易者就会被愚弄。

下面我们要看一下该股从 1921 年 5 月 28 日至 10 月 8 日在周高低点示意图中的走势，这段时间股价下跌了 20 个星期。1921 年 11 月，该股突破了 15.75 美元，这曾是过去 20 个星期的高点，随后在 1922 年 1

51

月涨到了 21 美元；接下来，1922 年 2 月股价回调到 17 美元，从这个价位开始有一波反弹，该股在 1922 年 4 月涨到了 38 美元，就是说股价在突破 20 个星期的高点之后，经过了 18 个星期才上涨了 22 个点。不过与股价在日高低点示意图中突破 20 天高点之后的涨幅相比，这个涨幅要大一些，因为周高低点示意图的时间跨度是日高低点示意图的 7 倍。

接下来我们要看的是月高低点示意图。1920 年 5 月的高点是 18 美元，11 月和 12 月的低点为 11 美元。1921 年 5 月的高点也是 18 美元，8 月的低点为 12 美元。从 1920 年 5 月到 1921 年 12 月，时间跨度是 20 个月。1922 年 1 月，美国铸管突破了 18 美元，这曾是前两年的高点价位，4 月股价上涨到 38 美元，同年 8 月在 39 美元见顶，就是说在股价突破了 20 个月的顶部之后，它用了 4 个月上涨了 20 个点。1922 年 8 月过后，该股开始下跌，直到 1923 年 7 月在 20 美元见底，随后又展开了一波大幅上涨的行情。从日高低点、周高低点和月高低点的示意图中，你可以看出，当股价突破前期顶部以后，短期进入了一个强势阶段，但都没有出现大涨就开始回调了。不过在月高低点示意图中，底部在抬高的，这就说明后市看涨。

年高低点示意图之所以最重要，就是因为它的时间跨度更长，所反映的虚假波动也就更少。1906 年，美国铸管在 53 美元见顶，接下来，一直跌到 1914 年在 7 美元见底，而在 1915—1916 年间和 1919 年这两次牛市行情中，股价都没能突破 40 美元。1923 年 7 月，该股从 20 美元开始上涨，同年 11 月，股价突破了 40 美元，这曾是 1919 年的高点，就在同一个月，股价又突破了 1906 年的高点 53 美元。这个时点与出现极低价 6 美元的 1903 年相距 20 年，而与股价见顶的 1906 年隔了 17 年。这就表明买盘非常之强，它迫使股价突破了所有的高点，股价的上升空间已完全打开。在该股涨到 53 美元以后，一直到 1925 年 2 月在 250 美元见顶之前，股价再也没有回调到 50 美元。从 1923 年 7 月的低点 20 美元算起，它用了 18 个月上涨了 230 个点，这轮上涨也是采用金字塔交易法的绝佳机会。从这个例子你就能看到年高低点示意图对研究股票

第4章
股票行情图和趋势变化

的各个阶段具有多么重要的意义。你一定要去研究年高低点示意图，因为它会证明它是你判断股票大幅波动行情时最好的风向标。

如何研究股票每日、每周和每月的行情图

观察股价在第一、第二、第三和第四阶段每天的波动情况。如果股价开始上升，有了一定的涨幅，接下来产生犹豫，出现我们所说的横盘整理的走势，随后又继续向上突破阻力位，下面要观察当股价第二、第三和第四次产生犹豫之后是如何运行的。当股价在第三次或第四次出现上行后，就要留意趋势是否会发生变化，因为这个时期是登顶阶段了。你应该将这个股价第一次、第二和第三次的波动法则同样用在研究周高低点和月高低点示意图上。该法则不仅适用于小幅震荡，也适用于大幅波动（参见后文图10的走势图，本书第123页）。当股市开始下跌，或是个股开始走低时，通常股价在跌到最后的底部之前，要经历两次、三次或是四次的波动。如果趋势即将反转，那么只会出现第一波和第二波的下跌，接下来就会重拾升势。不过对于经过了长时间下跌和第四波下跌之后的行情，你应该留意底部是否出现，注意观察趋势改变的信号。

与每日行情图对应的操作法则

对于每天的交易或短期震荡来说，有一个很好用的看图操作法则，即始终等到股价在底部或顶部停顿了两到三天之后，再去买进或卖出股票，因为这样就说明买盘或卖盘已经足以遏制住股价的上涨或下跌。接下来在多头买进或做空卖出股票的同时，还要设置止损单，买进的止损点位设在不低于股价停顿时极低价下方3个点的价位，卖空的止损价位设在不高于股价整理时极高价上方3个点的价位。

这条法则不适用于市场恐慌性的下跌行情。在波动极为剧烈而且成交量很大时，你就不必等上两三天，因为股价无论是向上还是向下波动，行情都将出现急速逆转。所以当股价发生恐慌性的大幅跳水时，你要做的就是在出现快速反弹的那一天赶紧获利了结，之前有做空的可以进行空头回补，然后等着看市场第二天会怎么走。例如1929年3月25日，成交量创纪录地达到了800多万股，股价的跳空缺口很大，这时你就应该进行空头回补，然后等待，或者也可以做多买进，短线会有反弹。另外在1929年10月24日、29日和11月13日这3个股市恐慌性暴跌的日子，股价猛跌的同时成交量都异常大，随后也都出现了快速反弹。

对于股价波动缓慢的股票，就不要有想跑赢大市的错误念头。要等到一只股票显示出趋势改变的信号，展开一波新行情以后再介入。在对每只股票进行判断的时候，所要依据的是它自己的走势，而不要期待它将与其所在板块的走势一致，除非它的行情图能表明的确如此。

根据本书后面所附的通用汽车从1921年到1924年的高点和低点价位，来绘制一张股票的行情图，你就会注意到当克莱斯勒、哈德逊汽车（Hudson Motors）和很多其他汽车类股的股价在向上攀升时，通用汽车的交易非常不活跃，股价呈窄幅波动。再往后，当通用汽车显示出向上的大趋势时，股价在1928年和1929年连续上涨，直至见到最后一个顶部后，大趋势掉头向下为止。

从1921年到1925年，当通用汽车的股价上升时，我们注意到怀特汽车（White Motors）的股价连续走低，跌去了将近100个点。而从怀特汽车的股价高低点示意图中，你可以明确看出其走势已经转为下行，这时你应该做空怀特汽车，而同时做多买进通用汽车。这样做就是保持操作方向与股价运行方向一致，并且顺势而为。

一定要记住，我认为在判断股价大趋势是否改变时，最有价值的是周高低点示意图和月高低点示意图。日高低点示意图经常显示错误的波动方向，而你经常会受它的愚弄，因为在很多情况下，它所显示趋势的变化仅仅是次要的波动变化而已。

与每周行情图对应的操作法则

对于每周的高低点示意图来说，最好的操作法则之一就是等到回调持续了两到三周之后，再进行买入。这很适用于交易活跃的股票，因为它们中的绝大多数都不会在重回主趋势之前出现超过三到四周的回调。当处在熊市时，你就要把这条法则里的回调改成反弹了，也就是说在经过两到三周的反弹后卖出股票。无论方向如何，始终要关注趋势在第三周是否发生改变。

在股价出现快速上涨和急速下跌时，对应的操作法则就是，不论股价的运行方向是朝上还是朝下，都要关注在第六或第七周行情是否达到极致；并且同时观察这一周中股价的日高低点示意图，等股价见顶或见底之后再进行卖出或买入，还要相应地在阻力价位以上或以下设置止损单。

与每月行情图对应的操作法则

对于那些处于上升趋势的强势股，很少会在第二个月出现回调。你的操作法则就应该是买进，并在上一个月的低点下方设置止损单。无论涨升是从最低的底部，还是从第一个、第三个或第四个相对位置较高的底部开始启动的，你始终都要关注每一个起涨的点位。这些起涨点总会是很好的买点，当然也要在该点位下方3个点的价位设置止损单。如果一只股票在见顶或见底后，股价出现了下跌或上涨，并且这样的波动在第二个月得到了延续，下一个重点关注的变盘时间就是第三个或第四个月。

所有这些法则在操作那些交易非常活跃，而且股价波动伴随着成交量放大的股票时效果最佳。研究那些股性活跃的高价股的日高低点、周高低点和月高低点的示意图，你就会知道这些法则的威力有多大了。

每周和每月的变盘时间

每周的变盘时间不如每月的变盘时间来得重要，而且这些法则也只适用于交易活跃的市场。

重要的变盘经常发生在周一的第一个小时。如果一只股票星期一早盘低开，而股价在 12 点钟之前没有低于该开盘价，这就是一个良好的信号。如果下午该股保持强势，收盘时价位更高的话，那就更明确地预示着后市该股看涨。周一之所以这么重要的原因，就在于公众在每个星期一的第一个小时里都会进行大量买进或卖出，从而引起股价出现涨跌。如果内幕人员想支撑行情向上，就会吸纳公众卖出的筹码，然后进一步推动行情一路走高。如果是公众在买进股票，而内幕人员或联营投资集团却没有托市的想法，他们就会让公众来接他们手中的筹码，随后就任凭市场往下走。

在一周中下一个重要的变盘时间是周三，并以周三下午尤为重要。如果市场行情在之前一直在上涨或下跌，那么经常会在周三下午或周四上午开盘后的第一个小时内达到低位或高位。

再下一个重要的日子就是周五。交易者往往都很多疑而且还迷信，因为他们在股市中博弈仅仅是靠期盼和恐惧这样的情绪来决策的。他们害怕星期五是因为那一天被看作是刽子手的日子。过去很多国家都在星期五对犯人施行绞刑。对于 13 号和星期五正好赶在一起的日子，交易者心里更加恐惧，但其实这样的日子往往没什么特别的，当天的行情都取决于市场的状况。不过一周的高点或低点经常会在周五的早盘出现，主要原因是那些获利的大户们会在周五平仓，而在周六交易时间较短的时候在场外观望。另外一个原因是周四收盘之后，美联储总是会公布对经纪人贷款的数据。如果市场在周五前一直走弱，整个一周都呈下跌状态，交易者就会没了盼头，并决定在周五出局观望。这样一来，行情经常会在周五见顶，随后开始下跌，因为空头回补已经削弱了市场的技术面。

每月的重要日期和趋势的变化

关注股票在每个月最初几天的表现非常重要。每月的1到3号之间经常会发生重要的变盘。其中的一个原因是，客户会在每月1号收到他们的账户月结单，也就能知道自己账户的情况如何。他们经常会为了保全其盈利而卖光手里的股票，或是由于股价下跌导致账户受损，就去抛售股票。每月的10号也是很重要的变盘日期。15号虽然也是个重要的变盘日，但却没有10号那么重要。从20号到23号这段时间也是要重点关注的变盘时段，因为每个月的高点或低点往往是在这段时间前后产生的。

我的经验已经证明，上述日期对于那些关注这些日期的交易者来说，都是非常重要且有价值的，可以多次帮助他们判断出股价的顶部或底部。

美国钢铁（简称"美钢"）的每月波动情况——我们在前面已经告诉过你，当股价在高位和低位时，关注股票在每个月里产生这些波动的相应日期是很重要的。通过这样的方法，你就能更多地了解该股的股价波动情况，也会发现股价是否会在这个月上旬、中旬或是下旬达到极高点或极低点。我们以美钢这只股票为例，你不仅会看到每个月该股的股价出现极高点和极低点的日期，也会看到该股发生小幅波动的日期。

1927年

1月：4日和5日出现低点；11日出现极高点；28日出现极低点。

2月：2日为低点；15日是高点；20日是回调后的低点；24日和28日出现本月的极高点。

3月：2日是低点；17日和18日是反弹的顶部；22日是回调的低点；30日和31日出现极高点。

4月：9日出现第一个高点；随后股价在12日和13日见底；18日和19日，反弹见顶；22日为回调的低点；25和26日为反弹的高点；接下来在28日到30日出现极低点。

5月：2日和3日是低点；之后的高点在11日；16日和17日是回调的低点；21日是反弹的顶部；下一个低点在25日；26日是极高点。

6月：1日和2日为当月的极高点；14日和15日回调的低点；20日为反弹的顶部；30日为极低点。

7月：1日和2日是极低点；14日和15日是反弹的高点；18日和19日是回调的底部；29日是极高点。

8月：当月的极高点在3日；8日和9日为低点；之后在10日出现快速反弹；12日为低点；30日也为极高点。

9月：1日和2日是极低点；15日和16日是极高点；19日是回调的低点；其后的反弹在26日见顶；29日是回调的低点。

10月：4日为高点；10日为低点；随后的反弹在14日见顶，而后又一直调整到29日的极低点为止。

11月：1日是极低点；15日是反弹的顶部；17日是回调的低点；19日是反弹的高点；21日和22日是回调的低点；26日和29日出现极高点。

12月：1日和2日为高点；接下来回调的低点在9日；反弹在16日和20日见到高点；回调发生在21日；24日见到极高点；其后又开始下跌，并在30日见底。

1928年

1月：3日和4日是反弹高点；之后的下跌在10日和11日见底；

14日反弹见顶；18日回调见底；接下来在27日见到最高点。

2月：4日为低点；9日为反弹的顶部；20日为回调的底部；23日为反弹的高点；随后回调，并在27日见到极低点。

3月：2日出现极低点；17日是反弹的顶部；24日是回调的低点；26日是反弹的高点；27日出现回调；31日出现极高点。

从此时开始，美钢的交易变得更加活跃，以下我们只给出月初的重要交易日期、极高点和极低点出现的日期，以及每个月的收盘情况。

4月：2日和3日为低点；12日为本月的极高点；24日为极低点；30日的收盘价接近极低价位。

5月：3日是低点；11日是极高点；22日是极低点；25日是反弹的高点；29日也以接近本月低点的价格收盘。

6月：1日为本月的高点；极低点出现在25日，反弹在29日见顶。

7月：2日是低点；9日是反弹高点，接下来的下跌延续到12日和17日，并见到极低点；28日是极高点；本月的收盘价比该顶部低了3个点。

8月：极低点出现在3日和8日；29日出现极高点；本月在接近该顶部的价位收盘。

9月：5日为极低点；22日为本月的高点；本月收盘价也接近该顶部。

10月：3日是极低点；15日和24日是高点；本月在该高点下方6个点的价位收盘。

11月：极低点出现在1至3日；16日和17日出现极高点；本月收盘价比该顶部低了6个点。

12月：4日为极高点；随后有一波大幅下跌并分别在8日和14日见到低点；本月收盘价比该低点价位高出了11个点。

1929年

1月：3日是第一个高点；8日是极低点；25日是极高点；到30日

下跌了13个点，收盘时价格比月最高点低了9个点。

2月：2日为上半个月的高点；在16日达到调整的极低点，跌去了20个点；随后反弹持续到26日见顶，收盘价比高点低了5个点，同时比极低点高出了16个点。

3月：1日是本月的高点；6日和11日都回调到了相同的低点；15日是反弹的顶部；26日是极低点；月收盘价比该低点高出了12个点。

4月：12日为极高点；17日为回调的低点；30日是本月的高点，收盘时比该高点低了3个点。

5月：1日是本月的高点；31日是极低点，股价最低162.5美元，这是大幅涨升前的最后一个低点。

6月：3日为极低点；28日为极高点；本月在高点价位收盘。

7月：1日是极低点；24日是极高点；月收盘价比该高点低了4个点。

8月：1日为极低点；14日为反弹的顶部；反弹期间，10日下跌了10个点；24日为反弹的极高点；本月收盘时比该高点低了4个点。

9月：3日是历史最高点，也是本月的极高点，股价最高261.5美元；13日至16日为回调的底部，跌去了31个点；19日是强力反弹的顶部，涨了17个点；30日是本月的极低点。

10月：4日为低点，股价最低206.5美元；11日为高点，股价最高234美元；24日是第一次出现恐慌性下跌的日子，股价最低193.5美元；25日为高点，股价最高207美元；29日是恐慌大爆发的一天，股价跌到了166.5美元，这也是本月的极低点；31日股价反弹到了193.5美元，收盘收在193美元。

11月：恐慌性下跌在这个月里止住了，美钢在13日达到了极低点，股价最低150美元；21日股价反弹到了171.75美元；27日又下跌到了160.75美元，本月的收盘价在162美元。

12月：2日是低点，股价最低159.25美元；10日是高点，股价最高189美元；23日是低点，股价最低156.75美元；月收盘价是166.5美元。

第4章
股票行情图和趋势变化

1930 年

1月：2日为极低点，股价最低166美元；反弹到10日见顶，股价最高173.25美元；之后又回调到167.25美元，本月收盘收在184美元。

2月：14日和18日同为本月的高点，股价最高都在189.5美元；25日为极低点，股价最低177美元。

3月：13日是极低点，股价最低177.75美元；随后有一波快速反弹，股价在31日达到了195美元，这是当月的极高点，最后收在194美元。

4月：3日为低点，股价最低192.75美元；7日为高点，股价最高198.75美元；之后出现回调，并于14日见底，股价最低192.25美元。

研究每个月股价的这些小幅波动，关注形成底部和顶部时的价位，这样你就能知道股价将在什么时候向上突破压力位或是向下跌破支撑位。对每只股票的时空波动研究得越多，你的交易成功率就会越高。同时也要研究该股在每个重要的底部和顶部时的成交量，把它的流通股数量也要考虑进去。这将有助于你判断买盘是否大过卖盘。

需要关注的变盘月份

研究股票过去的股价波动情况，对于搞清楚它完成一次大波段行情通常所需的时间是很重要的。股价的大波段或是震荡行情可分成几个部分。所有股票的股价在每年和每个季度中都会发生一定的变化，你必须留意这些季节性的变化。而留意股价在第三个月、第六个月、第九个月、第十二个月是否会变盘也很重要，但最重要的时点就是每年的年末，看是否会有大的变盘发生。然而，我所指的"年"并不是平常日历中的"年"。比方说，如果一只股票在8月见底，而随后股价的趋势为上行，那么最重要的关注日期就是下一年的 8 月，或者说是一年以后，到时至少也会出现短期的趋势改变，可能会持续一到三个月，或者更长的时间。

我已经一再重申，股票就跟人一样，也有其自身的习性，所以在判定任何一只股票的走势时，你必须独立地研究每只个股，而不是把几只股票放在一起研判。你追溯一只股票的历史成交记录越久远，花在研究上的时间越多，你对它的波动就会理解得越透彻，从而对于其股价何时见顶和见底就会判断得更为准确。

研究美钢 1901—1930 年间的波动图（图 3），从中你能看出重要的顶部和底部是如何形成的，以及在不同年份中重要的变盘出现的时间。正如记录所示，美钢在 1 月、2 月，5 月和 6 月，以及 10 月和 11 月见顶和见底部的次数要比其他月份多，在 2 月见底的次数最多。所以，通过对这些月份的了解，对于你留意在那些月份中会发生怎样的变盘将大有帮助。

美国钢铁——1901 年的低点在 5 月；1902 年的高点在 1 月；1903 年的低点在 5 月；1904 年的极端低点是在 5 月。1905 年回调后的低点也在 5 月；1906 年股价在 2 月见顶；1907 年股价在 1 月见顶；在 10 月见到极低点；1908 年的高点是 11 月；1909 年股价在 2 月见底，而在 10 月见到极高点。1910 年 2 月是回调后的低点，而 11 月是反弹后的顶部。1911 年的高点在 2 月，在 5 月见到了第二个高点，而全年的低点是在 11 月。1912 年的高点是在 2 月，5 月是回调后的低点；10 月是全年的高点。1913 年的低点在 6 月，高点在 8 月，10 月为回调后的低点。1914 年的高点是 2 月，反弹的最后一个高点是在 5 月。交易所在 1914 年 7 月到 11 月期间关闭；但美国钢铁 11 月在纽约场外交易所中达到了最低价。1915 年 2 月达到极低价。1916 年 11 月达到极高价；1917 年的低点在 2 月，而全年极高点是在 5 月；1918 年 2 月是回调前的高点，5 月也有个高点，6 月是回调后的低点，而全年的高点是在 8 月。1919 年 2 月是全年的低点，最后一次反弹的高点是在 10 月；1920 年 2 月是反

第 4 章
股票行情图和趋势变化

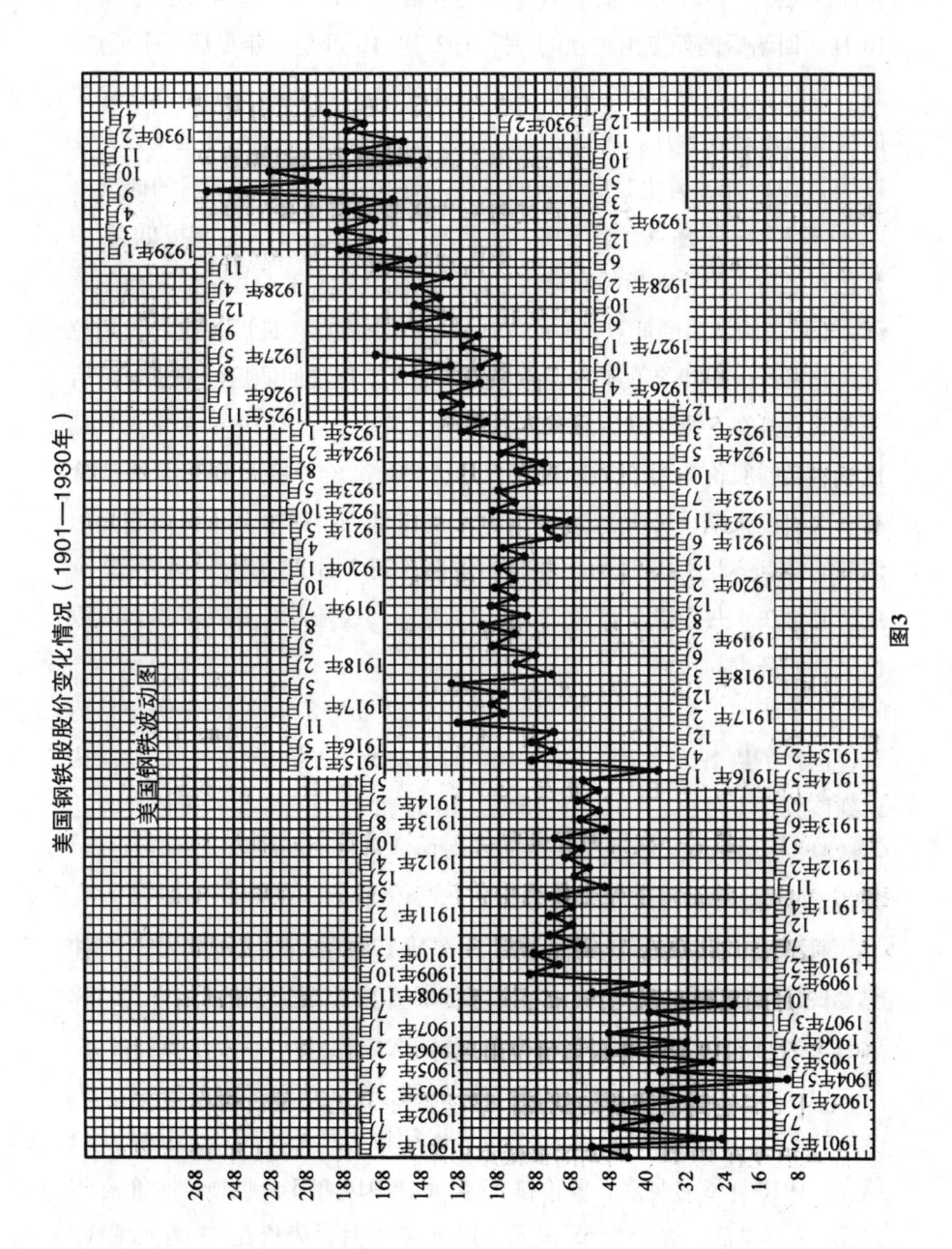

美国钢铁股股价变化情况（1901—1930年）

图3

弹前的低点；1921年6月达到全年的极低点。1922年全年的高点是在10月，回调后的低点出现在11月。1923年10月是全年最后一个低点，其后就展开了一波大幅上涨行情。1924年2月为回调前的高点，全年的极低点出现在5月。1925年1月是回调前的高点；而全年的高点是在11月。1926年1月也是回调前的高点，而10月是大幅回调后的低点。

1927年——注意，老股在5月见顶，而新股在1月达到极低点，9月达到极高点位，随后的回调在10月见底。1928年1月是回调前的顶部，2月是回调后的低点，5月达到最后一个低点，最后一波的大幅拉升就此展开。1929年的第一个高点在1月，2月是回调后的低点，最后一个低点是在5月，其后股价开始大幅上涨，直至1929年9月3日见顶，当日的股价达到了261.75美元的历史最高价。接下来在10月股价有一次破位大跌，11月达到了1929年的极低点。1930年1月上旬是回调后的低点，2月18日为反弹后的顶部；到2月25日又回调了12个点，股价在4月7日又涨到了198.75美元，这是截止到我写本书时股价见到的高点。

综上所述，你可以看出，当对美国钢铁最初8年或10年的交易记录，也就是从1901年到1911年之间的记录做了仔细研究以后，就能认识到该股在1月、2月、5月、6月、10月和11月会发生重要的变盘这一情况。掌握了这样的资料，再加上对股票行情图的研究，就会有助于判断该股何时见顶和见底。

通用汽车——回顾和研究通用汽车从1911年在纽约证券交易所挂牌之日起到现在股价的历史波动情况是很重要的，通过这样的方式，你就会了解到该股在哪个月份见顶和见底的次数最多。

1911年8月，该股见到全年的高点52美元。1912年1月和2月为全年的低点，当时的股价是30美元；8月和9月见到高点，股价为42美元。1913年6月见底，股价在25美元。1914年5月见顶，股价是99美元；7月见底，股价为55美元。1915年1月，股价在73美元见底，12月股价在567美元见顶。1916年4月时回调后的低点，股价是405

第 4 章
股票行情图和趋势变化

美元；10 月股价又见到极高点 850 美元。此时该股宣布分红，除权后的新股开始上市交易。1917 年 1 月，新股在 146 美元见顶，4 月股价在 98 美元见底，7 月的高点为 127 美元，10 月见到全年的极低点 74.25 美元。1918 年 2 月，股价在 141 美元见顶，3 月见底时的股价为 113 美元，8 月见到高点 164 美元；9 月和 10 月见到低点时的股价均为 111 美元。1919 年 11 月见顶，股价是在 400 美元。1920 年 2 月见底时的股价在 225 美元，3 月见顶，股价为 410 美元，此时该股以 1 股拆为 10 股进行了分拆。1920 年 3 月，拆分后的新股达到了 42 美元的高点，这相当于将原先的老股股价升到了 420 美元。1921 年 1 月，股价的高点在 16 美元，8 月该股的低点是 9.5 美元。1922 年该股表现非常低迷，处于窄幅震荡的行情，3 月股价达到了极低点 8.25 美元。1923 年 4 月和 5 月，该股在 17 美元见顶，这一年又是窄幅震荡的行情。1924 年 4 月和 5 月期间，股价最后的低点为 12.75 美元；此时，该股以 10 股老股兑换 4 股新股的标准实行了并股。随后新股的交易很快活跃起来。1924 年 5 月和 6 月，新股在 52 美元见底。1925 年 11 月在 149 美元见顶；12 月达到回调后的低点 106 美元，而这次回调只持续了三个星期，而且在股价涨升至新高之前，再也没有跌破过这一价位。1926 年 8 月，股价在 225 美元见顶。该股此时宣布分红。1927 年 10 月，该股达到 282 美元的高点，并再次进行分红。1927 年 8 月，新股见底时的股价只有 111 美元，10 月达到了 141 美元的高点，11 月和 12 月股价又跌至 125 美元。1928 年 5 月股价的高点是 210 美元；6 月是回调后的低点，股价为 169 美元；10 月和 11 月又达到 225 美元的高点。该股又一次宣布分红方案。1928 年 12 月新股入市交易，股价当月的高点是 90 美元，低点为 78 美元。1929 年 3 月，股价的高点是 91.75 美元；7 月是回调后的低点，股价为 67 美元；9 月是最后一次反弹的高点，股价在 79.75 美元；10 月股价达到了全年的极低点 33.5 美元。1930 年截止到 4 月我写这本书时，该股的股价已经涨到了 54 美元。

通用汽车的重要月份——从上文和它每月高低点的股价可以看出，

通用汽车最重要的顶部和底部大都出现在3月、4月、5月、8月、9月和10月。翻看过去连续多年的记录，你就能发现那些高点和低点是如何分布在这些月份的。所以，如果研究通用汽车这只股票，关注该股曾经见顶和见底的月份，并在以后每年都对这些月份加以留意，就会很好地帮助你判定该股的顶部和底部。

  1911年的高点在8月。1912年的高点在9月。1913年股价窄幅波动，但低点出现在6月。1914年的高点在5月。1915年的低点在1月，高点在12月。1916年4月是回调后的低点，而极高点出现在10月。1917年股价在1月见顶；4月是回调后的低点；在10月达到全年的极低点。1918年的低点在3月，高点在8月。1919年的全年高点在11月。1920年老股和新股都在3月见顶。1921年股价在8月见底，10月是反弹后的顶部。1922年的低点是3月；8月到10月间的顶部价位相同。1923年股价在4月和5月见顶。1924年，最后的低点出现在4月和5月。新股在1924年5月见底。1925年股价的高点在11月，12月是回调后的低点。1926年股价在8月见顶，在11月见底。1927年8月该股宣布分红；新股在8月见底；股价在10月见顶；并在11月和12月出现回调。1928年的高点在5月，6月是回调后的低点，在10月和11月又见到高点。1929年股价在3月见顶，7月是回调后的低点，9月是反弹的最后一个高点，而当年的极低点出现在10月。这就能看出，只要你关注了3月、4月、5月、8月、9月和10月这几个月份，你就能抓住通用汽车重要的变盘点。

第5章　成功的选股方法

全额以自有资金买入股票

很多交易者都会从别人的文章或是谈话中得出这样一个结论，唯一可以确定打败股市的办法就是全额以自有资金买入股票。而这种买入方式的缺点其实并不比其他任何一种方式少。在正确的时间全额以自有资金买入股票是聪明的做法，会给投资者带来盈利，但是投资者和交易者需要知道的是何时才是正确的介入时机。而当正确的时机到来时，以保证金比例为25%~50%来买进股票与全部用自有资金买入股票是同样安全的，这也是条规律。因为如果股价上涨，而你在正确的时间予以买进，这样比例的保证金足够提供交易保护，并会减少利息支出。很多人之所以输光了他们全部的家当，或是赔掉了大部分的本金，就在于他们简单地认为，手里的股票都是用自己的钱买回来的，应该很安全。他们直到分红完成后，继续放任股票往下跌，或是等股票到了破产财产管理人的手中，变得毫无价值才如梦初醒。现在看来，如果当初他们交一定比例的保证金来买进股票，或是在全部以自有资金买入股票时设置止损单，以防万一趋势有变，他们就可以避免遭受巨额损失。

我认为只有在一种情况下，全部以自有资金买入并持有股票才是百分之百安全的，那就是买进那些股价在12美元以下的股票，而且只用你本金的 10% 来进行这类股票的风险投资，因为它们可能会跌到一分不剩，并被交易所评定是否要摘牌。回顾以前的交易记录，我们发现那些股价最后涨得很高，并经常发放红利的股票中，有很大一部分几乎都在过去某个时间股价曾在 10 美元以下，有一些股价仅有三四美元，所以当股价不到 12 美元时全部以自有资金买进股票的人，就算全赔进去，每股赔的钱自然也不会超过 12 美元。如果在任何高出该价位进行买入，又没有设置止损单的话，就可能会把投进去的钱全赔光，至少也会赔进去一部分本金。历史上几乎每只好股票都有机会让你在价位很低的时候买进；而其后它们会涨到极高的价位，这时就是卖出的时机了。当股票达到极高的价位后，一些股票就再没有第二次机会触及到这样的高位，而其他股票可能要花 20~30 年的时间才能重返之前的峰值。

股票名称	最低价（美元）	股票名称	最低价（美元）	股票名称	最低价（美元）
领先－拉姆利	6	伊利铁路	10	北太平洋	3
空气压缩机	30	得克萨斯自由港	8	无线电公司	20
艾利斯·查莫斯	1	通用沥青	3	雷丁	3
美国汽车与铸造	11	通用电气	20	共和钢铁	6
美国树胶	5	通用汽车	8	雷明顿·兰德	17
美国与国外电力	12	格利登	6	圣路易斯 S·W	1
美国制冰	9	固特异	5	希尔斯·罗巴克	24
美国国际	12	格兰比建筑	12	南太平洋	12
美国机车	11	哈德逊与曼哈顿	4	南方铁路	10
美国安全刀片	4	哈波汽车	2	田纳西铜业	11
美国给水工程	4	IBM	24	得克萨斯与太平洋	5
美国毛纺	7	宝石茶	3	联合太平洋	5
安纳康达	15	堪萨斯市苏打水	14	美国铸管	6
阿奇逊	9	凯瑟公司	17	美国工业乙醇	15
威斯康星州大西洋湾	3	肯尼科特	15	美国地产	8

巴尔的摩与俄亥俄	11	洛斯	10	美国橡胶	7
伯利恒钢铁	8	墨西哥海岸	3	美国钢铁	8.375
加利福尼亚石油	8	密苏里、堪萨斯与得克萨斯	8	钒钢	20
凯斯收割机	14	密苏里太平洋	9	弗尔康脱锡	3
密歇根与圣保罗	11	蒙哥马利·沃德	12	瓦伯什铁路	5
可口可乐	18	穆林斯制造	8	华纳兄弟影业	12
科罗拉多燃油	14	国家酿酒	6	西马里兰	8
哥伦比亚天然气与电力	14	国家铅业	11	西屋电气	16
玉米制品	8	新港	10	华盛顿泵业	19
克鲁斯伯钢铁	3	诺福克与西部铁路	9	莱特飞机	6
电力与照明	15				

正常或平均幅度的波动

对于你正在交易或是打算介入的每只股票，你应该研究它在每天、每周和每月的平均波动情况。了解它的正常波动和异常波动是很重要的。异常波动不会一个接一个出现，也不会持续很长时间。假定你在交易美国钢铁这只股票，你应该掌握它以前所有的历史交易记录，知道该股在任何一个月、一周或是一天中股价的高点和低点之间最大的波动幅度是多少。从你打算交易该股的时间算起，往回倒推一年或两年之间的交易记录都要去查看，并得出股价每天、每周、每月的平均波动幅度，这样只要该股的交易变得活跃，开始进入异常的波动，无论是向上还是向下，你都能感觉到它的变化，此外你还要研究股价在见顶或见底过程中成交量的情况。很多交易者在股票进行正常波动时可以赚到钱，而股票只要一进入异常波动阶段，他们就开始赔钱。你一定要记住，当你进场交易的时机出现差错时，止损单总能保护你的资金，让你不至于再错失出局的时机。如果你在错误的时候进场，接下来又在错误的时候出局的话，那就无异于钱财上的自杀行为。换句话说，你本来可以在亏了点儿小钱时迅速离场，但你却一拖再拖，死抱着股票不放，结果等到小亏逐渐变成了巨大的亏空后才离场。

抬高的顶部和走低的底部

你始终都要关注股价的底部和顶部，看是否出现变盘的信号。不要匆忙决定操作。要等到别人为你开出了一条路，市场已经显示转向的时候再出手。如果你是在等待做空的时机，当一只股票出现一次或两次顶部或底部走低以后再卖空，往往会更安全，因为这表明趋势已经转向了。当你等待做多买进一只股票时，这条法则也同样适用。你应该等到股价的底部和顶部开始抬高之后再介入。如果一只股票的底部没有抬高，股价横盘好几天或是一个星期，就说明该股已经走弱，不应做多买入。有时，一只股票股价的底部在抬高，但是股价的顶部却没有抬高，也就是说，股价不能突破上一次下跌前的高位。这就暗示买盘不够强，还抵不过前一次下跌以来的卖盘。你要做的是顺势而为，而不是与趋势作对。从长线来看，等到股票给出明确的信号之后再交易还是值得的。

判断见顶或见底的一个重要信号，是看股价是否连续几天进行窄幅震荡，同时伴随着很小的成交量。如果股价放量迅速上攻，随后快速下跌，接下来又是一波反弹，但成交量出现萎缩，没有重新站上之前的极高价位，并且好几天都在接近反弹高点的价位附近进行窄幅波动，同时成交量很小，这就意味着买气不足，该股上行乏力。你可以选择在股价低迷几天后去做空，也可以在股价刚一跌破这几天的缩量窄幅波动区间时就去做空。同时要在比极高价位稍高一点的价位上设置止损单。

第 5 章
成功的选股方法

同样的法则也适用于股价处在底部的情况。在股价出现放量的恐慌性下跌后，如果随后迅速反弹，就表明有空头在进行回补；接下来如果股价回调，又回到接近极低点的价位水平，但是却没有跌破它，而是进行窄幅波动，成交量也出现了萎缩，这就是卖盘已经消化的信号，卖压已经不足以迫使股价继续下行了。你就应该选择做多买进，并在极低价位下方设置止损单，或是选择等到该股刚一突破这几日窄幅波动区间就做多买进，因为该突破预示着趋势将反身向上。

普遍认同的交易价格

人的想法在大多数时候是趋同的。人们习惯于某些数字，他们在交易时以这些数字为成交价的机会高过其他数字。一般人会想到的是 5 和 10 的倍数。常见的成交价有 25 美元、40 美元、50 美元、60 美元、75 美元、100 美元、150 美元、175 美元、200 美元、210 美元、225 美元、240 美元、250 美元、275 美元、300 美元、325 美元、350 美元、375 美元和 400 美元。大众在确定买价或卖价时几乎总会想到这些数字，这就是为什么一只股票无论是涨还是跌，经常达不到这些价位。所以，你应该关注一只股票的动向，当股价处在这些偶数价位附近几个点以内时，在到达这些价位之前进行买入或卖出的操作。

举例来说，如果每个人都想在 50 美元卖出股票，那么它的股价可能会涨到 48 美元或 49 美元，甚至达到 49.75 美元，但就是再也不往上走了。聪明的人在观看他的行情图时会发现，该股在这些偶数价位附近是如何运行的，就会及时将该股卖出，不会强求在一个其他所有人都想达成的价位上成交。当股价达到 100 美元上方后，经常会有交易者想在股价回调到 100 美元时大笔买进。该股会调整到 102 美元，或者甚至是 101 美元，但就是不回到 100 美元这个价位上。聪明的人不会在乎那最后 0.125 美元的买入价差，当股价接近这个价位，并且同时行情图上显示这里是一个支撑位时，他就会买入该股。很多在 100 美元附近买入的交易者，会在与之很接近的价位上设置止损单，他们打的算盘是，股价不应跌破这个偶数价位，或者说是 100 美元。内幕人员了解这样的情况，知道这些止损单都在很小的范围内，所以他们就让股价迅速回落到 98 美元、97 美元或是 96 美元附近，把这些止损单统统吃掉。这就会让交易者很失望，接下来股价径直向上。如果一只股票处于强势，股价一旦站到了高于 100 美元的价位上，就不会再回调到 95 美元，这是一个普遍的规律。

如果你等待在这些数字附近买入股票，你就应该坚持在股价突破了这些数字后再买入。如果想买一只股价在 200 美元以上的股票，就应预计它的股价会达到大约 202 美元或 203 美元；接下来股价可能回调 7 到 10 个点；然后再有两次或三次又达到 202 美元或 203 美元附近。这时应关注它第三次突破这个偶数价位，或者说是 200 美元时的情形，如果突破时成交量放大，就应选择买入，估计股价会快速涨到 210 美元，有可能还会到 225 美元。如果股价又轻松突破了 210 美元，就应看高到 225 美元，这里一直是个强阻力位。股价可能会上冲过这个价位，也或者可能还没达到这个价位，随后就回调到 215 美元附近，但是只要股价在第二次或第三次上攻时突破了 225 美元，就应选择买进该股，并看高到 240 美元，或许还会到 250 美元。

同样的法则也适用于股价达到 300 美元的股票。在这个偶数价位附近，股票会遭遇很多做空卖压，但是一旦它在几次努力之后突破了这一价位，股价就会迅速涨到 325 美元、350 美元或是 375 美元。我认为当股价突破 300 美元以后，在大约 355 美元到 360 美元之间的阻力会强过其他价位上的阻力。而当股价达到 400 美元后，它就不再是散户交易者的交易对象了，通常会发生拆股，向公众进行派发。股票买来是要卖的。无论是谁，哪怕只拥有一股股票，都想着将来有一天把它卖掉，而且要到他认为股价太高时才会选择卖掉。

公众一般交易的股票大多在 50 美元到 100 美元之间。职业交易者倾向于交易 100 美元到 200 美元的股票。他们知道只有交易 150 美元到 300 美元的股票才能赚大钱。当股票进行拆分，或者股票宣布分红时，大多数情况下，股票被分拆就是为了让除权后新股的价格可以在 25 美元到 75 美元之间，因为内幕人员知道，这些价格是公众热衷的买入价位。

了解到所有这些，你的法则应该是去交易那些股性活跃，波动速度快的个股，同时要设置止损单，这样你就能赚到最多的钱。

为什么股价在高位时波动速度更快

交易 100 美元左右的股票比交易 50 美元左右的股票赚钱更快，而股价在 200 美元或 300 美元的股票比起股价在 100 美元左右的股票，它们的波动速度更快，振幅更宽。因为股价能够达到这样的水平，总是有原因的，公众一般很少交易 200 美元以上的股票。当股票到了这个价格区域，往往是掌握在百万富翁和千万富翁们的手中，这些人买卖股票的量都很大，会引发股价在短时间内出现宽幅震荡。所以交易那些股性活跃的高价股总是很划算的。当你交易股价在 100 美元以上的股票时，获利将是最丰厚的，而当你交易 200 美元以上的股票时，赚钱会是最快的。相比高价股，那些股价在 50 美元以下的股票，会有更多误导你的波动，回调的次数也更多，因为这些股票要不大多在公众投资者手中，要不就是股价还没有高到可以让公众建立起信心的地步，买盘尚不足以支撑股价进行快速波动。请见后文图 10（本书第 123 页），AT&T、阿奇逊、纽约中央和美国钢铁的行情图。

股票处在下面两个阶段时，股价波动的速度会很快。一个是当公司成立时间不长，股票第一次发行的时候。承销商或发起人会力挺该股，推动股价迅速攀升，以吸引公众的注意，不过当股票发行完成后，他们就不会再支撑股价上行，而是把风险都转嫁给了在高位接棒的公众，股价会从顶部开始下跌。

第二个阶段是当上市公司成立了很多年，盈利能力好，并长期保持分红的时候。投资者逐渐吸纳了这些股票，市场上的浮筹越来越少。投资者在股价上涨的时候持股不动，并没有卖出它们。所以，这对股价操纵者来说就很容易将股价快速推高，因为他们在拉升股价的过程中不需要去买大量的筹码。

以前的顶部和底部

有了这些股票行情图的最大价值，就是可以看到10年前或者更久远的交易记录，当然前提是股票也要有些年头，行情图能让你知道以前的顶部和底部是在哪里形成的，股价在什么时候突破了早期的底部区域。这些在我的《股票行情的真谛》一书中都有全面的论述，但我还想再给你一些很有用的法则。

假定一只股票在前几个月或前几年曾在100美元左右见顶。当它的股价突破100美元时，我们完全有理由相信股价会涨到110美元、125美元，或者甚至可能达到150美元，此时你就应该做多买进。接下来，股价涨到了103美元，那么如果该股在不远的将来还能继续走高的话，它的股价在达到103美元后就不应回调到97美元。所以你的止损单应该设在97美元。如果股价真的回调这么多的话，可能表明主趋势已经改变，而有一点几乎可以肯定的是，股价在近期不会上扬，你最好先行出局。

第一次上涨与第一次下跌

在涨势已经形成后，关注它的第一次回调非常重要。对很多股票来说，回调的点位大约是 5～7 个点。而对于交易更为活跃的高价股来说，回调的点位一般是 10～12 个点，但是无论怎样回调，都要看它在不同的价位是否会出现同样幅度的回调。例如，从美国钢铁 1907—1909 年间以及 1914—1919 年间的交易中你会发现（参见图 3 的美钢走势图，本书第 63 页），当股价从任何一个高位回调 5～7 个点以后，你进行买入的话，你总能赚到钱，但如果你是在股价回调了 10 个点后买入的，那就是个危险的信号，你应该在下一次反弹时把股票都卖掉。股价在上涨的过程中总会有回调，这些只不过是休整期罢了。而在股价下跌时也一定有反弹出现。这些反弹是空头回补的结果，有些人认为股价已经跌得足够低了，所以开始买进。你必须认识到及时买入和卖出的重要性，不要等到最后一个小时再行动。出局太早总比出局太晚要好。你要关注股价的第二个或第三个顶部或者底部，如果这次的顶部没能达到第一个顶部的高度，或者这次的底部没能守住第一个底部的价位，接下来你就要离场观望了。

如何给股票试算平衡

你可以用记账的方式来给你的股票结算平衡，它与你给会计账本结算平衡的方法是一样的。从如下表格里，你可以看出我是如何每天给美国钢铁结算平衡的。在盈亏账中，可以显示出你的股票每天收盘时账面是盈利还是亏损。如果这种收盘时出现亏损，或者说比前一日的收盘价低的状况在延续的话，那么它的趋势就是向下的，在借方出现盈余之前，你没有理由去买进它。当一只股票的收盘价走高或走低时，你要持续观察数天、数周或数月。当一只股票在三天或更多天当中，收盘的价位几乎一样时，就要予以特别关注。一旦它的收盘价高于或低于这个价位水平，就说明股价要朝着那个方向波动了，特别是当市场非常活跃，而收盘价走高或走低的这一天出现了成交量的放大时，信号尤其明确。

你始终都要关注成交量,因为它可以表明推动市场的能量是在增加还是在减少。

美国钢铁股从 1929 年 5 月 31 日至 12 月 31 日每天的最高价位和最低价位

(美元)

日 期	开盘价	最高价位	最低价位	收盘价	跌	涨
5月31日	164.125	166.5	162.5	166	……	2
6月1日	166.25	166.25	165	165	1	
3日	165.5	168.75	165.25	167.5	……	2.25
4日	168	170.375	167.5	169.75	……	2.25
5日	170	170.75	168.25	168.75	1	
6日	168.5	169.25	168.5	168.5	0.25	
7日	169.25	171	168.375	169.125	……	0.625
8日	168.75	168.75	167.75	168	1.125	
10日	168	168.375	165.5	166	2	
11日	166	167.75	165.5	167.25	……	1.25
12日	167.5	168.5	167	167.5	……	0.25
13日	167.75	174.25	167.5	173.75	……	6.25
14日	174	177.25	173.75	175.75	……	2
15日	176	176	175.25	175.5	0.25	
17日	176.5	179.75	176.5	178	……	
18日	178.25	179.75	177.25	177.25	0.75	
19日	177.5	178	175.25	176	1.25	
20日	176	178.25	174.5	177.75	……	1.75
21日	177	181.25	176.625	180.25	……	2.5
22日	180.5	181.5	180.5	180.25	……	0.5
24日	182	182.375	179.75	179.75	1	
25日	179.5	179.375	185	184.75	……	5
26日	185.75	190.25	185.75	189	……	4.25

续表

日 期	开盘价	最高价位	最低价位	收盘价	跌	涨
27 日	188.25	189.25	186.75	188	1	
28 日	188.25	191.375	188.25	189.5	……	1.25
29 日	189	190.75	188.625	190.75	……	1.25
7月1日	191.5	192.75	189.5	192.25	……	1.25
2 日	192.5	196.75	192.5	196.25	……	4
3 日	196	199.625	196	196.75	……	0.5
5 日	197.5	200	197.5	198	……	1.25
6 日	196.75	197	195.25	196.25	1.75	
8 日	196.625	201.75	196.625	201	……	4.75
9 日	200.5	201.75	197.75	199	3	
10 日	199.25	200.25	197.5	199.25	……	0.25
11 日	198.375	199.25	197.625	198.25	1	
12 日	200	203.25	199.75	203	……	4.75
13 日	203	204	201.5	202.375	0.625	
15 日	202.75	203	198.5	198.5	3.875	
16 日	199	205.25	198	202.5	……	3.75
17 日	202.25	202.5	200	200	2.25	
18 日	201	204.25	199.75	201.75	……	1.75
19 日	204.75	208.375	204.5	208.375	……	6.625
20 日	208.5	209.75	207.5	207.75	0.625	
22 日	207.375	207.5	204.375	204.375	2.375	
23 日	205	204.5	208.5	207.25	……	2.875
24 日	208.25	210.375	205.75	205.75	1.5	
25 日	206.5	207.25	204.5	205.5	0.25	
26 日	207.5	208.5	205.375	206.75	……	1.25
27 日	207	207	205.375	206	0.75	

续表

日　　期	开盘价	最高价位	最低价位	收盘价	跌	涨
29 日	205	206.625	204.375	205	1	
30 日	205	207.5	205	206.5	……	1.5
31 日	205.5	210	205.5	209.5	……	3
8月 1 日	210.5	213.25	209.25	213.25	……	3.75
2 日	213.5	215.5	213.5	213.5	……	0.25
3 日	214.5	215.25	213.75	214.5	……	1
5 日	214.5	215.25	211	211.75	2.75	
6 日	211.5	212.5	209.25	211.75		
7 日	212.5	217.25	210.75	215.5	……	3.75
8 日	217.5	221.25	217.375	220.75	……	5.25
9 日	216	217.25	213.5	213.5	7.25	
10 日	217	218	214.625	218	……	4.5
12 日	219	229.625	219	229.625	……	11.625
13 日	230	240.5	228.375	237	……	7.375
14 日	237	245	237	238	……	1
15 日	238	239.25	238.25	238.625		
16 日	238.625	242	238.625	238.625	……	1.125
17 日	238.625	239.5	238.25	238.625		
19 日	239	248.875	237.5	248.5	……	9.875
20 日	249.5	251.5	247.5	247.75	0.75	
21 日	249.25	252.5	247.75	248	……	0.25
22 日	249.75	251.75	248.75	249.75	……	1.75
23 日	251	260	250.5	259.75	……	10
24 日	259.5	260.5	256.75	258.25	1.5	
26 日	258	259.375	254	254.5	3.75	
27 日	256	256	252.625	254	0.5	

续表

日　期	开盘价	最高价位	最低价位	收盘价	跌	涨
28 日	253.5	256.5	252.75	253.75	0.25	
29 日	252	254.5	251.625	253.25	0.5	
30 日	254.5	258	254	256.5	……	3.25
9月3日	258.5	261.75	257.25	257.5	……	1.25
4 日	257.75	258.75	253.5	254.5	3.5	
5 日	253.75	255	243.75	245	9.5	
6 日	247.5	251.5	247.375	250.25	……	5.25
7 日	252	252.5	247	247.5	2.75	
9 日	246.25	247.75	241.5	243	4.5	
10 日	243	245.25	237.875	238.5	4.5	
11 日	238.5	243.25	238.25	240.5	……	2
12 日	242.75	243	233.75	235	5.5	
13 日	234.5	236.25	230.5	235.5	……	0.5
14 日	235.5	236.75	233	233.25	2.25	
16 日	233.25	237.5	230.625	237.5	……	4.25
17 日	238.25	238.25	233.5	234	3.5	
18 日	233.75	244.75	233.5	244.5	……	10.5
19 日	245	247.5	241.125	241.25	3.25	
20 日	242.25	243.25	234.5	234.75	5.5	
21 日	234.5	235.75	232	232.25	2.5	
23 日	234	238.75	232.25	237	……	4.75
24 日	237	241.75	231	231.75	5.25	
25 日	233	234.25	226.5	231.5	0.25	
26 日	231	234.25	230	232.5	……	1
27 日	231.5	232	223.5	226	6.5	
28 日	225	226.25	222	224	2	

续表

日 期	开盘价	最高价位	最低价位	收盘价	跌	涨
30 日	224	225.5	221.25	222.5	1.5	
10 月 1 日	223	224.5	218.75	221.625	0.875	
2 日	223.5	226	221.75	223.5	……	1.875
3 日	223	224	212	25	213	10.5
4 日	213	215	206.5	210	3	
5 日	214	217.75	212.5	214	……	4
7 日	218.5	220	215.25	219	……	5
8 日	218.5	221.875	216.	218.75	0.25	
9 日	219	220.5	216.25	218	0.75	
10 日	218.75	230.75	218.25	230.25	……	12.25
11 日	230	234	229.875	230.75	……	0.5
14 日	232	233.25	227.25	227.5	3.25	
15 日	228.5	229.25	223	223.25	4.25	
16 日	223	223.25	211.5	213.5	9.75	
17 日	213	219.375	210.25	218.5	……	5
18 日	216	219.25	211.25	211.25	7.25	
19 日	211	213.75	208	209	0.75	
21 日	212	212	205.25	210.5	……	1.5
22 日	212.5	216.5	212.5	212.5	……	2
23 日	213.5	214.25	201.75	204	8	
24 日	205.5	207.5	193.5	206	……	2
25 日	207	207	203.5	204	8	
26 日	204.5	204.75	202.25	203.5	0.5	
28 日	202	202.5	185	186	17.5	
29 日	185.75	192	166.5	174	12	
30 日	177	187	176.5	185	……	11

第5章 成功的选股方法

续表

日　期	开盘价	最高价位	最低价位	收盘价	跌	涨
31日	190	193.5	188	193.25	……	8.25
11月4日	185	190.625	182.5	183.5	9.75	
6日	181.25	181.25	165	169	14.5	
7日	162	179	161.5	174.5	……	5.5
8日	174.5	175.75	170.5	171	3.5	
11日	169.75	170	159.5	159.5	11.5	
12日	158.5	163.5	152.75	153.5	6	
13日	156	160	150	151.5	2	
14日	155	162	155	160	……	8.5
15日	162	167.5	161.5	164.25	……	4.25
18日	163.5	164.5	159.75	160	4.25	
19日	160	166.5	160	166.5	……	6.5
20日	167.5	169.25	166.375	168	……	1.5
21日	167	171.75	165.5	169.75	……	1.75
22日	169.75	170	165.75	167	2.75	
23日	165.75	167.5	164.25	167.5	……	0.5
26日	167.5	168	162.25	163.25	4.25	
27日	161.75	163.75	160.625	162	1.25	
12月2日	161.5	162.5	159.25	161.5	0.5	
3日	162.5	166.5	162.25	166.625	……	5.125
4日	167	169.5	165.5	167	……	0.375
5日	168	168.5	164.5	164.625	2.625	
6日	165.5	172	165.25	171.75	……	7.125
7日	173.75	183.5	173.5	182.75	……	11
9日	182.25	189	179	180	2.75	
10日	180.5	184.5	179.75	181.5	……	1.5
11日	180.5	182.625	177.25	177.5	4	

81

续表

日期	开盘价	最高价位	最低价位	收盘价	跌	涨
12 日	176.5	177.75	166	166.5	11.5	
13 日	167.5	172.5	164.25	172	……	5.5
14 日	172	174.875	169.75	174	……	2
16 日	174	174	166.25	166.5	7.5	
17 日	167.5	173	166.25	171	……	4.5
18 日	171	173.5	169.75	171		
19 日	170	171.5	166.25	167.75	3.25	
20 日	168	168.5	158	162	5.75	
21 日	162	164.5	162	163	……	1
23 日	163	163	156.75	159.75	3.25	
24 日	161.5	164.25	160.5	161.5	……	1.75
26 日	162.25	166.75	161.625	166	……	4.5
27 日	166.5	169.5	165	165.75	0.25	
28 日	165.5	165.75	163.625	164.5	1.25	
30 日	165	167.5	164.75	166.5	……	2
31 日	168	171.75	168	171	……	4.5

三日看盘法则

这是我发现的可以让你在短时间内从交易活跃、快速波动的股票身上赚到大钱的方法之一。我依靠这个方法已经赚了很多钱，一些交易者支付给我的费用高达 1000 美元，就是为了把它学到手。现在我在本书中将这个方法和盘托出，希望你能从中获益。

具体的法则是：一只股票如果处在强劲的上涨趋势中，收盘价就不会连续三天较前一个交易日的收盘价逐渐走低，呈现亏损状态。如果它连续三天的收盘价真的一天比一天低，就说明趋势已经反转，至少也是暂时性的逆转。该股在出现三天的回调，或者说收盘价连续三天较前一交易日的收盘价逐渐走低之前，上升行情持续的时间越长，那么这波行情结束的信号就越明确。同样的法则也适用于股价下跌的行情。在股价的下跌途中，绝对不会出现收盘价超过两天以上比前一个交易日高，或者说收盘价逐步走高的现象超过两天。如果收盘价的确连续三天收盘都走高，较前日收盘有盈利，或者说在借方有余额的话，就表明趋势已经反转，至少也是暂时性的逆转，后面或许会有大的涨幅。股票在交易日内能涨多高或跌多低都没有太大意义，关键是看收盘价较前一天的收盘价是赚钱了，还是赔钱了，应该记在账目中的借方还是贷方。这对于那些交易活跃的高价股是最有价值的操作法则之一。它可以帮你从股价的快速上涨或下跌中获利，让你能洞察到股票何时会发生一些小的趋势变化。同样的法则也适用于根据周高低点示意图和月高低点示意图进行的操作。

如何给美国钢铁试算平衡

从上表中，你会注意到，自 1929 年 5 月 31 日的 162.5 美元起步，美国钢铁的股价开始出现上涨，直到 8 月 24 日见到第一个顶部 260.5 美元之前，这期间从未出现过连续两天以上收盘价走低的情况。就在 8 月 24 日这一天，美钢的收盘价为 258.25 美元，较前一天的收盘价亏了 1.5 个点。第二天的收盘价是 254.5 美元，比 8 月 24 日的收盘价又亏了 3.75 个点。接下来的一天，或者说第三天，收盘价为 254 美元，又比前一个交易日亏了 0.5 个点。第四天收盘价是 253.75 美元，这回亏了 0.25 个点。第五天的收盘价为 253.25 美元，再一次亏了 0.5 个点，而当天的极低价是 251.625 美元，比 8 月 24 日的顶部低了 8.875 个点。8 月 29 日，该股在这一价位见底。这应该算是第一次警示，提醒你该股的大趋势将开始下行。8月30日和9月3日，该股都出现了反弹。美钢涨到了极高价261.75美元。这是收盘价在连续三天以上逐渐走低后出现的只维持了两天的走高。就如你所看到的，第一天收盘时的盈利为3.25个点，第二天的盈利是1.25个点。接下来，该股的主趋势掉头向下，一直到1929年11月13日在150美元见底之前，再也没有连续两天以上收盘价走高，或者较前一日有账面盈利的情况出现，这就是主趋势将一路下行的信号。而150美元这个价位，与1928年12月22日上一波行情启动时的极低价149.75美元相距0.25个点，当股价再次跌到150美元时，这就是个买点，同时在该价位下方3个点设止损单。11月13日，该股从150美元开始反弹，但是第一次出现连续三天收盘价走高是在11月19日、20和21日。你会注意到，11月19日的收盘价比前一天盈利了6.5个点。在第二天，也就是11月20日，盈利为1.5个点，而在11月21日，盈利是1.75个点。该股收盘价连续三天走高，就说明趋势已经再次反身向上了。11月21日，该股反弹到了171.75美元的高点，随后是一波下跌，12月2日，股价下探到了159.25美元的低点。在这个时候，美国出现了连续三天，即11月26日、27日和12月2日，收盘价走低的现象。不过，在其中的最后一天，亏损额非常小，仅为0.5个点。而事实上，该股的底部比前一次的低点已经有所抬高，所以这三天收盘价走低并不表明会出现任何大的下跌，尤其是该股在此之前已经从上一次反弹的顶部下跌了10个多点。从这一低点起步，该股又开始了快速上涨，12月9日美钢的股价站上了189美元的高位，但是当天的收盘价为180美元，比顶部低了9个点，同时伴随着成交量的放大。关于成交量，我们在下文中还会谈到。当日收盘价比前一天跌了，或者说亏了2.75个点，特别是它没能达到10月31日反弹的顶部193.5美元，这就预示着股价已经见顶，随后会出现下跌。12月23日，该股跌到了低点156.75美元，比11月13日底部要高一些，而且没有跌到12月2日的底部下方3个点的价位。如果你已经在上一次底部159.25美元附近买进了该股，并且在该价位下方3个点设了止损单的话，止损单就不会成交。你也会注意到，12月2日以后，美钢每天都在进行着盈亏之间的平衡。没有出现过连续两天以上有账面盈利的情况，也没有出现过连续两天以上收盘价下跌的情况。从12月23日的低点156.75美元开始，美钢再一次重拾升势。12月31日，股价涨到了171.75美元，当天也是全年的收盘价为171美元。1930年1月2日，美钢最高涨到了173.75美元，但随后又跌到了166.5美元。不过，从1月2日以后，它的股价就从未低于166美元，该股一路上行，直到4月7日在198.75美元见顶。如果它能突破200美元，接下来还会有更大的上升空间。

成交量

将纽约证券交易所从1921年到1929年的总成交量与前些年的记录比较时，我们必须考虑到在纽交所上市的公司数量在增多，由于分红、拆股和成立新公司，也造成了股票数量的增加。而在这些年中增加的数量相当大，在股价创下了历史高位的同时，成交量也在放大。这就是说，发行量也是历史上最多的，接下来的回调或下跌也与成交量和股票涨升的高度成比例。

交易量就好比洪水。如果比日常交易量大了两倍或三倍，它就必须扩张到更大的区域，甚至会冲毁堤坝，造成很大的破坏。而当华尔街上的泄洪闸被打开时，就有上百万的投机者和投资者开始抛售手里的股票，以往所有的纪录都会被打破，如山崩地裂般的抛盘会将股价打到最自信的悲观主义者从不敢想的境地。

当股价上涨时，成交量总会出现放大。这一条规则在看日成交量、周成交量、月成交量和年成交量时都适用。当抛售还在继续，并逐渐衰竭的时候，成交量会出现萎缩。熊市年份的成交量总是不多，而牛市年份的成交量总会很大。

研究纽约证券交易所的年成交量十分重要。图4是1875—1929年期间纽约证交所全体股票的年成交量。你可以看到从1875年到1878年，每年的成交量不过4000万到5000万股。1878年成交量最后一次低至4000万股的一年。1882年，当牛市见底时，成交量达到了1.2亿股。1894年和1896年是漫长的熊市行情的底部，当时的年成交量再次跌到了5000万股。接下来，麦金利繁荣期到来了，成交量逐年在放大，直到1901年达到2.66亿股为止。从这次牛市行情的顶部开始，成交量在随后的回调中，或者说在熊市中出现萎缩，这与每次熊市中交易量的表现一样，1903年成交量减少到了1.6亿股。下一轮牛市在1906年见顶，总成交量再次打破了所有的记录，高达2.84亿股。随后的几年，成交量又是逐年减少，直到1914年出现4800万股这一1896年以来的最低

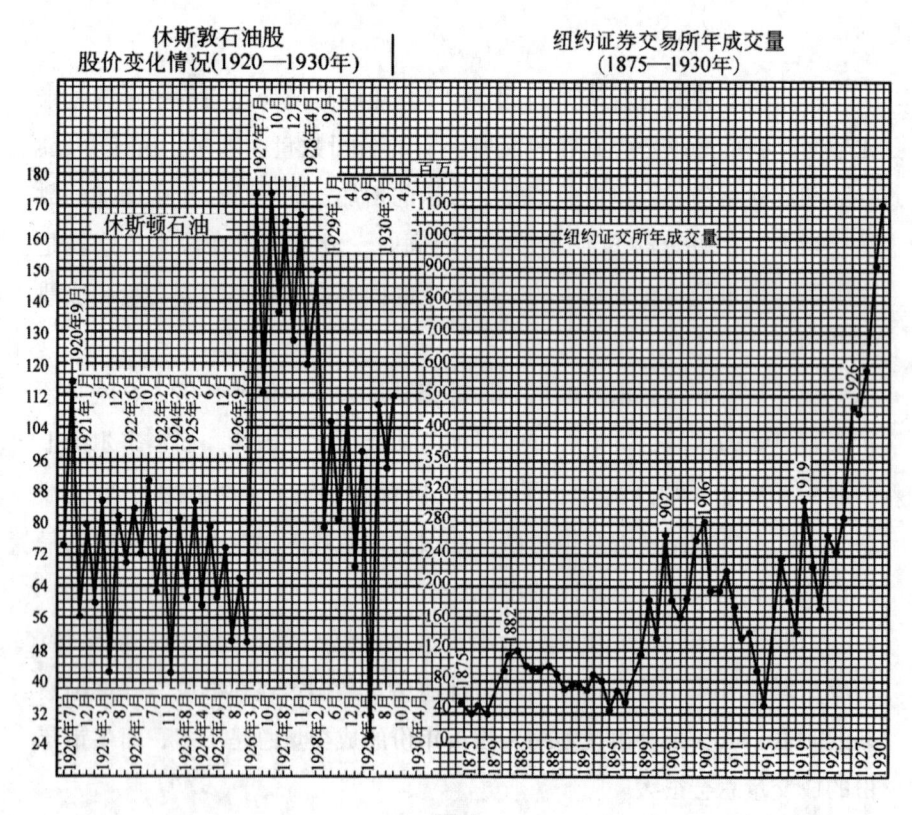

图4

量为止。但有个情况不要忘了，第一次世界大战爆发后，证交所闭市了4个多月。这再一次表明，当市场低走时，成交量在熊市的最后一年会非常小，显示出抛盘已经接近衰竭。1914年后，成交量开始回升，到了1919年又一次打破了之前的纪录，成交量达到了3.1亿股。1921年12月熊市见底，成交量又跌到了1.71亿股。随后，成交量又以超乎从前的速度逐年放大，直到1929年创下11.24亿股的最高纪录，这一天量与1921年熊市底部时1.71亿股的成交量形成了鲜明的对比。

在交易日截止到1929年11月2日的那一周，总成交量为4350万股，这几乎相当于1914年全年的成交量。特别是当我们考虑到1928年的成交量是9.25亿股，逼近10亿股的大关，一年中有如此巨大的成交量，也就意味着公众购买股票的规模是前所未有的，同时也说明有人在牛市的最后两年里向市场释放了20亿股票的筹码。1929年9月至11月的总成交量是30.323万股，比1929年全年总成交量的四分之一稍微多一些。尽管在恐慌性下跌时已经有沉重的抛盘和股价的暴挫，但是这样的成交量还不足以与过去两年的巨大成交量相抗衡。这就表明，很多股票在将来的几年中都会处于熊市，而在这一波熊市结束，迎来下一波牛市之前，它们的成交量会萎缩得非常厉害。研究个股每周、每月和每年的成交量，对于你判定它的走势也是有帮助的。

美国钢铁的交易量

关注个股每天、每周和每月的成交量，同时也要参考该股的流通股总量，这些始终都是很重要的事。美国钢铁在1929年5月31日的股价为162.5美元，这是它从1929年3月1日的顶部下跌了30个点之后的结果。当该股股价处在192到193美元的顶部区域时，每天的成交量在12.5万股到25万股之间。而当股价跌到162.5美元的低点时，每天的成交量为2.5万股或是7.5万股，这就显示出卖压并不重，该股正处于蓄势整理之中。当美钢在1929年6月21日突破了180美元时，要注意它每天的成交量是如何放大到10万股或者更多的。

股价在7月8日突破了193美元，进入到新高的区域，成交量为19.4万股，而且这种成交量的放大一直延续到了7月31日，当日的成交量达到了20.8万股，收盘价在209.5美元，也创下了当时收盘价的新高。8月8日的成交量是29.5万股，8月9日的成交量为26.3万股，8月12日的成交量在33.7万股，8月13日的成交量达48.87万股，这也是当年最高的单日成交量；8月14日的成交量是29.6万股。要注意的是，8月12日至14日这三天的总成交量为112.18万股，股价同期涨到了245美元，股价在三天内从219美元涨到了245美元，或者说上涨了26个点。我们注意到，从8月19日至24日股价在260.5美元见到第一个顶部后，这六天的总成交量为81.42万股，股价从238美元涨到了260.5美元，或者说，这81.42万股都上涨了22.5个点。随后，股价从这个顶部开始回调，显示出趋势发生反转。看到该股从8月26日至29日这四天的总成交量是24.74万股，股价总共下跌了9个点。这种水平的成交量还不足以支持股价出现大幅波动，但该股已经连续四天收盘价走低的事实足以证明，应该在反弹时做空它。在趋势重现下跌之前，该股只反弹了两天。在8月30日和9月3日，股价上涨了10个点，达到261.75美元。这两天的成交量是24.02万股，成交量在反弹过程中比下跌过程中要少，说明买盘正在枯竭，也可以看出是内幕人员在卖股票，而公众投资者在买进。毫无疑问，在上一次股价上冲到8月24日的时候有大量的空头回补，而公众在做多买进。接下来的这次股价上冲过程中，也有空头回补的情况，但量已经大不如前了，公众还是在买进，但数量没有上次的量那么大，因为他们几乎已经是满仓了。

从1929年9月3日开始，要注意成交量是如何在股价下跌的过程中逐日增加的。从9月19日见到最后一次反弹的高点，到10月4日之间，该股的总成交量是210.58万股。而在价位方面，9月19日高点时的股价是247.5美元，10月4日低点时的股价为206.5美元，下降了

41.5个点。成交量超过200万股就显示出抛盘还很重，主趋势仍然是向下的。10月4日以后，该股从10月5日至11日反弹了六天。股价从206.5美元涨到了234美元，上涨了27.5个点，总成交量为84.65万股。这样的成交量虽说已经相当多了，但是还不能抵过卖盘的压力，而且毫无疑问，大部分的买盘是空头回补和公众买入的。人们认为该股在下跌了50个点之后已经足够便宜了，就开始买进，但他们错了。该股的趋势在10月11日再次出现下行，美钢继续遭受严重的抛压，这种情形一直延续到10月29日，股价从234美元跌到了166.5美元，跌幅为67.5个点，总成交达277.61万股。注意10月23日和24日这两天的成交量是66.8万股，而在出现恐慌性下跌的10月28日和29日，总成交量是59.2万股。这就显示卖盘依然很强，抛售还没有结束。在接下来的10月29日至31日期间，美钢反弹了两天，股价涨了27个点。这两天的成交量为20.44万股。成交量太小，难以支撑股价上行。这表明只有一些空头回补和少量的做多买进行为，但股价操纵者借快速拉升该股来出货。从10月31日至11月13日，美钢从193.5美元跌到了150美元，跌幅为43.5个点，成交量是73.24万股。这样的成交量显示抛盘已经在逐渐衰竭，比起当初美钢跌到166.5美元时的成交量有所减少。在11月13日以后，成交量进一步萎缩，有时该股的日成交量还不到5万股。这就表明抛售告一段落，而内幕人员只是有人卖的时候才买进，但并没有去放出竞价的买盘。从12月6日至9日，美钢上涨了29.5个点，成交量达59.96万股。这依然是空头在回补。注意该股12月9日见顶的这一天，成交量是35.55万股，收盘价比顶部价位低了9个点。如果这是一个好的买点，特别是在当天成交量放大的情况下，该股收盘时应该在接近顶部的价位高收。从12月9日至23日，美钢从189美元跌到了156.75美元，跌幅为32.25个点，成交量达到了126万股。它显示出已是最后一波抛盘，可能是有些人持有股票的时间已经太长，在第一次反弹过后，他们心里早就慌了，认定美钢的股价会跌破150美元，所以决定在第二波调整时抛出手中的股票。但是美钢的底部在抬高，说明该股有大量的买盘在承接，股价在下跌途中即将获得支撑。12月23日，美钢的股价达到了156.75美元，当天的总成交量只有11.18万股，而在1929年11月13日该股见到最低点的时候，成交量仅为9.75万股。在大幅下跌之后的极低点，成交量萎缩到如此之地量，说明抛盘已然枯竭，市场上往外卖的浮筹所剩无几。

把一只股票从股价极低点到极高点这个过程中的成交量累计起来看非常重要。1928年12月22日，美钢在149.75美元见底，随后该股一路上扬，直到1929年9月3日在261.75美元见顶。这个期间的总成交量为1 889.5万股，其流通股数量才过800万股。这就是说，在此次上涨中，所有流通股都换了两次手。1929年5月31日，该股股价最后一次见到162.5美元，这比3月高点时的股价低了30个点，从这个低点开始，股价一直涨到1929年9月3日的261.75美元，涨幅将近100个点。在此期间，该股的总成交量是761.51万股，几乎等于全部的流通股数量。接下来，股价从1929年9月3日的高点261.75美元，跌到了1929年11月13日的低点150美元，其间总成交量为736.53万股。注意这两个阶段的总成交量是多么接近。当股票下跌过程中的成交量与股票上涨过程中的成交量相等，或者接近相等时，这又是一个股票见底的好兆头。但是，当我们考虑到股价从149.75美元上涨到261.75美元的总成交量1 889.5万股，与接下来下跌到150美元的过程中736.53万股的总成交量之间存在着巨大差距，而这两个区间股价的波幅相等，这就说明在股价上涨时，有人在操纵股价，当时一定有大量的洗盘行为以吸引公众的注意，让他们来接货。而股价下跌时，洗盘往往比股价上涨时少。实实在在的交易和真正的抛售都是在股价下跌时发生的，而对于很多股票，上涨过程中的买入很多是在洗盘。为了吸引人们的眼球，就需要有强大的买盘来推升股价，但是当抛售来临后，就什么也不需要做，只是任凭公众卖出股票就好了。

如果你去研究不同股票在顶点时的日成交量、周成交量和月成交量，就会发现它非常有助于判断该股什么时候处在强势或是弱势之中。

第 5 章
成功的选股方法

股票什么时候处在极度弱势或极度强势之中

我经常会说，这只股票的走势如此之强，它是不会出现回调的。这种情况会在该股的股价已在上涨，并突破了很多年以前的高点时发生。那么已经持股多年的投资者就会把这只股票卖出。而那些知道股价还会走高的人们就会在高价位上吃进筹码，这样市面上的浮筹就很稀少；随后会出现一次快速的股价狂奔行情。例如，1925 年美国制罐（American Can）突破了当时的历史最高价 68 美元，股价只是经过了非常小的回调后，就开始继续拉升。1906 年美国熔炼与精炼（American Smelting）的股价在 174.5 美元见顶，后来该股在 1925 年突破了这一高点，投资者将该股抛售一空，职业交易者也开始做空它。可这只股票走势的技术面非常之强，以至于非但没出现回调，还又上涨了 100 个点。当一只股票处在这样的走势中时，你永远不要去卖空它。这时候买进它比在股价更低时买进更安全。在极高的价位上买进股票是需要些胆量的，但是它可以帮你赚到钱。当然有些人知道美国熔炼与精炼这只股票的价值要超过 175 美元，否则他们就不会在这样高的价位上吃进全部浮筹了。实际上，该股在见到这个高位之前已经调整了非常长的时间，这也预示着该股股价有理由继续走高。

当股票在经过长时间的上涨之后，会进入极度弱势的行情，这时候股价不会出现反弹，而是仅有一些很小的反抽而已。交易者和投资者对这只股票已经有了信心，每次股价出现小幅回调时都会买进它，直到最后该股被充分派发，并出现超买为止。接下来，当股价开始下跌时，在下行过程中就没有了买单或支撑股价的委托单，而当那些在较高价位买进的投资者和交易者开始抛售手里的股票时，该股的走势就会跟着越来越弱，反弹的幅度也会越来越小。

例如：基金公司（Foundation Company）股价在 1925 年出现了大幅上涨，并于 11 月在 183.75 美元见顶。从图 5 中可以看出，它也经历了

图 5

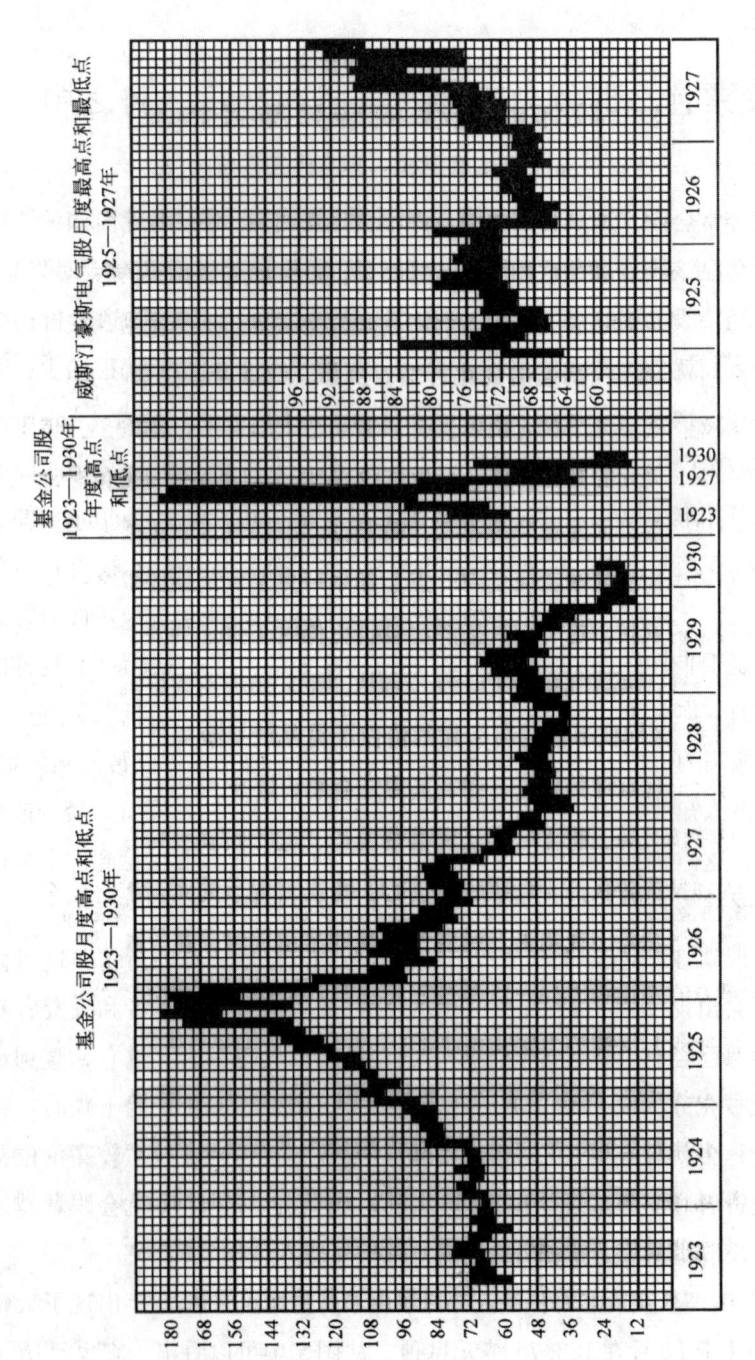

很长的派发期。当该股突破了派发区域后，股价开始下跌，在其他股票的股价都在上涨时，它的股价继续走低。股价跌了很长时间，投资者和交易者却一直持股不动，心里盼着股价会有反弹，有些人是在股价下跌过程中买进的，但当最后该股跌破了75美元时，每个人都开始往外抛，因为他们对这只股票已经不抱任何希望了。接下来，在股价下跌了100多个点以后，该股的走势还是非常弱，根本无力反弹。这是做空的安全价位，此时做空与你在180美元附近做空相比，获利的速度是一样快的。该股在1929年11月跌到了13美元。

另一只股票在联营投资集团撒手不管后，走势也变得非常弱，以致股价反弹不起来，它就是领先-拉姆利（Advance Rumely）。国际内燃机工程公司（International Combustion Engineering）也是这样一个曾被超买的股票，在股价下跌50个点后，走势的技术面也很疲弱，导致此时的反弹力度与下跌50个点之前的反弹相比小了许多。

在股价出现大幅下跌以后，不要不敢去做空它，因为这些股票的走势越来越弱，这时选择做空其实比在高位时做空更安全。

判定正确的卖出时间

很多交易者介入一只股票的时机很好，但出局的时机却没把握对。他们的买入时机是正确的，却不知道何时应该卖出，或者不知道应该遵循什么样的法则来判断股票何时见顶。假设你介入了一只已经过长时间蓄势的股票，就像一些我们展示了它们的年高低点示意图的股票，比如美国铸管（U. S. Cast Iron Pipe）、克鲁斯伯钢铁（Crucible Steel）和莱特飞机（Wright Aero）。你一旦选对了介入点，一定会想让盈利最大化，那为了知道什么时候是卖出时机，你就必须去关注一些信号。在牛市的早期，股价总是在一点点向上爬，或者说涨得很慢，还会出现很多次回调，但是当它们进入到收官阶段后，股价就会出现快速拉升，并且就能达到行情最火爆的点位。你的法则应该是：只要股价的走势是朝着对你有利的方向发展，你就可以一直持股，直到行情达到最火爆的点位后再卖出，同时也要一路有止损单跟进。在牛市的收官阶段，大多数股性活跃的股票在股价上都会出现快速上涨，这样的行情会持续六到七周，有时会长达十周，股价的波动速度会非常快。在这些时候，成交量通常都会异常大，就说明有大量的买盘和卖盘在持续交易，而该股为了达到派发的目的正在作秀。这里有一个规律，一般经过六到七周的快速上涨，就标志着股价向上拉升已经到达了顶峰，就像在恐慌性下跌的行情中，股价经过六到七周的快速下跌，特别是放量下跌时，就标志着熊市的终结，而你在底部应该进行空头回补，并等待新的介入时机。

例如：1929 年 5 月 31 日，美国钢铁最后的低点是 162.5 美元。随后股价开始了大幅波动，而在 8 月 14 日见顶之前，该股再没有出现过 7 个点以上的回调，这波的涨幅是 82.5 个点，一直冲到了 245 美元。接下来股价回调到 235 美元，跌了 9 个点，这是经过 10 周的快速上涨后出现的第一个宣告上冲行情结束的信号。不过，直到 9 月 3 日该股在 261.75 美元见顶之前，从没有出现过连续 3 天收盘价走低的情况，3 个月的涨幅接近 100 个点。我们的法则中有一条就是，当一只股票在短时间内上涨了 85 到 100 个点，或是同期跌了这么多点时，你应该留意股价是否见顶或见底，并及时出局。如果交易者在低点介入了美钢的股票，随着它的上涨一路买进，而同时将止损单维持在距高点 10 个点的价位，那它的止损单在股价达到 261.75 美元之前就不会成交；接下来如果他在高点出局，在股价下跌 10 个点后开始卖空，他也可以跟随股价的下跌而一路做空，同样也能大捞一笔。美钢从 9 月 3 日开始，股价出现快速下跌，波动的速度和幅度就像它当初的快速上涨一样，从 9 月 3 日至 11 月 13 日，在不到十二周里放量下跌了 111 个点。从 10 月 11 日最后一次反弹结束，一直到 11 月 13 日，美钢从 234 美元跌到了 150 美元，在不到五个星期里下跌了 84 个点，这就是在提醒你该进行空头回补了，接下来等待下次反弹出现，或者可以做多买入，因为你应该知道这些快速的恐慌性下跌不会比上涨时最后的猛冲阶段持续的时间更长。这样的情形总是标志着一波原本是上涨或下跌行情的结束。

钒钢公司（Vanadium Steel）是另一个股价快速拉升的例子。1930年2月25日钒钢见到最后一个低点65.5美元，3月25日涨到了124.5美元，在四个星期里上涨了59个点，若从1929年11月13日的低点算起的话，股价涨了87个点。股价见顶时成交量放大，就表明随后会有一次回调，特别是在如此短的时间内股价上涨了87个点的情况下更会如此。它的股价上升速度太快，最后一波拉升是空头回补的结果。钒钢在几天之内就快速回调到了104美元，跌幅超过20个点。一定要记住，当股价快速上升达到顶部后，这次的最后猛冲过后就会出现急速回调，这同大多数交易活跃的股票在出现快速下跌后就有反弹是一个道理。第一次反弹的速度会很快，涨幅也会相当大，随后会是次级回调和股价的平稳期。所以要注意在这些快速上涨过后卖出多头仓位，而在快速下跌之后就要进行空头回补，但是记住不要逆趋势而动，一定要设置止损单，或是当股票朝对你不利的方向发展时迅速离场。很多股票都会出现这样的快速涨跌行情，而这时交易者如果还要逆势操作，想着去交足保证金，让自己可以继续持有它们，那可就太傻了。这种快速波动的行情是顺势进行金字塔式交易的好时机，可不是与趋势对着干，逆势持有股票的时候。

横盘波动

经常能听到交易者这样说：股票只有两种走势，或上涨或下跌，所以在市场中保持正确的操作很容易。这种说法并不完全对。如果股票总是一直涨或一直跌的话，那赚钱就很容易了，但是股票经常会进行横盘整理。当它们处在这种波动形态时，股价有时会在几周或几个月内维持窄幅震荡行情，既不会突破前期的顶部，也不跌破前期的底部。这种走势会愚弄交易者好多次，让他们赔钱。当一只股票开始上涨，交易者认为股价还可看高一线时，该股走势却出现了停顿，开始回调，股价又回到了原来的底部附近，这时交易者又认为该股会继续走低，于是就卖空它，但是这只股票却停住了下跌的脚步，重拾升势。当一只股票处于这种走势时，你唯一要做的就是把它放在一边，等到它的股价向上或向下突破这个区域以后再说。在股票走出了横盘整理的行情后，也就结束了蓄势或派发阶段，进入到新高或者新低的区域，接下来你就可以进行操作了，而这时你对判定它的正确趋势把握性也更大了。

宝石茶百货公司（Jewel Tea）。这只股票是在股价横盘整理方面的好例子，这一点从图6，它的月高低点示意图就可以看得出来。它的股价从1922年1月开始上涨，1922年5月在22美元见顶；随后出现回调，8月在14美元见底；然后又开始反弹，1923年2月在24美元见顶，没能超过1922年5月的高点两个点以上；接下来的回调延续到1923年10月，股价在15.25美元见底；随后又出现回升，股价在1924年1月涨到23美元；4月又跌到16.5美元，在1924年8月和12月股价分别上涨到22.5美元，在1925年7月、8月和9月里股价都曾跌到过15.75美元。最后到了1925年12月，股价开始上升，一举突破了1922年到1925年之间的所有高点。从这张图中，你可以看出该股在1922年、1923年、1924年和1925年都在进行横盘整理。在这四年当中，它的股价从没有跌破过1922年8月的低点，也从没超出1922年5月的高点3个点以上。这期间的窄幅波动行情愚弄了交易者很多次，但也有交易者挣了钱，而且赚的是快钱，他们就是那些一直等着股票跌破了1922年8月的低点以后，或是突破了1922年5月的高点上方3个点的价位之后，才进行买进或卖出的交易者，因为他们在股价没有出现大幅波动之前，是不会进场交易的。而当股票有效突破了这些价位，显示出趋势的走向之后，该股就一直保持向上的走势，直到1928年11月该股在179美元见顶之前，都没有发生过任何的改变。

第 5 章
成功的选股方法

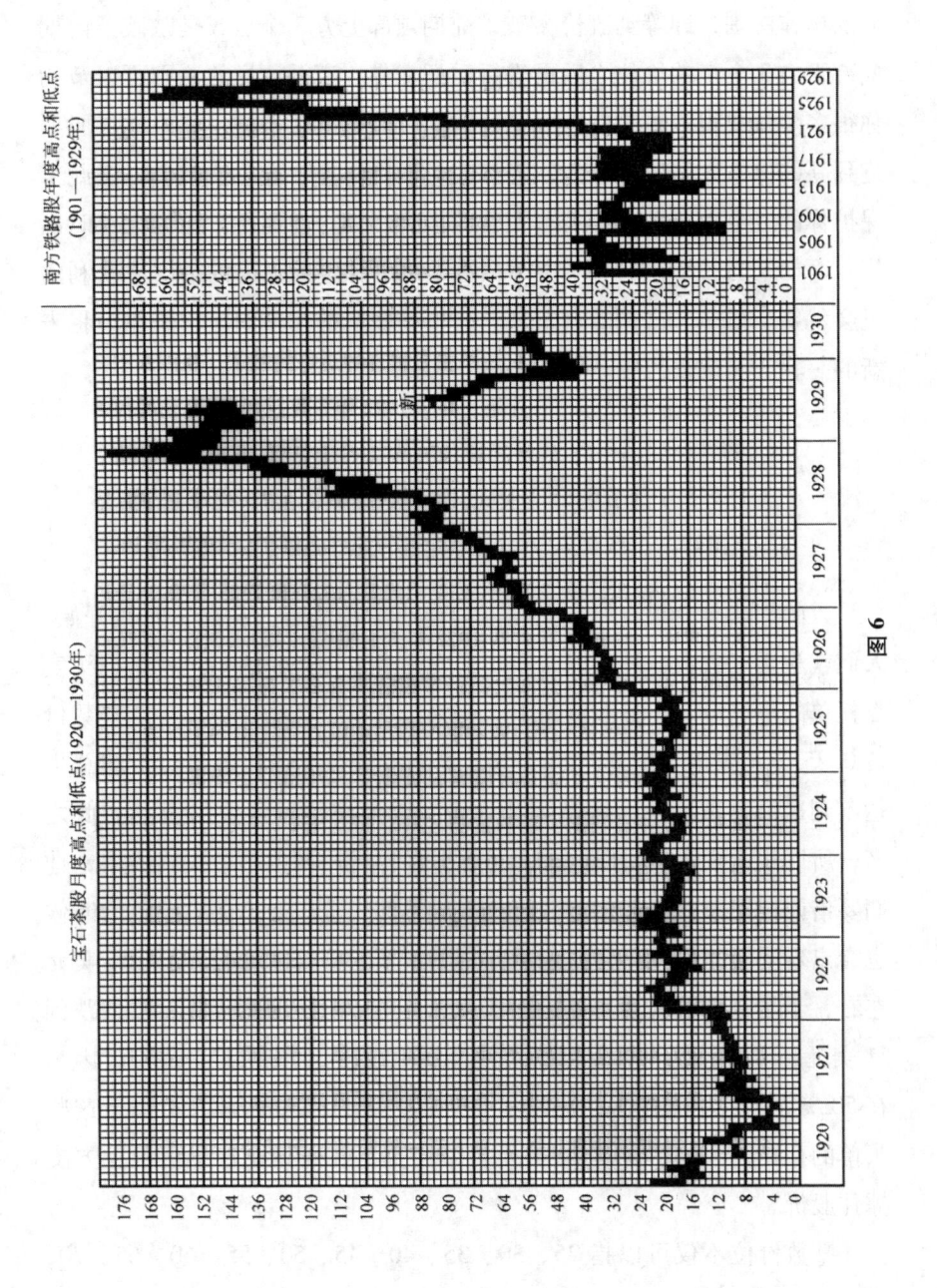

图 6

当股票处在横盘整理的阶段时，你就要把它放在一边，始终都要运用下面的操作法则，即等到股价突破了前期顶部上方 3 个点或是跌破了前期底部下方 3 个点的价位之后再进行委托交易。遵循这样的法则可以节约你很多个月或很多星期的持股等候时间，避免出现亏损，如果你在股票进到新的价格区间后再介入，当然就可以更从容地设置止损单，以此来保护你的资金，一旦股票没有朝着对你有利的方向运行，你也能及时出局。而如果当股票在两点间上下横盘整理时你进行交易的话，你获利的机会就要小很多。这种横盘整理的行情是股票的休整期，它是在为将来新的一轮或涨或跌的波动做准备。

在整数价位买进和卖出

人的想法总会跟着那个受到阻力最小的趋势走。从远古时代开始，人们就学会了数数、计算以及买卖。交易者经常会犯的错误就是把买卖委托单的价格设定在整数价位上。一只股票有时会涨到距离一个整数价位 0.25 美元或 0.125 美元的价位，并会多次接近该整数价位，却总也达不到这个整数价位。这是为什么呢？因为在整数价位的卖盘如此之多，所以联营投资集团或内幕人员在股票出现回调前不会买入股票，他们要借回调把那些等着在整数价位卖股票的人洗出局。买入股票的时候也会出现同样的情况。交易者看到一只股票的价格在 55 美元或 56 美元左右，于是在它回调时下单，而买入价定在 50 美元。这只股票会跌到 51 美元、50.25 美元或 50.125 美元，就是没让 50 美元买单成交，因为在 50 美元的买单太多了，需求量是如此之高，那些内幕人员知道这些买单的存在，因此不会以 50 美元将该股卖出，而是在这个价位上方支撑住股价。

整数价位不仅可以指 25、30、35、40、45、50、55、60、65、70、75、80、85、90、95 和 100 等 5 或 10 的整数倍，也可以指其他的价格，

第 5 章
成功的选股方法

如 58、62、73 和 86 等。在你决定了一个交易的整数价位后，要在高于或低于该价位 0.125 美元或 0.25 美元的价位上提交买单或卖单。如果你想在 62 美元买入，股票也已接近了这个价格，你的买单就应该设在 62.25 美元。如果你想以 62 美元卖出，那卖单就可定在 61.875 美元，或者如果你看到股价在这个价位附近游移不定，就以市价卖出。我从不相信那些加了限制条件的委托单。当股价接近你心里的买卖价位时，就以市价下单进行交易。这样做是能给你省下钱来的。

美国钢铁的成交价位水平——回顾美钢从 1928 年 11 月 16 日至 1929 年 11 月 13 日之间的交易情况，你就能看出它的阻力价位在哪里，以及它是如何受到那些设在整数价位或特定点位的买卖委托单影响的。

1928 年 11 月 16 日，美钢在 172.5 美元见顶。随后股价从顶部出现了一次快速回调，接下来又是一轮反弹。1928 年 12 月 8 日，股价涨到了 172.25 美元。明显看出在 173 美元这一整数价位附近有许多卖单，而这两次股价分别在 172.5 美元和 172.25 美元止住了上涨的脚步。那些将卖单设定在整数价位的交易者终究未能出局，而股价跟着就遭遇了一次快速下跌。1928 年 12 月 17 日，股价跌至 149.75 美元。在这种情况下，毫无疑问交易者会将止损单设在 150 美元。这些设在整数价位的止损单都成交了，该股的股价跌到了 149.75 美元，而这却是此次下跌的终点。

可能还有一些交易者在看到美钢跌至 149.75 美元时，就将买单设在了 149 美元或 148 美元，但还是没能买到这只股票。那些想在 150 美元左右买进的交易者，应该将买单定在 150.25 美元或 150.125 美元，那么他们的买单就肯定能成交了。股价从这个底部开始了一次快速的反弹，1929 年 1 月 25 日，美钢的股价在 192.75 美元见顶。这就看出，当股票突破了 172.5 美元和 172.25 美元这两个高点之后，它一路上涨了 20 个点。那些又将卖单设定在 173 美元和 174 美元这样整数价位的交易者，他们的卖单很快就能成交，但是这回他们又错了，因为最后当股价的确到了这些整数价位之后，还在继续走高。股价在 192.75 美元见顶，

99

随后就有一次急跌，到了 1929 年 2 月 16 日，股价跌至 168.25 美元。此时的市场交易还是很活跃的，接下来就出现了一次反弹，该股在 3 月 1 日涨到了 193.75 美元，比 1 月 25 日的高点仅高出了 1 个点，这两次的高点与整数价位都相差了 0.25 个点。在一轮恐慌性下跌后，美钢在 1929 年 3 月 26 日见底，当时的股价是 171.5 美元。注意这个价位是在 1928 年 11 月和 12 月的顶部附近。随后又是一次反弹，4 月 12 日，该股在 191.875 美元见顶。这是当年的第三个顶部。第一个顶部是在 192.75 美元，第二个是在 193.75 美元，而第三个顶部就是 191.875 美元。

你可能会问，为什么美钢这么多次总是在这个价位水平上就止步不前了呢？我的回答是，因为在 194 美元和 195 美元左右，以及接近 200 美元都有许多卖单。内幕人员知道这个情况，所以他们不会在此时吸货。该股刚好涨到足够接近这些卖单所设定的价位，这样就可以让那些交易者继续持股；随后突然来一次暴跌，那些原本想在高位卖出的交易者就会变得很烦躁，从而选择在股价下跌的途中卖出。5 月 31 日，美钢跌到了 162.5 美元。注意，这个价位已经跌破了 1929 年 2 月 16 日和 3 月 26 日的低点，交易者自然就会感到很恐慌，纷纷抛售手中的股票。在这样的下跌中，止损单毫无疑问会成交，因为股价从顶部向下跌了 30 个点。从这个低点起步，美钢开始了它最后一波的猛攻。1929 年 7 月 5 日，股价达到了 200 美元。注意到这一次它是径直冲破了 191.875 美元到 193.75 美元之间的所有顶部价位。这样一来，那些将卖单的价格定在 195 美元到 200 美元的交易者就都能出局了。不过该股刚好在 200 美元这一整数价位止住了上攻的步伐，但仅在 7 月 11 日回调到了 197.5 美元，接下来又开始上涨，7 月 13 日，股价涨到了 204 美元，这就说明有人把 200 美元或更高些的筹码都吃进了。在这些整百的价位上总会有许多的卖单，很多人会在股价出现 100 美元、200 美元和 300 美元等情况下做空。7 月 16 日，该股再次回调到了 198 美元。注意到这次的底部比 7 月 11 日的底部高出了 0.5 个点。这就是说，如果人们已经在 197.5 美元、197 美元或正好在上一次底部附近的价位下了买单，那他们是买不到美钢的。美钢突破了 200 美元，又涨到了 204 美元，就预示着它的上涨空间已经打开，因为有人以历史最高价在买进该股，而且交易量很大。美钢的股价从 198 美元开始，展开了最后一波快速直拉行情，就连回调的幅度都非常之小。8 月 24 日，股价在 260.5 美元见顶，随后有一波快速回调，8 月 29 日，股价跌到了 251.5 美元，接下来是最后一次的涨升，9 月 3 日，该股见到了历史最高价 261.75 美元，而它仅比 8 月 24 日的顶部高出了 1.25 个点。毫无疑问，在 262 美元和该价位上方会有卖单堆积。这就是为什么股价会停在 261.75 美元上不去的原因。随后股价迅速下跌，11 月 7 日，美钢跌到了 161.5 美元的低点。注意这个底部比 5 月 31 日的底部还要低 1 个点。这可能是有交易者在 162 美元设了止损单，而这些止损单的成交就迫使股价比前期底部还低了 1 个点。接下来是一次快速反弹，11 月 8 日，美钢的股价涨到了 175.75 美元。随后出现了最后一波下跌，抛盘很重，11 月 13 日，股价在 150 美元见底。这次股价恰恰停在了整数价位上。应注意到，1928 年 12 月 17 日股价的低点是 149.75 美元。关注这些以前的阻力价位始终都是很重要的，因为股票经常会在第一次回到这些价位时获得支撑，有时还会好几次在这些价位附近止跌。这次也一样，那些想在 150 美元左右买进美钢的交易者，应该将买单设在 150.25 美元，这样它就会成交了。

我的法则是在股价以前的底部价位下方 3 个点上设止损单，但在距离整数价位的上方或下方 0.125 美元或 0.25 美元的地方设止损单都是可以的。

在低价位卖空股票

很多交易者认为，当股价在 75 美元、50 美元或者 25 美元时做空股票是危险的举动。其实只要股票的趋势是向下的，那么做空股票就永远也不会有什么危险。我可以给你举个例子。

国际内燃机工程公司——这只股票在1929年2月见顶，当时的股价是103美元。在3月该股有一次急跌，股价在61美元见底，随后出现反弹，5月它的股价在80美元见顶。现在，我们假设让交易者在80美元时卖空它，而交易者会认为在这个价位卖空实在太低了，因为它的股价曾高达103美元。该股在5月的下半个月跌到了56美元，接下来又有一波反弹，7月时股价涨到了76美元，而这个价位却差了4个点没能重返5月的高点价位。当股价反弹到这个高点的价位水平时，就一定要去做空它，并将止损单设在5月高点价位的上方。股价又开始下跌，当它跌到50美元，也就是跌破了5月的低点时，这又是一个做空的好时机，接下来在股价跌到25美元或是下降过程中的任何一个价位也都是做空的卖点。即便是股价跌到了15美元，做空也是不错的，因为该股在12月下探到了5美元。该股从7月的高点76美元跌下来以后，除了趋势保持向下以外，就没显示出任何其他的迹象了。所以，正确的交易方法就是在此期间的任何价位都是你做空的机会。

你必须学会忘记股票曾经到达过的高价位或是低价位。在1929年的大跌中，我挑出的国际内燃机工程公司这只股票并非特例。还有好几百只股票有类似的情况。领先-拉姆利就是另一只这样的股票，它在1929年5月的股价曾高达105美元，而在1929年11月深跌到了7美元。我还可以给你举出很多其他股票的例子，它们在1929年的股价从没超过25美元或30美元，后来也跌到了15美元、10美元和5美元。只要股票的趋势是向下的，那么下跌期间的任何价格都是很好的做空卖点。而只要股价趋势为上行，上涨过程中的任何价位都是好的买点。

危险的卖空

当股票的流通股很少或者流通盘很小时，卖空这些股票是最危险的。这样的股票筹码会锁定得很好，因而很容易被囤积。拉动流通盘在100万股的股票上涨当然比拉动流通盘有1000万到5000万股的股票更容易。你在做空那些流通盘最大的股票时，可以选些小盘股来做多买入。

一些小盘股在股价上都出现过大幅上涨，比如鲍德温机车（Baldwin Locomotive）、克鲁斯伯钢铁、休斯敦石油（Houston Oil）、美国铸管和钒钢等。

在牛市行情后期买入低价股

当市场已经涨了好几年以后，交易者开始去选那些之前没怎么涨的股票是再自然不过的事。他们选择低价股，是因为他们认为既然其他股票都已经涨过了，那么这些低价股也会补涨。这是交易者会犯的最严重错误之一。如果牛市已经运行了好几年，而且市场普遍显示牛市即将走完，就是说行情处在牛市结束前的最后三到六个月中，这时候如果因为预计低价股在牛市的最后阶段有所表现而买入它们，会是非常危险的操作。有些低价股是比别的股票启动晚，而通常来看，高价股一般在牛市的收官阶段会发起最后一波猛冲。只有从行情图中看到低价股已经涨到了新高区域，并且走势强劲以后，才可以去买它们。否则，只要它们还在窄幅波动，并且交投清淡，就不要去碰他们。下面这些低价股不仅在1929年下半年的牛市行情中没有过涨升，而且当其他股票上涨的时候，它们却在下跌，凡是买了它们的交易者都损失惨重，它们包括：埃阿斯橡胶（Ajax Rubber）、美国农业化工（American Agricultural Chemical）、美国甜菜制糖（American Beet sugar）、美国法兰西消防车（American La France）、美国船运与商业（American Ship & Commerce）、阿穆尔肉类加工A（Armour A）、布斯渔业（Booth Fisheries）、卡拉汉铅锌（Callahan Zinc & Lead）、联合纺织（Consolidated Textile）、多姆矿山（Dome

103

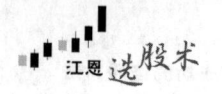

Mines)、电动船（Electric Boat）、关塔那摩糖业（Guantanamo Sugar）、约旦汽车（Jordan Motors）、凯利-斯普林菲尔德轮胎（Kelly Springfield）、家荣华（Kelvinator）、路易斯安那石油（Louisiana Oil）、洛夫特糖果（Loft）、穆恩汽车（Moon Motors）、奥姆尼巴士（Omnibus）、锅柄制造厂（Panhandle Producers）、帕克-犹他（Park Utah）、礼欧汽车（Reo Motors）、雷诺弹簧（Reynolds Spring）、施耐德包装（Snider Packing）、潜水艇（Submarine Boat）、沃德烘焙B（Ward Baking B）和沃森纺织（Wilson & Company）。

如何确定短期龙头股

如果你手头有份日报，每天在收盘后都回顾一下当天的行情，然后挑选出那一天成交量最大的股票，你就能判定它们在一定时期内是否为市场中的龙头股，至少也会在接下来的几天或更长时间中保持这样的势头。关注那些已经持续窄幅波动很长时间，并且成交量一直很低的股票。接下来，只要它的交易量开始放大，留意其股价在朝哪个方向运行，你就可以顺势而为了。当一只股票的成交突然变得非常活跃，并且放出大量时，你就能认定它至少在短期内会成为龙头股，你应该按照它的趋势进行相应的操作。

运行缓慢的股票

有些股票的股价长期波动速度缓慢，但是只要它的趋势还保持向上，你就能期待这样的股票到最后会以快速的涨升来收官。无论它的趋势是上行还是下行，你都可以等它最后一轮快速波动之后，或是股价最后一次猛冲过后，再进行相应的买进或卖出，这样做总会很划算。这些快速波动会让你赚到大钱，有时波动会持续三到十天，还有些时候持续的时间会更长。当股票快速向上或向下波动六到七周（具体时间视不同情况而定）之后，你就该预计它的趋势会发生改变了，至少也会出现短期的转换，这是个普遍的规律。比如，注意看1929年7月和8月间美国钢铁、美国工业乙醇（U.S. Industrial Alcohol）和铁姆肯轴承（Timken Roller Bearing）的波动情况。所有这些股票都是晚启动的股票，它们在8月才达到股价最火爆的点位。

为什么股价会走极端

市场不会愚弄人们，是人们在自己骗自己。股价会达到极高或极低的价位，或者说股价会走得过高或过低。出现这种情况的原因是交易者在高位没有卖出股票，一直等到股价出现了大幅下跌，他们的钱亏得一塌糊涂时，才慌忙将股票全部抛出，股价就会被拖累到比正常价值或内在价值低的水平。同样，在牛市的最后阶段，每个人都变得过度乐观，并已有了大笔盈利，于是提高了每次的交易量，不计价格地大量买进股票。交易者在亏钱后去做空股票，股价跌到他们不敢去做空的价位，然后市场开始狂涨，做空的意愿在消除，做多的意愿在增加，而此时股票的技术面走弱，随后股价就是一轮急跌。

为什么股价低时波动慢，而股价高时波动快

股价走得越高，它的波动速度就越快，你盈利的机会就越大。原因是大部分公众投资者交易的股票都是低价股。当一只股票处在低价时，比如25美元或更低，这种状态持续了很多年，在此期间公众投资者大

量买入该股，当股价涨到 50 美元左右时，大家买得就更多了。而当股价涨到 100 美元或是这个价位附近时，人们或是将股票悉数卖出，或是过于自信，纷纷进场，因为买入的股票数量太多，以致该股出现了大幅回调。当公众投资者获利了结时，那些内幕人员和实力强大的金融同业人士注定要出手了。他们买入该股是因为他们知道它的价值高过股价，后市依然看涨。当公众的卖盘被照单全收的时候，内幕人员要让股价迅速拉升就更容易了，因为他们不会遭遇沉重的抛盘。当股价达到 180 美元至 200 美元时，总会有许多空头在进行回补，而联营投资集团是在低位时买进的股票，此时就要获利卖出了。一般的公众投资者是不会交易 200 美元以上的股票的。所以，当股票突破了这一价位时，背后一定有职业卖空者与实力强大的金融同业人士之间的博弈。一只股票从 200 美元到 300 美元所用的时间往往比该股从 50 美元到 100 美元所用的时间要短，因为交易这样高价股的都是大户，他们的买卖数量都很大。当然，每只股票必须到达一个让内幕人员出货的价位，抛售的数量也必须足以改变股价的主趋势，使其掉头向下。接下来也就给了那些做空高价股的人一个大好机会，但是他必须等到该股的行情图显示主趋势已经下行之后再出手。

　　那些低价股，或者说股价低于 50 美元和 25 美元的股票，有时会出现快速的下跌。比如像新港（New Haven）这样的股票，股价曾经高达 280 美元，随后就逐步走低，最快的下跌出现在股价跌破 100 美元以后，而当股价跌破 50 美元以后，也出现过一些快速的急跌。股价被打到 25 美元之后，又出现了一次破位下跌。之所以会发生这样的情况，抛盘是来自于那些持有该股多年的人，他们看到股价逐年走低，他们的资金也跟着缩水，而这只股票却一直没有过分红，于是他们彻底没了盼头，卖光了手中的股票。大多数持股人是在 20 美元到 12 美元之间卖出该股的。接下来，经过了长时间的低迷和蓄势，新港重振雄风，股价从 10 美元一路上涨到 1929 年 10 月的 132 美元。

第 5 章
成功的选股方法

持股的期限

当你买进一只股票时，一定要有很好的理由，有合理的时间内获得盈利的可能，但要记住你会出现失误，如果股价的走向与你的判断相反，就必须去止损。即便是股价的走向并未与你的判断相反，你也还是会犯错。如果股价保持不变，那你也会损失你所用资金的利息，这也是实实在在的亏损，因为用同样数量的钱，你可以去抓住一个新的机会，并且赚到钱。一般情况下，当股票出现上涨或下跌的信号后，如果股价真的会发生向上或向下的波动时，应该会在三周内维持该走势。所以，这大约三周的时间就是你应该等待波动开始的期限。如果波动并没有发生，你就应出局去寻找新的机会。有些波动缓慢的股票，比如出了投资问题，股价可能会窄幅波动三到四个月。所以在一些情况下，为了接下来会发生的股价波动等上两到三个月也是值得的。你必须记住的是，对于股价没出现波动的股票，你持股的时间越长，你的判断就会变得越偏执，因为你持有它完全是出于一种期盼。你应该去研究该股的实际情况，找出有关该股的股价为什么没有动静的全部理由，如果你找不到站得住脚的理由来支持它在一定时间内股价应该会有波动，就不要再持股不放了，赶紧出局。如果你找到了一些合理的原因或理由，让你相信该股在一定时间内会产生波动，而事实上它并没有发生，那就是什么地方出了错，这只股票就有可能朝着相反的方向运行。你应该给自己定个准则，当第一次的信号确认有误时，你应立即离场。当局者迷，旁观者清，因为在你离场后对股价就没有了期盼或恐惧的情绪，判断力自然也会比持股时好得多。

股价被操纵的股票

很多时候股票都会涨到远远超出其内在价值的水平，这其实就是因为有些联营投资集团能够在短期内控制该股，操纵股价毫无道理地上涨，随后就会是股价的一落千丈。所以交易者应该知道如果被套在这样的股票中，自己该怎么办。因为只要股价是在上行，那交易被操纵的股票与交易靠业绩上涨的股票赚到的钱将一样多，但目标是在正确的时机出局，永远跟着趋势走。

领先-拉姆利——这只股票在1928年和1929年出现过异乎寻常的上涨，而这种上涨并没有公司盈利作为保障，只是被人操纵的结果。不过，只要投资者或交易者按照其行情图和它给出的信号来操作，依然能赚一大笔。回顾这段历史交易情况可以帮助投资者掌握何时应该卖出见图7。该股1912年的高点是101美元，1915年的低点是每股1美元，1919年的高点是54美元，1924年的低点在6美元，从中可以看出该股是属于后期启动的股票，在1920年和1921年大多数股票见底开始上涨时，它却在几年后才见底。从1924年的6美元起步，该股在1926年涨到22美元。1927年它的股价跌到7美元，这是个买点，因为它与1924年低点相比，只低了1个点。随后从这个低点价位开始，股价展开了大幅拉升，1928年4月突破了16美元，表明股价还会继续走高，是交易者应该增仓的信号。在同一个月，股价又突破22美元，这曾是1926年的高点，该股走势强劲，因为股价已经站到了1921年以来所有的高点之上。1928年9月，股价涨到64美元，接下来出现回调，1928年12月在31美元见底。随后股价又出现了快速的涨升，在大约五个月的时间里，该股涨到了105美元，整整上涨了74个点，这样的速度太快了，而且股价也没有公司的盈利水平或任何方面的支撑，在这个价位上是站不稳的。所以交易者应该知道1912年的高点是101美元，这个价位附

第 5 章
成功的选股方法

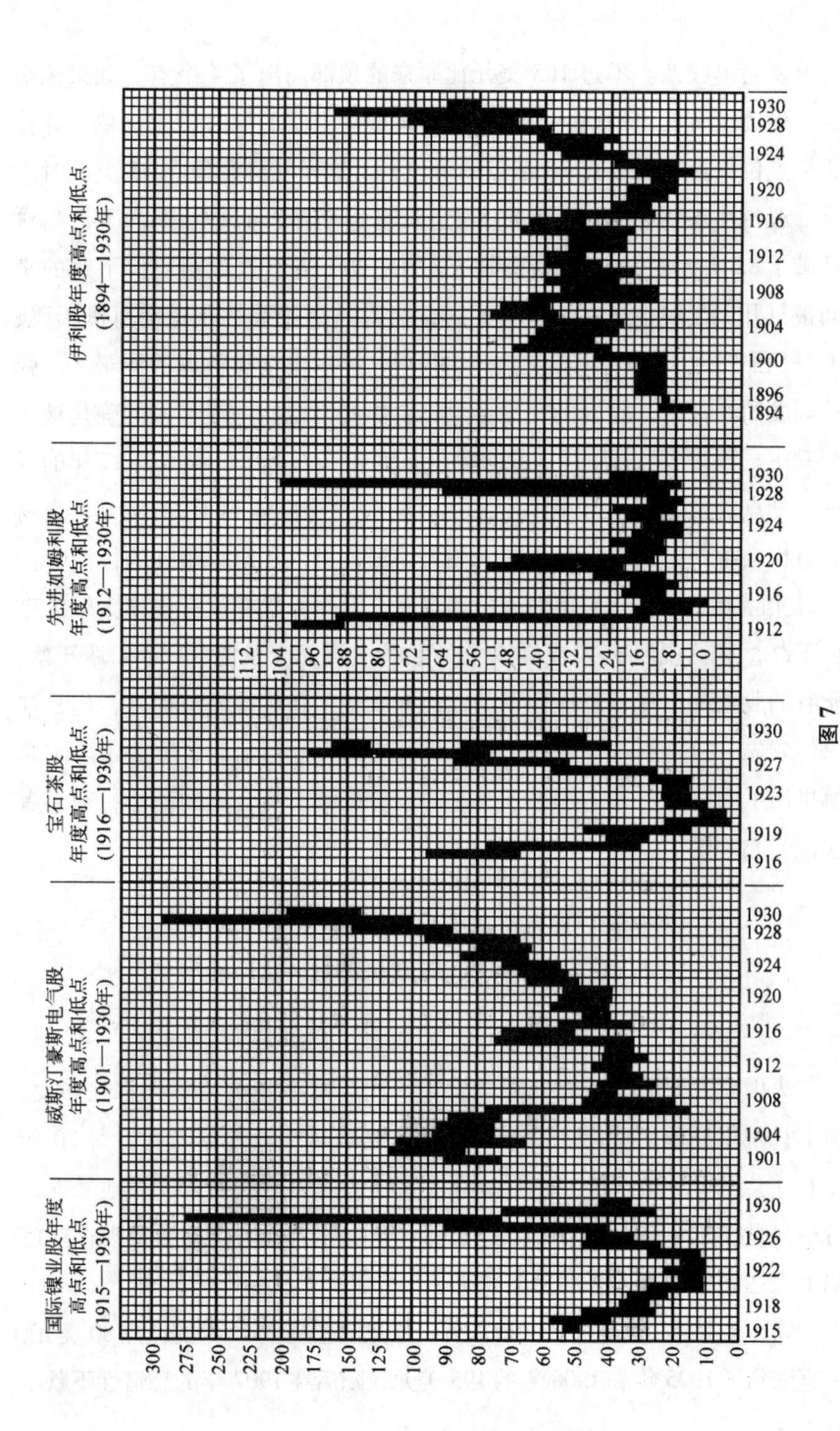

图 7

近就要卖出股票。不过105美元比原来的顶部高出了4个点。如果他在这个价位没有卖出的话，他应该在跟进股票上涨的同时设止损单，并将止损点位保持在离高点10个点的价位上。这样就会让他在95美元时出局。股价在跌到了95美元后，再也没有过反弹，而是一路向下，当它跌破了82美元时，就已到了前三周的底部下方，这说明股价下跌的空间被打开。当股价还在105美元时，买入这只股票的小道消息满天飞，但是从那时起，该股的表现就开始很差，显示出全面败退的样子；反弹的幅度始终很小，被套的交易者没机会出局，他们中很多人的确是被深套其中。1929年10月，该股的股价又跌到了7美元，跌回1927年的同一个低点价位，而这也是一个买点。随后股价反弹到了23美元，交易者有机会赚一把快钱。从那时开始，该股就进入了窄幅整理的行情中。

实际上，当这只股票的股价崩盘时，其他股票并没有出现大幅的破位下跌，这就说明有人在操纵它的股价。当然，从1929年9月开始，所有的股票都出现了恐慌性下跌，而好事往往和坏事接踵而来，但是如果像领先-拉姆利这样，股票逆着大市走出独立行情时，就表示一定是哪里出了问题，在人为操纵下，它的股价涨到了不合理的高位，交易者应该当心才是。

有过巨大涨幅的股票

火山喷发要隔很长时间才会发生一次。维苏威火山每天都在喷发，但那只是小规模的喷发。剧烈到可以造成破坏性骚乱的喷发，每20年左右才会发生一次。股票也是这样。这样快速的波动和大规模地暴发式行情只是偶尔才有。翻看一下过去那些龙头股的行情，你会发现这些巨幅上涨之间相隔了多长时间。例如：

联合太平洋（Union Pacific）——这只股票从1904年的低点80美元，一直涨到了1905年和1906年的195美元，随后在1907年的恐慌性下跌中

第 5 章
成功的选股方法

探到了 100 美元，接下来又一路攀升，1909 年 9 月涨到了 219 美元。

这就是我所说的股票的火山喷发式行情。它在 1906 年出现过第一次巨大的涨幅，1909 年股价继续走高。而此后该股一路下行，1917 年跌到了 102 美元，1921 年股票又涨到了 111 美元股价，而这期间股价没出现过任何一次大幅波动。从 1921 年到 1928 年，该股运行缓慢，从未有过任何快速的大幅波动。1928 年 8 月，联合太平洋的股价涨到了 194 美元，随后该股开始上涨，突破了 219 美元的高位，这个价位曾是 1909 年的顶部。在突破这个价位之后，它在 1929 年 3 月 26 日回调到了 209 美元，接下来股价逐步走高，1929 年 7 月股价达到了 232 美元，从这里股价开始快速上涨，并于 1929 年 8 月在 297 美元见顶，创下了历史最高价，而且比 8 月的低点高出了 103 个点。这就是我所说的股价出现火山喷发式的上涨，当这种情况出现时，也是卖出的时候了，因为巨大的机会已经过去了。在 1909 年之后交易联合太平洋这只股票的人，盼着它还会出现 1906 年和 1909 年的快速暴涨，但为了再次碰到这样的机会，他们不得不等上 20 多年。所以你必须认识到，一旦一只股票出现了这样的快速暴涨，在很长的时期内它不会再有第二次类似的飙升，也许它永远也不会再出现一次这样的巨幅上涨了。

克鲁斯伯钢铁——这是又一个出现过火山喷发式上涨的个股（见图 8）。它的股价从 1915 年的 13 美元左右一直涨到了 110 美元，后来回调到 45 美元左右，随后又从 1919 年的 54 美元左右涨到了 1920 年 4 月的 278 美元。接下来进行了拆股，并宣布了分红。股价一直走低到 1924 年，并在 48 美元见底。那些在 1924 年到 1929 年间买入克鲁斯伯的交易者，期望它还能重现 1919 年到 1920 年的巨幅上涨行情，于是错过了在其他股票身上赚大钱的机会，因为那些股票在此期间的涨幅同当年克鲁斯伯的涨幅差不多。

所以，你必须时刻关注新的领涨股，远离那些出现过巨幅上涨老的领涨股。同样的情形也发生在长期下跌的过程中。该股在出现另一次类似的巨幅下跌之前会有一段很长的时间，而且接下来的上涨过程也会比较缓慢。

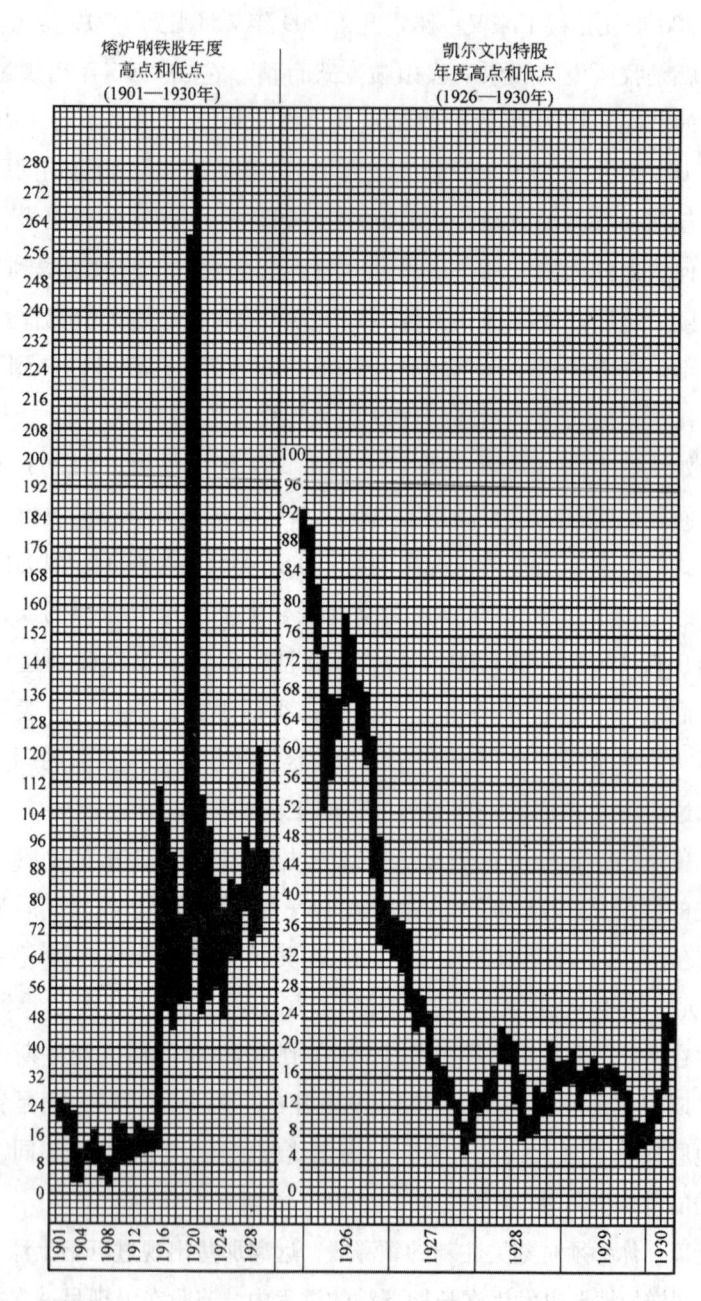

图 8

新　股

请记住，做空新股总会更安全些。关于新股，我指的是那些在纽约证券交易所上市几个月到两年的股票，或者是那些已经发行过股票，又新近重组的公司。当承销商在发行股票时，会把它吹得天花乱坠，让人们买股票时信心爆棚，但是几个月或几年后，这些买了股票的人发现他们所期望的东西远远不可能实现。结果就是清盘、重组或改组。这是在将实力弱的投机性多头赶出市场，接下来该股就可以从一个长期稳固的基础涨起，因为在高位买入的投机者出局后，在低位接盘的是那些投资者或大型同业机构，他们将稳定持股。当这样的股票见底后，经常需要很长时间才能再积蓄起上涨的量能。

你从没听说过的做空真相

很多人害怕做空股票的原因之一，是他们从未听到过有关空方的真相，也没有人教导过他们，其实做空和做多一样安全，而且做空能让他们在熊市中赚钱比牛市中快得多。每份报纸的撰稿人，投资服务机构和经纪人通常都不鼓励做空。银行也告诫人们不要去做空。当股价过高之后，它总会跌下来，为什么所有这些人都在讲不赞成做空呢？你会经常在报纸上看到下面这样的话："空头在逃窜""空头陷入困境""空头的钱被榨干了""空头被迫回补""空头在溃败""这些股里藏着个大空头"。为什么你在报上看不到相反的言论，或者比如这样的句子："多头的钱被榨干了""多头在溃败""多头被迫清仓"和"准备将多头的力量耗尽"。

当股票在1929年的恐慌下跌见底以后，纽约证券交易所曾通报了一批做空者的名单。市场处在顶部的时候是很危险的，那时所有人都在买进，他们需要警示和保护，为什么交易所不通报做多者的名单，同时也列出在高位卖空股票的人的名单，以此来提醒大众？知道在顶部时谁在做多，与知道底部时谁在做空是一样重要的。但是没有任何一份这样的报告会起到好的作用。当每个人的操作都是错的，都在股价见顶时做多，股价就会不得不走低；而在底部时，每个人都在清仓，这时就有了空头回补的获利机会，股价就会涨起来。一般投资者听到的都是反对他们去做空的话，而对于做多则是一片鼓励之声，告诉他们做多是如何的划算。但是交易者或投资者想知道的是真相和事实，而不是那些建立在感情用事和期盼上的东西。

任何致力于研究多年以来股价高低点交易记录的人，都不得不作出这样的结论，那就是假设卖空的时点是正确的，卖空恰恰与多头买入同样安全。在1929年10月24日和29日的第一场和第二场"奔牛"中，一些"羔羊"的毛都被拔光了，当然他们如果当初做空的话，情况就会好得多。在10月的恐慌性下跌中，公牛们与羔羊们上演了历史上最为灾难性的溃退。公牛们在10月29日的第二场奔牛中阵脚大乱，全面溃退，从华尔街到沃尔特街，从巴特里公园到布朗克斯，牛角、牛皮、牛蹄、牛后跟和牛尾巴等等散落得到处都是。羔羊们一瘸一拐地回到家，声嘶力竭地惊叫着："所有不可救药、鬼迷心窍的傻蛋们呀，还偷偷惦记要算计别人，结果却让人家给算计了！"随后赶来的公牛们也咆哮着："再也不玩了。"牛血像雨水一样从巴特里公园流到美登巷。劳森的"黑色星期五"之梦成为了现实。为什么在对羔羊们进行了这次屠杀，公牛们的心都碎了以后，我们没有听到任何关于对公牛进行恐怖屠杀的言论？我们开始听到更多有关空头被榨干了，以及空头往里冲的言论。如果在1929年10月和11月的恐慌性下跌中有更多卖空者的话，那么股市就不会跌到如此之低。因为在股价下跌的过程中，空头要进行回补，这样会有助于支撑大市，很多股票都会免于灾难性的大幅破位下跌。在正确的时间进行卖空和做多买入一样，都是一个健康股市的基本要素。

为什么股票要拆分和宣布分红

　　正如我之前讲过的，当股价在100美元以上时，一般来说公众很大程度上不会参与交易，而当股价升到200美元或300美元以上后，公众的参与度就会越来越低，这是众所周知的事实。大多数来纽约证券交易所上市的公司都是冲着这里有现成的面向公众的市场，可以保证他们的股票能够有广阔的派发空间。所以为了让公众在股价升到很高以后还来买他们的股票，这些公司就会采取拆分股票和宣布分红的方式，使股价重新回到100美元或更低的价位上。接下来公众就有能力买入这些股票，并且也愿意去买进。很多业绩不错的公司进行股票分红和拆股的理由很充分，因为在现行的法律下，股票分红是免税的；而其他一些公司宣布要分红，是想让公众有机会参与到公司的运作中，成为合作伙伴的关系，共同分享公司的利润。不过对于很多股票被高度控盘的公司，它们拆股和分红的目的只有一个，那就是让公众来接盘，而股票派发给公众之后，接下来股价就会一落千丈。

　　当股票分拆后，往往会需要很长的时间进行派发或蓄势，而在宣布分红之后，股票一般不会有什么大的波动，这也算是一个规律。当然，你要根据行情图先判定股票的走势，然后顺势进行操作。不过有一条很好的操作法则是，当股价已经有了很大的涨幅，又宣布要分红的消息以后，你就要离场了，把它放在一边。这时你要做的是寻找下一个机会，等到这只股票发出将向上或向下产生大幅波动的信号之后，再行介入。

谁拥有公司

　　当你了解你所交易股票的情况时，其中非常重要的一项就是要知道谁拥有这家公司的控股权，谁在管理这家公司。J. P. 摩根感兴趣的上市公司，或者是由它管理的公司，市场总是表现不错，这是因为除非摩根认定一家公司的未来潜力很大，否则是不会投钱到这家公司的。杜邦感兴趣的公司也都是些好公司。所以，当你寻求成为一家公司的合作伙伴时，就可以追随着这些成功人士的脚步。当然，你还要选择正确的介入时机。

买入美国钢铁的时间不是在它第一次重组的时候，而是在股票跌到10美元左右时，当时显示这是它最后一个底部了。摩根名列该股的股东，就表明该股最终能走好。尽管美国钢铁好几次从顶部跌下来50到75个点，但随后总能走高。从它的行情图中可以看出，它的股价是屡涨屡跌，屡跌又屡涨。

1921年，当J. P. 摩根和杜邦从杜兰特那里接手通用汽车时，该股的价格在15美元左右，随后又继续下跌到8.25美元，接下来就保持着窄幅震荡的行情，直至1924年，该股的大趋势才向上拐头。当你知道这家公司是由摩根和杜邦来掌控以后，你就应关注何时出现买入的时机，因为种种迹象表明，他们会让这家公司走向成功，但不必急于一时。你可能等了三年的时间，然后在接近底部时买入了该股，结果赚了一笔快钱。

国民城市银行（National City Bank）是世界上最大的银行之一，近年来开始对很多公司都产生了兴趣，而这些公司后来都很成功，但是它们股票总会有见顶之日，到时就应全部卖出。当那些被大的金融机构看上的上市公司的股票见底，而行情图又显示趋势将再次向上时，你买入这些股票就会有赚头。

不良的管理毁掉了很多好公司。在杰伊·库德让铁路公司开始壮大之前，总有人称他会毁了铁路股。过去有一句在职业交易者中很流行的话"卖空库德公司的股票"。伊利是另一家长期经营管理不善的公司，它的股票被注了水。在这只股票上，公众投资者曾多次血本无归，因为它好几次都被破产财产管理人托管。

已故的哈里曼曾在 1896 年接管了联合太平洋公司，当时这个公司已破产，而哈里曼让它日后成为了美国最伟大的铁路公司之一。在 24 年多的时间里，它有过 10% 的分红。哈里曼是一位有创造性的建设者，那些买入其公司股票的投资者的想法是，公司有了他这样一个管理者，就一定能赚钱。不良管理可以毁掉一家好公司，而良好的管理可以让一家烂公司焕发生机。

利率、债券和股票价格

研究利率和债券的平均价格，并把它们与股票平均价格进行比较也是很重要的（见图 9）。你可以看出利率是如何影响债券价格的，也能看到债券的高低点价位与股票平均价格的高低点之间的差异所在。利率的调整可以预测出债券价格的下跌或上升，而从债券价格也能预测出股票市场将会做何反应。

这张多年来的利率走势图可以告诉你短期贷款利率高时会怎么样，利率低下来又意味着什么。在利率高起期到来以后，从来没有一次股市不是随着它的出现而走低的，只不过是时间早晚的问题。高利率意味着贷款已经增多，也意味着货币的供应在收紧，而这迟早会让投机者不得不抛空手里的股票来偿还贷款。但是低利率却不一定总代表着会迎来一波牛市，或者说股票会出现上涨，这一点你从对比图中可以看出来。与货币利率极高时恰恰相反，利率极低就意味着人们对货币的需求非常小。当利率很低，或者至少是低于正常水平时，往往都是经济形势很差的时期。所以，当外部经济环境惨淡时，那些上市公司也不会有好的盈利表现，也就不能提升分红的力度。而当经济状况开始好转时，利率就会逐步提高，股市会随着货币市场而进行波动，或者会稍微提前有所动作。

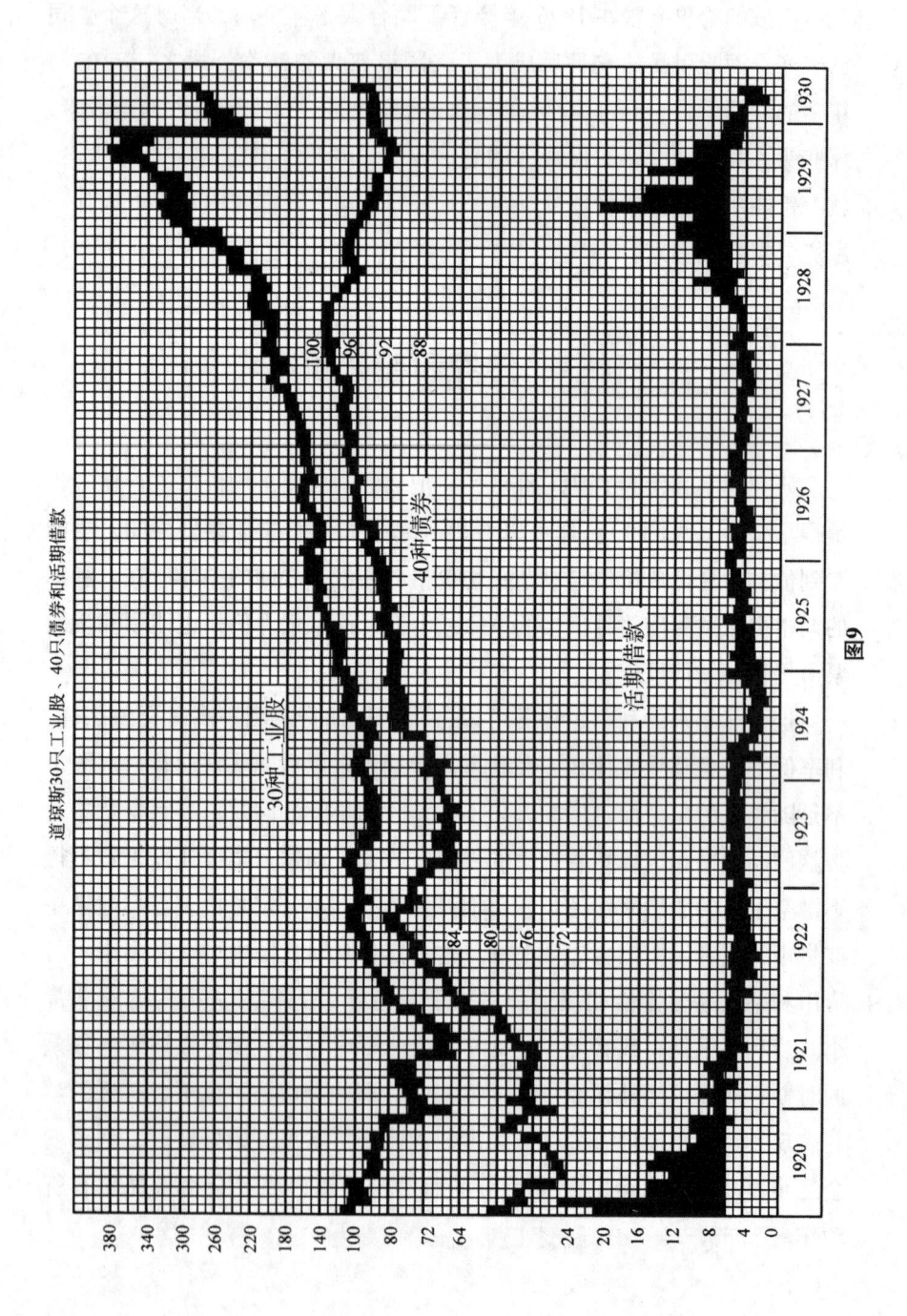

图9 道琼斯30只工业股、40只债券和活期借款

第5章
成功的选股方法

1914年12月股票的平均价格见底，到了1915年9月，债券的平均价格才见底，这就是说债市见底的时间比股市晚了大约九个月。1915年11月，股票价格见顶，而债券价格见顶的时间为1916年1月。随后债券价格一直没有反弹，继续走低，直到1917年12月见底。股市在1917年出现过反弹，美国钢铁在1917年5月见到该年度的极高点。1917年12月，股市见底。1918年5月，债券价格见顶，不过这只是一次小幅反弹后的高点，1918年9月，债券价格再次触底，而且点位与1917年12月的底部价位相同。这就是我们所说的双重底，是个可以买入的价位。在这个时候，股票的价格稳步上升，并不断走高。1918年11月，债券价格见到反弹后的最后一个高点，接下来就开始下行。当债市在走低时，股市在1919年经历了一个盛大的繁荣期，股价在11月见顶。

股市最后的高点比债市的高点晚到了一年。1920年5月，债市见到了最终的大底，1920年12月股市见底，反弹可期。1920年10月，债市到达了反弹后的高点，随后是一波急跌，在1920年12月达到了次级低点。1921年5月，股市见到了反弹后的高点。而债市反弹后的高点在1921年1月出现，1921年6月，债市见到了这波行情的最后一个低点，这个低点的点位比一年前的终极大底要高，属于次级低点。有些股票在1921年6月见底，但是一般来讲，大多数股票是在1921年8月见底的，这也是最终的大底，随后展开了一波大幅上涨的牛市行情。这比债市见底的时间晚了十六个月。1922年9月，债市见顶，而股市继续上行，直到1923年3月见到更高点位，随后有一次回调。1923年3月，债市在回调后见底，而同一时间，股市却在见顶。债市窄幅震荡了很多个月，在1923年10月见到最后的低点。股市也在1923年10月见底，接下来反弹到了1924年2月，并在1924年5月见到最后的低点，不过有些股票直到1924年10月才见底，在柯立芝当选为美国总统后不久，股市开始回升。

当股市进行这次最后的回调之际，债券市场正缓步走高。1926年2月股市见顶，随后3月出现了一次深度的破位下跌。1926年8月，股市

119

在更高的点位见顶，接下来在 1926 年 10 月有一波急跌。债市见顶的时间为 1926 年 5 月，随后在 10 月之前一直是窄幅震荡的行情，当债市在 10 月见到最后一个低点后，就拉开了涨升行情。1928 年 1 月和 4 月，债市见到最后的顶部，价位都恰恰比 99 美元高一点，但却没到 100 美元，这就说明在 100 美元附近的卖压可能很重。毫无疑问，很多人没能在正确的时间出局，如果他们一直保留行情的走势图，并观察到债券的价格横在那里几个月，没有什么太大的起色，他们就应该知道这里的卖盘沉重，应卖出手中的债券，还有一个原因就是利率在此期间一直在升。1928 年 4 月，债市的走势开始掉头向下，1928 年 8 月见底，随后有一次小的反弹，该反弹在 1928 年 11 月结束。同期股市一直在涨，并于 1929 年 9 月 3 日见到最终的大顶，这比债市见顶的时间晚了大约 20 个月。不过，纽约证券交易所中全部股票的平均价格在 1928 年 11 月见到了极高点，这个情况是很有必要知道的。1929 年 8 月债市见底，但是这次的底部点位比 1929 年 10 月的底部点位略低，接下来 1929 年 12 月有一波反弹，而在 1930 年 1 月又出现小幅回调，1930 年 4 月债券价格开始走高。之所以要关注利率和债券市场，就是因为你会发现它们对于你判定股票价格的走势会很有帮助。

第6章 投资者应如何交易

很多让你赚了大钱的股票都是在股价长时间持续拉升的过程中实现的，但是持股去等待股价出现长时间拉升往往并不划算，这要看当时市场处在哪个周期，以及市场是否已接近派发的阶段。假设你买了一只中低价股，持股不动等着拉升行情的出现，而这只股票在你持股期间没有过分红，那你就必须算一下你投入的钱要支付多少利息，除非到最后你的盈利足以支付这些利息且略有盈余，否则选择持股等待拉升行情就是不划算的。很多人买了低价股之后，一抱就是好几年，最后卖出时有5个点的盈利，就以为是赚了钱，但如果他们去算一下投入的资金在这几年产生的复利，就会发现他们赚取的收益率实在是不高，而在此期间，他们实际上是在拿这笔资金冒险。

投资者何时应获利了结

当我提到投资者时，我指的是那些想靠股价长时间拉升赚钱的交易者，或者是那些买了股票后，持股好几年不动的人。投资者必须要有些可靠的指导，能让他们在接近下跌的底部时买进，而当他们抓准了介入时机之后，就应该把股票一直死抱到牛市结束才卖出。对于这一波牛市行情中的那些小幅波动都不必太在意，但是要坚持研究该股的行情图，判定它的走势何时趋弱，并留意牛市结束的信号，以便可以及时卖出手中的股票。

纽约中央公司——在我1923年上半年写的《股票行情的真谛》一书中，我将纽约中央选为投资者或交易者的最佳买入个股之一。在此我给出该股从1921年6月的低点到1929年9月的顶部之间的行情图，其中显示了那些股价重要的扬升和回调，它们都展现了向上的趋势（见图10）。股价的顶部在稳步抬高，底部也是一路上移。在这个时候，投资者要留意的最重要一点，就是最佳的卖出价位在哪里。按照我的操作法则，就是要留意股价发起的最后一波主升行情和达到火爆点的时刻，这样的行情可能会持续七到十周不等。纽约中央从1921年6月的低点65美元开始上涨，1922年10月股价在101美元见顶。11月股价回调到89美元，下跌了12个点。1923年6月，股价为104美元，7月又回调到96美元，跌去了8个点。1923年12月股价的高点是108美元，随后回调到100美元，下跌了8个点。该股在1924年2月到4月期间，股价都在100美元获得支撑，接下来股价涨到了一个新高的区域，预示着上升空间已经打开。1925年2月，股价在125美元见顶，3月和6月都回调到了114美元，下跌了11个点，但这两次回调没有从1922年第一个顶部下来的那次回调幅度大，股价仍然显示出向上的趋势。1925年12月，股价达到了136美元；在1926年3月，当大多数股票都陷入恐慌性下跌之中时，它的股价也跌到了117美元，跌去了19个点，但是却没有跌破1925年的低点114美元，底部在抬高就表明该股上涨趋势依然强劲。所以投资者应该继续持股，不要把股票卖掉。

1926年9月，该股创下147美元的新高，随后出现回调，10月股价跌到了130美元，跌幅只有17个点，还没有1926年3月那次股价的回调幅度深，上升趋势不变。所以投资者不必在意这次回调，继续持股不动。1927年10月，股价在171美元见顶，1928年2月股价在156美元见底，下跌了15个点，但仍维持上升趋势没变。1928年5月，股价又创新高，达到了191美元。1928年7月，又回调到160美元，跌去了

第 6 章
投资者应如何交易

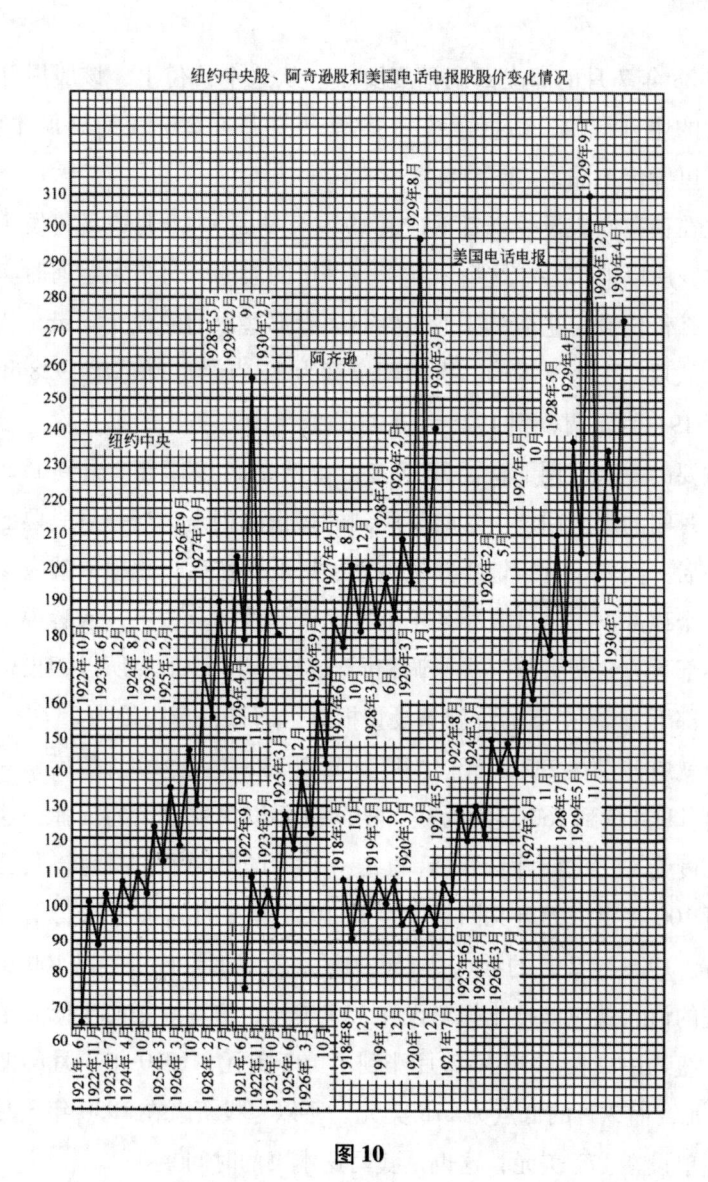

图 10

31 个点，这是自 1921 年以来跌幅最大的一次回调，是卖压趋于沉重的预警。不过，股价没有跌到 1928 年 2 月的低点 156 美元，这就说明大趋势还是向上的，因为股价从未跌破过这波上涨行情启动之初的前期底部，或是起涨时留下的支撑位。1929 年 2 月，股价的高点为 204 美元，1929 年 3 月和 4 月出现回调，股价的低点是 179 美元，下跌了 25 个点，

123

但比1928年7月的那次回调幅度要小。从这个价位上，该股展开了最后一次的主升行情，一直延续到1929年9月在257美元见顶才止步，四个月里股价上涨了78个点。

现在让我们假设投资者不知道1929年9月和10月市场将发生恐慌性下跌，所以他不会在这个顶部卖掉手里的股票。为了判定何时卖出或者在什么价位设定止损单，他应该回去看那些以前的成交记录，找出以前股价从顶部下来最深的一次回调幅度为31点，也就是从1928年5月的顶部191美元调整到1928年7月的低点160美元的那一次。接下来较为重要的一次回调下跌了25个点，也就是从1929年2月到1929年3月和4月间的那次回调。这时要用到的操作法则是：当一只股票已经出现了最后一次的主升行情，并达到最火爆的点位后，止损单就应该设在最后一个顶部下方，减去相当于上次回调幅度的点位上，或者说是最后一个顶部下方，减去与上次回调相同点数后的价位上。所以，投资者应该在顶部下方25个点的价位上设止损单。那么，当股价为257美元时，止损单就应该设在232美元。当股价回到232美元这一价位后，一直到1929年11月跌到160美元为止，期间就再没出现过大的反弹，这次下跌的幅度为97个点。而下跌后的又一个买点出现了，因为该股已经跌去了近100个点，而且又回到了当初1928年7月这波上涨行情启动时的价位。1928年2月的低点是156美元，所以如果投资者以160美元再次买进的话，就应该把止损单设在155美元，这正好是前次低点下方的价位。纽约中央在1930年2月涨到了192美元，1930年3月的低点是181美元，而2月的低点为178美元。所以，投资者在1930年3月应该把止损单设在177美元，这也是我写这本书的时间。

如果有投资者按照我在《股票行情的真谛》一书中所写的法则进行操作，最初在1921年以65美元和66美元左右买入纽约中央100股，随后按照我们刚刚给出的法则一路跟进，那么这位投资者会在232美元因止损单成交而出局，这样就获得了167个点，或者16700美元的盈利，而且在持股的这段时间，他还获得了期间的全部分红，他的投资得

第 6 章
投资者应如何交易

到了非常好的回报。假定他最初购买 100 股时花了 6500 美元，那么当股价为 130 美元，也就是他的获利已经有了 6500 美元时，假设股价又涨 100 美元，即以上文的 232 美元售出，这几乎是他原始本金的 4 倍，或者说他在八年多的时间里投资的 400%，也就是说每年的收益率达 50%，这就证明了靠股价长时间拉升进行交易是值得的。当然，如果采用金字塔交易法，股价每涨 10 个或 15 个点买进一次的话，盈利还会更多，不过一般投资者应该没有按照这样来做。当市场朝着有利于投资者或交易者的方向运行时，那他承受的风险也就随之越来越大，而采用金字塔法进行交易的次数也会越来越频繁。

投资者应关注些什么

那些想靠股价长时间拉升来赚钱的交易者，或者那些真正的投资者，他们关注的应该是股价的大幅波动、回调的程度和回调持续的时间。比如，可以看一下图 10 阿奇逊、AT&T 和纽约中央这三只股票的股价波动图。

投资者首先必须按照法则挑选出正确的股票，买入后只要趋势向上，接下来就一路跟进。只要趋势发生了改变，反身向下时，投资者就应该卖掉手中的股票，在其他没出现过大幅上涨的股票中寻找新的机会。

南方铁路（Southern Railway）——你可以从南方铁路的年高低点示意图中看出，1902 年它的高点为 41 美元，随后在 1903 年跌到了 17 美元，1906 年股价在 42 美元见顶，仅比 1902 年的顶部高出了 1 个点。1907 年与 1908 年的低点都是 10 美元，1909 年的高点为 34 美元，而接下来的三年股价都在 33 到 32 美元附近见顶。1915 年，该股下跌到 13 美元的底部，随后在 1916 年又涨到了 36 美元，只比 1909 年的高点高出了两个点。接下来，在 1917 年、1918 年、1919 年和 1920 年期间，股价都是在 34 美元到 33 美元左右见顶，并从这一高点价位出现了一波下跌，在 1920 年、1921 年和 1922 年，股价均在 18 美元见底。该股在这样一个价位水平上盘整了三年，而股价的底部比 1915 年时的底部有所抬高，预示着股价将看涨。1922 年，当该股突破了 1921 年的高点 24 美元时，表明股价还可看高一线。接下来在 1923 年，当这只股票突破 36 美元，站到 1906 年以来的所有高点之上时，又一次显示股价的上升空间已经打开，而且会成为牛市早期的领涨股。1924 年的上半年，南方铁路一举突破 1906 年的高点 42 美元，这个价位曾是该股的历史最高点。它在 18 年后突破了这个顶部，确认股价后将有很大的涨幅，已经在较低价位买入该股的交易者此时应该进行加仓，并在股价上涨的过程中采用金字塔交易法一路跟进。1928 年，该股上涨到了 165 美元，随后在 1929 年 11 月跌到了 109 美元。对于这些创了年度新高，随后底部不断抬高，并最终突破了极高价，涨至新的价格区域的股票要加以研究。它们都是能让投资者和交易者赚到大钱的股票。

在我 1923 年初写的《股票行情的真谛》一书中，你可以看到我挑选了美国制罐、礁岛（Rock Island）和南方铁路这几只股票，预测它们会出现大幅上涨行情。请再看一看图 6（本书第 97 页）上南方铁路的年高低点示意图。这些股票的表现都不错，如果你也采用同样的法则去判断类似走势的股票，你就能正确地选出未来可能具有大幅上涨能力的股票。

买入上市多年或资历深的股票

投资者不应做的事情之一就是去买新公司的股票，除非对这家公司的未来确实有把握，但也不可能总是这么信心满满。即使是那些最棒的大人物也会犯错误，在新公司刚上市时，他们中的大多数会变得过于乐观，预计会发生一些前所未有的利好事件。所以，对于那些寄希望于股价长时间拉升的投资者来说，最安全的交易法则就是买进上市多年或资

第 6 章
投资者应如何交易

历深的股票。如果一只股票已经上市 20 多年，而且有着相当好的分红记录，投资者就应该看看它以往的交易记录，在其行情图显示低点出现时买进，接下来就等到股价最后的主升行情完成过后进行卖出。这些上市多年或资历深的股票之所以在最后阶段股价快速波动，就是因为老股票在经过了这么多年以后，几乎所有筹码都掌握在投资者手中，市场上的浮筹非常少。所以，当买方需求开始增加到很大量时，该股就会产生快速向上的波动，当股价升到投资者愿意大批卖出股票的价位，抛盘会止住股价上涨的脚步。

阿奇逊公司（Atchison）——在《股票行情的真谛》一书中，我们在 1921 年是把阿奇逊作为很好的铁路股中的一只推荐给大家的。这家公司于 1895 年进行更名重组，到 1921 年时，它上市已经有 26 年了，也有着良好的分红记录（参见图 10，本书第 123 页）。1921 年 6 月，阿奇逊的低点是 76 美元，1922 年 9 月，高点为 108 美元，1922 年 10 月股价的低点是 98 美元，下跌了 10 个点。1923 年 3 月的高点为 105 美元，1923 年 10 月的低点是 94 美元，若从 108 美元的高点算起，共跌了 14 个点。因为股价并没有跌破底部下方 3 个点的价位，大趋势依然是向上的。1925 年 3 月的高点为 127 美元，1925 年 6 月的低点是 117 美元，跌幅在 10 个点。1925 年 12 月，股价的高点为 140 美元，1926 年 3 月的低点是 122 美元，跌去了 18 个点。考虑到当时市场处于恐慌性下跌中，一些高价股的跌幅达 100 个点，这次可以说是个小幅回调。阿奇逊的走势依然很强，投资者应该继续持有该股。1926 年 9 月，股价的高点为 161 美元，1926 年 10 月的低点是 142 美元，下跌了 19 个点。不过主趋势仍为上行，投资者还应继续持股。1927 年 4 月，股价的高点达到了 201 美元。在我的交易法则中，有一条就是当股票在 100 美元、200 美元和 300 美元或者整数点位附近时，总会遭遇到沉重的抛压，股价会出现一些回调。知道这一点的投资者就会在高位抛掉该股，然后再以较低的价格买入。不过，投资者不知道趋势已经发生了改变，而它的行情图上没有显示这一变化。1927 年 6 月，股价跌到了 181 美元，下跌

127

了 20 个点，底部还在上移，仍然显示出上升的趋势。1927 年 12 月，股价的高点为 201 美元，与 4 月的高点持平。投资者在这个点位可以再一次把股票卖掉，但该股的趋势还没有转为下行。1928 年 3 月，股价的低点是 183 美元，跌去了 18 个点，底部继续在抬高，股价的上涨趋势维持不变。投资者此时应该把止损单设在 178 美元，或者是前期低点下方 3 个点的价位上。1928 年 4 月，股价的高点为 197 美元，这次的顶部略微出现了下移。1928 年 6 月的低点是 184 美元，下跌了 13 个点。如果投资者把止损单设在 1928 年 3 月低点下方 3 个点的价位上，那他的资金仍然是安全的。在这里，该股第三次出现了较高的底部，说明它可以再产生一个更高的顶部，股价还可上涨。1929 年 2 月，股价涨到了 209 美元，创下了新高，显示上升的空间已经打开。1929 年 3 月的低点是 196 美元，跌去了 13 个点，回调的幅度刚好与上一次相同。1929 年 8 月，股价高达 298 美元。因为没能突破 300 美元这个整数点位，而且该股已经有过最后一次主升行情，都表明股价已经见顶。因为最后两次回调的幅度都是 13 个点，所以交易者应该在跟进时把止损单设在前期高点下方 13 个点的价位上。这样的话，如果止损单成交，他会在 285 美元时出局。1929 年 11 月，阿奇逊的股价跌到了 200 美元，从顶部下来，共跌了 98 个点，这又是一个买进的点位，因为这一次的跌幅将近 100 个点，而同时这个低点又比 1929 年 3 月的低点高出了两个点。如果投资者在 200 美元左右买进，他应该把止损单设在距成交价 5 个点的价位上。1930 年 3 月，也就是我写这本书的时候，股价涨到了 242 美元，止损单应该设在 227 美元，即 1930 年 2 月低点的下方。1929 年 11 月，股价在 200 美元时可以买进的原因之一是，阿奇逊从 1929 年 1 月到 5 月盘整了五个月，底部一直在 196 美元附近。前一次人们在 196 美元买入该股表明这里有很强的支撑，而当它股价再次停在 200 美元跌不下去时，就说明有人仍然愿意在比上次稍高的价位吃进所有的筹码。由此可见，这是一个正确的买入点位，后市至少可以期待出现一次反弹。

AT&T——这只股票在 1920 年证明了它是一个极佳的投资品种，它

第6章
投资者应如何交易

不仅让投资者获得了巨额的盈利，另外还能得到大笔的分红。它的股价出现了巨幅上涨，期间只有几次小的回调。这些上市多年或资历深的股票之所以回调幅度这样小，原因之一就是，它们被掌握在那些投资者手中，而这些投资者不会在反弹时卖出，或在下跌时由于恐慌而卖出，这一点与职业交易者不同，职业交易者会介入那些公众为了搏价差而买入的股票。买这些优质的老牌股，也要在它低位蓄势时买进，而不是在股价接近顶部的时候去买。

AT&T 是一个上市时间很长的公司，回过头去查看它多年来的高低点价位是很重要的一项工作（参见图 10，本书第 123 页）。1902 年股价的高点为 186 美元，1907 年恐慌性下跌时的低点是 88 美元。下一个高点在 1911 年，股价在 153 美元见顶，接下来的低点 110 美元出现在 1913 年，而高点为 1916 年的 134 美元，1918 年的低点是 91 美元。这个时候又出现了一个有强支撑力的买入点位，因为在 1907 年恐慌性下跌时，股价曾跌到了 88 美元。所以说在接近这一低点水平的任何价位都应该买进该股，止损单设在 85 美元，或者早期低点下方 3 个点的价位上。研究这些顶部和底部的价位也是十分重要的。1918 年 2 月股价的高点为 108 美元，8 月的低点是 91 美元，10 月的高点为 108 美元，12 月的低点是 98 美元。1919 年 3 月的高点为 108 美元，4 月的低点是 101 美元，6 月的高点为 108 美元，12 月的低点是 95 美元。1920 年 3 月的高点为 100 美元，7 月的低点是 92 美元，9 月的高点为 100 美元，12 月的低点是 95 美元。注意到 1919 年和 1920 年的底部都略高于 1918 年 8 月的底部，这说明股价在这里得到了很好的支撑，应该是个买入点位。该股有 4 次在 108 美元左右见顶，1921 年 5 月该股再一次涨到了 108 美元，但在 1921 年 7 月仅回调到 102 美元，又一次出现了底部的抬高，显示出股价在这里有很强的支撑。这时候如果你已经在接近底部时买入了该股，并且想采用金字塔交易法的话，那你加仓的点位应该是在股价突破 110 美元时，这样一个价位已高过前期顶部 108 美元。该股继续逐年走高，顶部和底部都在不断上移，显示大趋势为上行。1928 年 5

月，它的股价达到210美元，1928年7月回调到172美元，但没有跌破1927年11月的低点，显示出趋势已经转为下行。如果投资者一直在关注这只股票，或者交易者已经在1924年12月等到了买入该股的时机，当股价达到132美元时，就应该加仓了，因为这个价位已经在1922年、1923年和1924年的顶部之上了。该股的最后一次加速主升行情从1929年5月一直持续到1929年9月，股价从205美元涨到310美元，升幅为105个点。这是最后的一个加速主升段，特别是最后的波幅高达105个点时，投资者应该进行高抛，但是投资者或交易者并不知道股价究竟什么时候刚好见顶，所以他应该看一下上次回调的幅度，把止损单设在顶部下方，减去上次回调点数的价位上。上一次的回调是从1929年4月的238美元跌到1929年5月的205美元，幅度为33个点。这样一来，当止损单得以成交，投资者会在277美元时出局。如果当初他是在100美元左右买进的，那即使在最后的加速主升段行情中少赚33个点，他也没有什么好担心的。1929年11月，该股跌到了198美元。这里是可以买入的价位水平，因为股价从顶部下来已经跌了110个点，而且在像200美元这样的整数点位附近，股价总是有支撑的，无论股价是涨到这样的整数点位，还是跌到这样的价位附近，都会遇到向上或向下的阻力。如果投资者在这个价位附近再次买进，他应该关注股价回调的点位，并根据回调的幅度来设止损单的价位。该股在1929年12月涨到了235美元，随后在1930年1月回调到215美元，幅度为20个点。1930年4月股价上涨到274美元。所以投资者在一路跟进时，止损单应该设在高点下方20个点的价位上，或者直到他得到更好的卖出信号为止。考虑到AT&T已经有过最后的加速主升行情，投资者不要指望它的股价还会重返310美元，至少多年之内不会再次见到这个峰值。

大众燃气公司（People Gas）——如图11所示，该股从1895年到1930年的年高低点示意图值得投资者好好研究。1899年，股价的高点为130美元，1907年的低点是70美元，在1913年，该股再次上涨到了1899年的高点130美元。注意到它的股价从1909年到1917年，低点一

第6章
投资者应如何交易

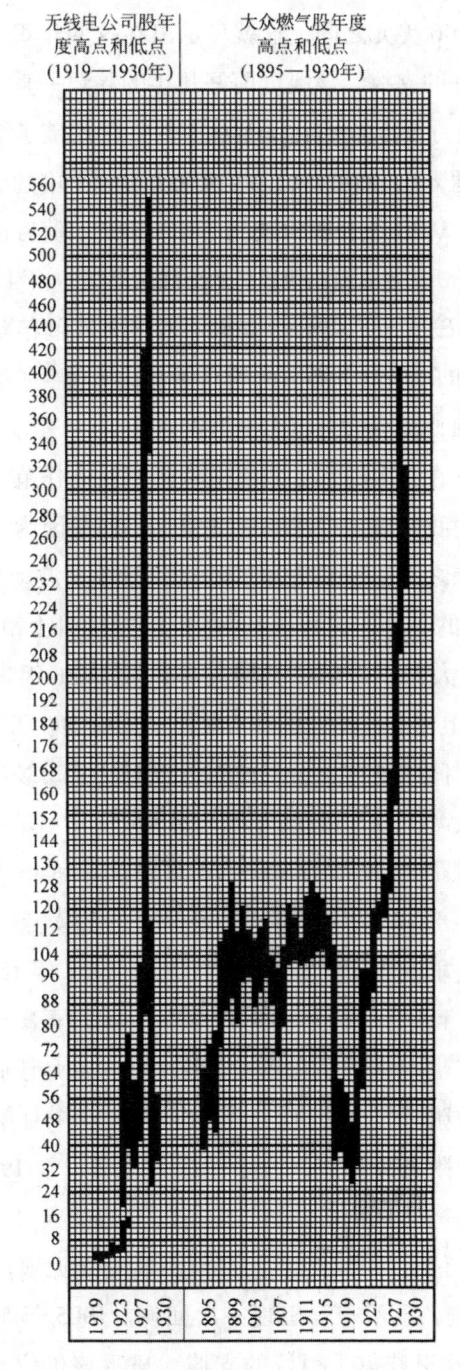

图11

直在 100 美元到 106 美元之间，这就显示出在这些年里，股价在 100 美元附近得到了很好的支撑。该股以前好几年的趋势一直向上，投资者早已对这只股票产生了很大的信心。当 1918 年它跌破了 100 美元时，就说明一定是什么地方出了问题。投资者应该卖掉手中的股票，交易者应该开始做空该股。1920 年，股价跌到了 27 美元，随后进行了充分的蓄势整理，该股重拾升势。1926 年，股价突破了 1899 年和 1913 年的高点 130 美元，能够突破这个价位水平就预示着上升空间已经打开，投资者和交易者都应该加仓买入。接下来股价出现了巨幅的上涨，1929 年该股在 404 美元见顶，随后公司宣布分红。

美国钢铁——在很多时候，我都把美国钢铁当作范例，这并不是因为其他股票无法对我的理论或法则进行验证，而是因为美国钢铁是普通民众最熟知的股票之一，他们更加了解这只股票的波动情况。图 2（本书第 50 页）显示的是美国钢铁从 1901 年 3 月 28 日上市之日至 1930 年 4 月 7 日之间各次大大小小的波动情况。该股 1901 年 3 月的开盘价为 42.75 美元，4 月上涨到了 55 美元。作为一只有 500 万流通盘的新股，自然会需要很长时间来进行派发。1901 年 5 月 9 日市场出现恐慌时，该股产生了第一次大幅下跌，股价跌到了 24 美元。7 月股价又反弹到 48 美元，随后回调到了 37 美元，1902 年 1 月股价涨到 46 美元。但因为它没能到达前期的顶部 48 美元，显示这里是个好的卖点，投资者或交易者此时就应卖掉手里的股票，开始做空该股。1902 年 12 月，该股下跌到 30 美元，1903 年 3 月股价上涨到 39 美元，不过再次出现了顶部下移的现象。1904 年 5 月，股价下探到 8.375 美元，这是该股历史上的最低价位。在这个价位附近，该股进行了大约 8 到 10 个月蓄势整理。投资者应该在这个低位附近买入这只股票，或者也可以在 1904 年 9 月股价突破 13 美元时买进，因为 13 美元已经高出了 1903 年 11 月到 1904 年 8 月间形成的阻力价位。1905 年 4 月股价在 38 美元见顶。因为没有突破 1903 年 3 月的高点，预示着会出现一次回调。1905 年 5 月，股价下跌到了 25 美元，在这里获得了很好的支撑，显示该价位是个买点。1906

第6章
投资者应如何交易

年2月，该股涨到了50美元，仅比1901年7月的顶部高出两个点，1906年7月，股价回调到33美元；1907年1月，该股又涨到50美元。因为股价没能突破1906年的高点，特别是股价还被压制在1901年4月的高点下方时，就说明应该卖掉股票，开始做空。在1907年3月的恐慌性下跌中，美钢达到了22美元，因为它刚好在1905年5月的低点下方，所以这又是一个买点。随后出现一波快速反弹，期间的回调幅度都很小。1908年11月，美钢涨到了58.75美元，这是该股历史上的最高点，突破了1906年和1907年的高点，以及1901年4月的顶部价位，表明该股已做好了准备，后市上涨的空间已经完全打开。所以，每次回调都是买入的机会。1909年2月，美钢下跌到41.125美元。通过研究它的周高低点示意图可以看出，这里是一个底部，应该在此买入。随后就迎来一波大幅的上涨，一直到1909年10月在94.875美元见顶为止，这期间没出现过一次超过5个点的回调，该股在顶部的成交量也创了历史新高，它的周高低点示意图和月高低点示意图都显示出股价见顶的信号。

假设投资者或交易者在1909年2月股价接近底部时买进，或者在前期任何一个低点价位买进，那么在1909年2月的回调之后，如果他一路跟进时将止损单设在顶点下方5到7个点的价位上，那他的止损单在股价上行时一直不会有成交的机会。对于等股价出现回调后再介入的交易者，当他看到第一次的回调幅度为5个点以后，每次都会在股价回调5个点后买进，同时把止损单设在底部下方3个点的价位上，他的止损单也不会在股价一路向上的过程中成交。有了这样的止损单设置方法，采用金字塔交易法一路追高就能赚到大钱。美钢从1909年10月的顶部开始出现回调，1910年2月股价下跌到了75美元，3月反弹到89美元，7月又跌到62美元，11月上涨到81美元；随后股价在1910年的12月跌到了70美元，接下来在1911年2月，股价又涨回82美元。应该注意的是，在这段时间内，总体来说股价的顶部和底部是在下移的。该股三次在81美元到82美元附近见顶，这就说明它是个做空的价位，做空时把止损单设在这个高点上方3个点的价位上。1911年4月，

133

股价下跌到 73 美元，而在 1911 年 5 月，该股又一次上涨到了 81 美元，但还是没能突破 1909 年 11 月和 1911 年 2 月的高点。随后就出现了一次急剧的下跌，到了 1911 年 11 月，当美国政府就解散美国钢铁公司一案提起诉讼时，它的股价暴跌到 50 美元。这是一个买进的点位，因为美钢在 1901 年、1906 年和 1907 年都是在 50 美元见顶。所以，当股价下跌到早期的顶部价位时，早期在顶部形成的阻力位会变成现在适合买入的价位。

从这个价位开始，美钢一路上涨，1911 年 12 月股价涨到了 70 美元，这里有很强的卖盘，随后就出现了一次回调，1912 年 2 月股价下跌到 59 美元，底部在抬高就说明这是一个买点，后市反弹可期。1912 年 4 月，该股上涨到了 73 美元，1912 年 5 月股价回调到 65 美元，底部继续抬高，股价又在更高的价位上获得了支撑，表明股价还会再次反弹。1912 年 10 月，股价上涨到 80 美元，这次又没能突破前期的卖出价位。在这个点位上，你应该卖出手中的股票，再次开始做空。1913 年 6 月，该股下跌到 50 美元，重新又回到了 1911 年 11 月的低位，这是一个买点，止损单可以设在 1909 年 2 月的底部下方 3 个点的价位上，这个底部是股价最后一波大幅拉升的起涨点位。1915 年该股的股价恢复速度很快，这时的买盘很踊跃。当股价突破了 63 美元到 66 美元这个价格区间后，走势已经相当强劲，看好后市，投资者和交易者应该加仓买进。1915 年 12 月，股价冲破了 80 到 82 美元这一带的阻力位，一路涨到了 89 美元，可以看出最终股价的上升空间会很大。1916 年 1 月，股价下跌到 80 美元，在这个前期顶部形成的阻力位上获得了支撑。1916 年 3 月，该股上涨到 87 美元。因为没有突破 89 美元，所以后市会有一跌。1916 年 4 月，股价再次跌回 80 美元。这里毫无疑问又是一个买点，止损单可以设在 77 美元。随后有一波上涨，美钢先是突破了 89 美元，接下来又突破了 94.875 美元，这是该股当时的历史最高价，预示着后市上涨的空间已经打开。1916 年 11 月，股价上涨到 129 美元；而在 1916 年 12 月市场的恐慌性下跌中，该股跌到了 101 美元；1917 年 1

第 6 章
投资者应如何交易

月，股价又反弹到 115 美元；1917 年 2 月，股价又下跌到 99 美元。这里是可以买入的价位，止损单可以在 98 美元，或者是在 1916 年的低点下方 3 个点的价位上。只要美钢的股价能够保持在前期的顶部 95 美元之上，就还算是强势，后市仍可看多。1917 年 5 月，股价涨到了 136 美元。这里出现了几笔历史上最大的成交，这时周高低点图和月高低点图都显示它已见顶，另外三个点波动理论也支持这个判断，表明其后市会出现下跌。1917 年 12 月，股价下跌到了 80 美元，这个价位以前就是支撑位，在这里可以买进股票，后市反弹可期，止损单可以设在 77 美元，以防万一趋势发生改变。

1918 年 2 月，股价上涨到 98 美元，1918 年 3 月又下跌到 87 美元。因为这个低点离以前的支撑位还很远，说明股价后市看涨。1918 年 5 月，股价涨到了 113 美元，但却没能突破 1917 年 1 月的高点。1918 年 6 月，该股跌到了 97 美元，1918 年 8 月股价上涨到 116 美元，这个价位刚好比 1918 年 5 月的顶部高出了 3 个点，这里的卖盘很重。周高低点示意图显示股价已经见顶，此时应该卖空。1919 年 2 月，股价下跌到 89 美元，这个底部比 1918 年 3 月的底部高出了两个点，显示这里可以买进。1919 年 7 月，股价又涨到了 115 美元，不过因为没能突破 1918 年 8 月的高点，所以应该做空该股。1919 年 8 月，股价急跌到了 99 美元，同年 10 月，股价在 112 美元见顶，但是这个顶部比 7 月的顶部要低一些，这又是一个卖空的信号，预示着股价将走低。1919 年 12 月，股价在 101 美元见底，这次的底部比前期底部高出了两个点，说明后市会有反弹。1920 年 1 月，股价反弹后在 109 美元见顶，这次的顶部比 1919 年 10 月的顶部又低了一些。应该注意到的是，从 1917 年的 5 月开始，该股的所有顶部都在不断下移，这与 1911 年和 1912 年出现的情况相同，都说明卖盘很重。1920 年 2 月，美钢下跌到 93 美元，跌破了以前的支撑位，后市看空。1920 年 4 月，股价上涨到 107 美元见顶，再一次出现了顶部下移的现象，说明在这个点位上还可以做空。1920 年 12 月，股价跌到了 77 美元。跌破了前期在 1915 年和 1917 年形成的

135

支撑位 80 美元，表明股价还有下跌空间。1921 年 5 月，股价上涨到 86 美元，6 月又跌到 70.5 美元。该股在这个价位上获得了良好的支撑，日高低点示意图和周高低点示意图都显示它正在筑底，此时可以买进，持股待涨。从它开始上涨一直到 1922 年 10 月股价在 111 美元见顶为止，美钢的顶部和底部都在不断抬高，每次回调过后，股价都会涨得比先前更高。不过因为这次 111 美元的顶部价位没能突破 1919 年 10 月的顶部，说明后市至少还会有一次回调，股价所面临的阻力带是从 1918 年 5 月开始形成的，阻力带的价位范围大约是 109 美元到 116 美元之间，只有突破了这个阻力带之后，后市才可以看多。

1922 年 11 月，股价跌到了 100 美元，1923 年 3 月，股价上涨到 109 美元就见顶了。这次又没能达到上次 1922 年 10 月见顶时的价位，后市看跌。1923 年 7 月，股价下跌到 86 美元，8 月又反弹到 94 美元，而到了 1923 年 10 月，股价又一次跌到了之前的底部 86 美元。该股在这个价位附近筑底的时间长达几个月，显示出股价在这里有很强的支撑，这个价位是个买点，止损单可以设在 83 美元。1924 年 2 月，该股涨到了 109 美元，这与 1923 年 3 月的顶部在同一价位。同年 5 月，股价下跌到 95 美元见底，底部出现上移就说明股价的支撑力度更强了。随后该股出现了一次上涨，股价一举突破了 1918 年到 1922 年之间的所有顶部价位，这表明它的上升空间已经打开。当股价突破了 112 美元时，交易者和投资者应该加仓买进该股。1925 年 1 月，股价涨到 129 美元见顶，这与 1916 年 11 月的顶部价位相同。1925 年 3 月，股价跌到了 113 美元，这又是一个买点，因为这个价位附近以前是一些前期顶部形成的阻力带。1925 年 11 月，股价上涨后创下了 139 美元的新高。因为这个顶部比早期 1917 年的大顶高出了 3 个点，说明后市股价还会继续走高。1925 年 12 月，股价回调到 129 美元，1926 年 1 月股价又涨到了 138 美元。不过因为这次的高点没能突破 1925 年 11 月的顶部，交易者应该卖出手中的股票，并开始做空，止损单可以设在 142 美元。1926 年 4 月，该股跌到 117 美元见底，这比 1925 年 3 月的底部要高，股价

第 6 章
投资者应如何交易

在更高的价位上获得支撑就说明后市可以看多。它的周高低点示意图一直都显示股价有良好的支撑。随后该股迎来了一波上涨，股价相继突破了前期所有的高点，1926 年 8 月该股攀升到 159 美元见顶。1926 年 10 月，股价下跌到 134 美元，这个价位刚好在 1925 年和 1926 年初的高点下方，股价在此获得了支撑。随后又是一轮大涨，1927 年 5 月老股票上涨到了 176 美元，在这个时候，除息后的股票价格是原先股价的 40%，不过该股的大趋势依然向上。

1926 年 12 月，除息后的新股票上市交易，开盘价为 117 美元，1927 年 1 月股价跌到 111.25 美元。因为这个价位没有跌破 1925 年 3 月最后那个低点 113 美元下方 3 个点的价位，说明这里股价还有支撑，可以进行买入，并把止损单设在 110 美元。当股票在低位运行缓慢时，就说明它在进行充分的蓄势，同时也说明它会进入到另一波上涨的走势中。1927 年 5 月该股涨到了 126 美元，1927 年 6 月股价下跌到 119 美元，显示获得了有力的支撑，随后就出现了一次反弹。当股价突破 126 美元时，就是加仓买进的价位了，因为股价顶部和底部的不断抬高说明后市还可保持看多。1927 年 9 月，股价上涨到 160 美元，1927 年 10 月又回调到 129 美元。因为它没有跌回到早期的顶部 126 美元，表明这里有良好的支撑，所以又是一个买点。这时该股的成交量非常大，股价出现了迅速的急跌，所以交易者应该进行空头回补，然后做多买进。1927 年 12 月，股价反弹到 155 美元。因为这次反弹的高度有限，股价没能达到前期的顶部，后面很可能会出现一次回调。1928 年 2 月，该股下跌到 138 美元，1928 年 4 月股价又涨到了 154 美元。这次因为又没能达到去年 12 月的顶部价位，所以应该在这个价位进行做空。1928 年 6 月，股价跌到 132 美元见底，因为并没能达到 1927 年 10 月的底部价位，显示这里可以买进，并且把在止损单的价位设在早期底部的下方。该股又重拾升势，1928 年 11 月股价在 172 美元见顶。虽然这一价位对与除权后的新股来说是新高，它比 1927 年 9 月 160 美元的顶部还要高一些，但仍然在 1927 年 5 月老股票的顶部 176 美元下方。1928 年 12 月，股价跌到了 149.75 美元，在这里股价再次获得了良好的支撑，趋势反身向上，并突破了 176 美元的高点，后市看涨。1929 年 1 月，股价上涨到 193 美元，2 月又跌到了 169 美元，3 月股价又涨回 193 美元。但因为没能突破前期高点，所以应该卖掉手中的股票，开始做空。毫无疑问，对于该股来说，从 194 美元到 200 美元这个价位区间的卖单非常之多，因为卖单总是会堆积在这些整数价位附近。但把卖出价设定在这个价格区间的人最终没能成功出局。1929 年 3 月，该股回调到 172 美元，4 月股价又一次涨到了 192 美元。这已经是该股第三次没能突破 1929 年 1 月的顶部价位，应该是卖空的信号，止损单可以设在 196 美元。1929 年 5 月，股价下跌到 162.5 美元，尽管这已经跌破了 1929 年 2 月和 3 月的低点，但与 1928 年 12 月的起涨点还有一段距离。该股在这个价位上获得了强有力的支撑，而且在周高低点示意图上也显示大趋势已转为上行。从这个支撑位开始，股价展开了最后一波加速的主升行情。美钢在上涨的过程中伴随着巨大的成交量，突破了 192 美元和 193 美元这一高点价位，预示它的上升空间已经打开。我们在上一章论述"如何给股票结算平衡"时，已经展示了这波上涨行情。从行情启动一直到股价在 1929 年 9 月 3 日以 261.75 美元见顶，该股从未有过连续三天报亏，或者收盘价走低的情况，最后的这波加速主升行情幅度接近 100 个点。注意到这时是美钢上市的第 29 年。

我曾经说过，当股票进行了充分的派发，筹码都到投资者手中后，股票会生产最后一波的加速主升段行情，出现巨大的涨幅；当浮筹越来越少时，拉升股价会变得很容易，但是这波最后的主升行情到来时，投资者也该逢高出货了。如果投资者在股价上涨过程中一路跟进，并总是把止损单调整到顶部下方 10 个点的价位上，那么他的止损单直到美钢从 261.75 美元回调到 251.75 美元时才会成交，而这也正是他应该卖出股票，开始做空的时候了。1929 年 10 月，美钢跌到了 205 美元，随后在同一个月里，股价又反弹到 234 美元，1929 年 11 月该股下跌到 150 美元，这就又回到了与 1928 年 12 月底部相同的价位上，可以进行买进，并把止损单设在147美元。1929年12月，该股涨到了189美元，随后在这个月内，股价又回调到157美元，出现了底部抬高的现象，这又是一个买点。1930年2月，股价再次上涨到189美元，与1929年12月的顶部持平。这是一个卖出的价位，投资者可以开始做空。2月该股就跌到了177美元，底部又出现了抬高，随后就有一波上涨。股价突破了1929年12月和1930年2月的顶部189美元，后市还可看高一线。1930年4月，股价上涨到198.75美元见顶，接下来就出现了一次回调。毫无疑问，在200美元左右卖单会很沉重，因为在这之前的一段时间，报纸上就在说美钢的股价会达到200美元。交易者自然想把卖单设在整数价位上，但是这样的卖单却无法成交。美钢应该在回调到189美元附近获得支撑，但是如果股价跌破了1930年2月的低点177美元，就要再一次看空该股。不过交易者和投资者还是应该等到周高低点示意图和月高低价图显示出该股在进行派发，发出股价遇到阻力位并有可能会继续走低的信号后再行动也不迟。

每位投资者都应该有他进行交易股票的图表或行情图，可以显示股价以前的波动情况，往回追溯的时间越久越好。接下来，就能看出这只股票的底部和顶部是在抬高，还是在下移，知道它处在什么走势。请记住，当股票经过最后一波加速主升行情之后，股价往往需要很长的时间才能回到这个高位，就像我们列举的美国熔炼与精炼和其他一些股票的例子，它们的股价在1906年见顶后，一直等到1926年至1929年才突破了早期的顶部价位。所以投资者对于那些已经走完了最后的加速主升行情的股票，不要还是一味地持股不放，因为它们很可能会在以后很长一段时间当中持续走低。

如何操作与大盘走势相反的上市多年的股票

当上市多年或资历深的股票走势与大市的走势相反时，一定是它出了什么问题，投资者和交易者应该及时出局，对其敬而远之。例如：

美国毛纺公司（American Woolen）——这只上市多年的股票在很长时间里都颇具投资价值，这家公司在战争期间获得了巨额收入。1914年，它的股价在 12 美元见底，1919 年 12 月股价涨到了 169 美元，显示这里会发生大量的派发，该股的走势也掉头向下。1920 年 2 月，股价下跌到 114 美元，4 月又反弹到 143 美元，5 月股价跌破了 114 美元，这说明后市还将继续走低。1920 年 12 月，股价下探到了 56 美元。1921年，股价很好地稳定在了这个价位附近，显示出这里有很好的支撑，股价即将出现一波不错的上涨，而后面的行情也证实了这样的预测。因为它比别的股票见底时间早，所以也就成为了一只牛市早期的领涨股，一路上涨到 1923 年 3 月的顶部 110 美元。应注意到的是，这个价位没能达到 1920 年 5 月最后一个高点 116 美元的水平。所以这里是个卖点，投资者和交易者都应该卖掉手中的股票。从那时开始，股价开始逐级走低，再也没有出现过有力度的反弹，这就说明一定是公司内部出了什么问题。不过，该公司前些年的收入已经大不如前，你很容易就能感觉到公司的管理很糟糕，而且那些战后大量积压的库存，也给公司造成了大额亏损，其股价自然会受到公司收入降低的影响。1924 年，股价跌破1920 年的低点 56 美元，表明股价还会持续下行。1924 年秋，当其他股票开始上涨时，它却无力反弹，继续逆大市走低，直到 1927 年股价在17 美元见底为止。接下来该股有一波反弹，1927 年 9 月的高点为 28 美元，1928 年 6 月股价又跌到 14 美元。1928 年 11 月，该股反弹到了 32美元，随后一直下跌到 1929 年 10 月的底部 6 美元。因为公司已经连续几年亏损，此时应该是最差的时候，表明股价将来有上涨的机会。1930年 2 月，股价反弹到 20 美元，1930 年 3 月股票又下跌到 13 美元。现在可以逢回调买入了，但最好还是等到股价突破 20 美元再说，该突破会预示着股价将出现更强的反弹。不过，美国毛纺此时这样的收入状况表明，在近期股价不会迎来一轮重要的牛市行情。

研究股票在 10 年中是怎样运行的，再研究它们在 20 至 30 年中

第 6 章
投资者应如何交易

是如何发展的，以及 40 至 50 年中又是怎么表现的，这种方法非常重要。

投资安全

在华尔街，期望过高的盈利而去冒过大的风险是很多亏损的诱因。最安全的投资方式就是把钱存到储蓄银行中去，可以拿得到 4% ~ 4.5% 的利息。其次最安全的投资是买入优质债券和有第一抵押权的债券，它们的收益率在 6% 左右。当你的投资超出了前两种之外，把钱拿去买股票和收益大于 6% 的债券时，你就已经越过了危险线，而且远离了投资安全的法则。对于股票与债券的选择上，精选出分红少一些的好股票，并在正确的时机介入，比去买那些声称收益率很高的高风险债券要好。如果债券在出售时不得不将收益率提高到 6% 以上，其中必有玄机。你可以选一只现在股息为 4%，而以后有可能达到 8% 或 10% 的股票，而且股价还会上涨，这样你的投资收益就会很丰厚。债券极少会出现很大的涨幅，它的价格经常会走低，当它低于你的买入价时，就会造成你投入的资金缩水。在不利的情况下，即使最顶尖的债券也会下跌。美国国债（United States Bonds）和英国同一公债（British Consols）在战争期间都出现过很大的跌幅。这表明你有必要留一份某只债券或一组债券的行情图，来关注其价格的趋势变化，这就如同你去看那些交易活跃的股票何时会变盘一样。当你买的债券价格开始下跌时，你必须将其卖掉，然后介入另外一只更好也更安全的债券，或者你也可以等待它的下一次介入时机。

通过研究债券市场和债券价格的运行，你就能够判定股市过些时候的走势如何，也能判断出经济大势的未来趋向。1928 年的债券价格就提示人们，股票的价格将要下跌，经济萧条期即将来临。

141

第7章 如何选择牛市早期和后期的领涨股

在每一次牛市行情中，总会有些股票在行情的第一阶段领涨大盘，它们中的一些股票在行情的初期见顶后，便不会再上涨了，接下来股价会越走越低，而这时其他股票正处于上涨的阶段。在行情的下一阶段里，又会涌现出新的领涨股来，它们的股价会在牛市行情的第二阶段见顶，而不会在行情的第三阶段继续充当领头羊的角色，到了那个时候，自然会有其他股票成为新的龙头股。在牛市的第四阶段，也是最后一个阶段，那些在行情后期启动的领涨股会直追早期领涨股的涨幅，股价也将出现巨幅的上涨。

在每一个板块的股票中，总是有弱势股，同时也有强势股，它们的走势会与大盘相反。所以，很有必要去判定哪些股票将成为龙头的强势股，哪些股票是弱势股，股价会继续走低，或者将成为熊市中的领跌股。从1921年到1929年的牛市行情中，只有少数几只股票一直表现活跃，每年都是领涨股。一些股票的上涨在1922年就结束并见顶了，其他一些股票分别在1923年、1925年、1926年和1927年见顶，而大多数股票在1928年才见顶。1928年11月，纽约证券交易所中全体股票的平均指数达到了这次行情中的最高价位。而道琼斯30种工业指数在1929年9月3日才达到历史高点，很多牛市后期的领涨股在1929年的春夏才出现巨幅扬升。股票交易的赚钱时机就在它成为领涨股或领跌股

143

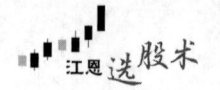

的时候。所以，为了判断一只股票是处在强势还是弱势，而去研究板块中的每只个股还是有必要的。

化工类股

当我在1923年1月写《股票行情的真谛》这本书时，我说过化工类股和飞机类股将会成为下一轮牛市中的领涨品种。所以有必要去分析各个不同的化工类股，从而判定在牛市的不同阶段里，哪些股票是最佳的买入选择。

美国农业化工（American Agricultural Chemical）——在1919年4月、5月、6月和7月，这只股票到达了极高价，随后进行了派发。股价一路下跌，直到1921年8月在27美元见底；接下来又反弹到了1922年8月的高点42美元。1923年4月，股价再次跌到了1921年的低点27美元。这显然不是股价会走强的信号，因为如果该股的股价继续走高的话，它的底部就应该上移，而且它在1922年的反弹力度比其他股票要小。该股的走势继续下行，1924年的表现非常疲弱，6月股价在7美元见底，这是自1907年以来的最低价位，当时该股的低点为10美元。这表明该股的走势很弱，不是化工类股中会出现大涨的个股。1926年1月，该股的高点是34美元，虽然这个高点在1923年的顶部之上，但是还没达到牛市行情第一年，即1922年的高点。该股的趋势再一次掉头向下，1927年4月股价跌到了8美元，比1924年6月的低点高出了1个点。这是一个买点，反弹可期，止损单可以设在6美元。像这样的低价股，止损单应该设在前一次的低点下方大约1个点的价位上。随后股价缓慢回升，1928年11月在26美元见顶。应注意到这个顶部比1926年的顶部要低，显示该股每次反弹后的顶部在逐渐下移中，它的大趋势还是向下的。从这个顶部开始，该股的股价继续下行，走势非常弱，在1929年11月见到最后一个低点4美元，这是该股20多年来的最低价。

第 7 章
如何选择牛市早期和后期的领涨股

我的操作法则之一就是，一只股票要是在牛市的下一个阶段会成为领头羊，它的股价就必须突破其在牛市第一年的高点。美国农业化工未能突破 1922 年高点的这一事实就表明，它不会成为领涨股。所以，你不应该买这只股票，而是应该去寻找一只走势更强的化工类股。

戴维森化工（Davison Chemical）——1921 年 3 月，该股的低点是 23 美元。股价在这个价位上得到有力的支撑，随后开始上涨。1922 年 4 月，股价在 65 美元见顶。这里的卖盘沉重，该股的趋势开始掉头向下。1923 年 5 月的低点是 21 美元，这是个买入的区间，就是说你应该在 23 美元到 22 美元左右买进，同时把止损单设在 20 美元，或者是 1921 年的低点下方 3 个点的价位上。在 1923 年 5 月下跌以前，该股在 3 月反弹到了 37 美元。1923 年 8 月，股价突破了上半年的高点 37 美元，走势反身向上，后市可看高一线。如果你在低位早已买入了该股，那当股价突破 38 美元时，你就应该加仓，在股价上涨的过程中一路跟进，同时也要设止损单。1923 年下半年，该股出现迅速上涨，联营投资集团迅猛拉升了它的股价。

有很多报纸都就此做了报道，小道消息满天飞，说该股会涨到几百美元一股；还有些激进而热情的市场简报写手说，由于从硅胶生意中获得了巨额利润，该股有可能攀升到每股 1000 美元。1923 年 12 月，它的股价达到了 81 美元，形成了一个尖顶，而且成交量很大，随后该股出现急速暴跌，股价开始走低，一直跌到 1924 年 4 月在 41 美元见底为止。从这个价位起步，该股又缓慢上升到 1924 年 7 月，股价再次回到了 61 美元。这是股价的又一次大幅拉升，接下来再次出现急跌。1924 年 7 月，股价跌破了 1924 年 4 月的底部 41 美元，顶部出现了下移，这就表明该股已经走弱，后市看跌。1925 年 4 月，该股跌到了 28 美元，比 1921 年和 1923 年的低点高出了五到七个点。股价在更高的底部价位获得支撑，说明该股至少还会有一次反弹。1925 年 8 月，股价反弹到 46 美元；随后是一次回调，1926 年 2 月该股再次在 46 美元见顶。因为该股没能突破这一高点价位，预示着股价会走低，此时应卖空多头仓位，开始做空该股，并将止损单设在 49 美元。

接下来该股一路下跌，1927 年 3 月股价跌到了 27 美元，比 1925 年的底部低了一个点，这又是一个买点，止损单可以设在 25 美元，也就是 1925 年底部下方 3 个点的价位上。该股在这里又得到了很好的支撑，1927 年 7 月股价反弹到 43 美元。因为股价在低于 1925 年和 1926 年高点的价位见顶，这是个走弱的信号，预示着该股还会有一波下跌，而且也说明该股近期不会成为领涨股。1926 年 10 月，该股跌到了 23 美元，跌破了除 1921 年和 1923 年之外的所有低点。股价在这里又获得了支撑，此时你应该买进该股，同时将止损单设在 20 美元。这时该股的股价比 1923 年的低点高出了两个点，又与 1921 年的低点持平，显示出有人在这个价位附近买入该股。这只股票窄幅震荡了六个月之后，选择向上突破。1927 年 12 月，股价涨到了 48 美元，这个价位突破了 1925 年、1926 年和 1927 年的所有高点。显然是一个强烈的股价看涨信号，你可以在它出现任何一次回调时进行买进。1928 年 2 月该股回调到 35 美元，在此又获得了有力的支撑。1928 年 4 月，股价突破了 48 美元，这又是一个加仓的点位，该股的涨升一直持续到 1928 年 11 月在 68 美元见顶为止，这个价位突破了除 1923 年 12 月的极高价之外的所有前期顶部。1928 年 12 月，股价从 68 美元回调到 54 美元。1929 年 1 月，股价又涨到 69 美元，仅比上一次顶部高出了一个点。这是个不好的信号，表明你应该卖出多头仓位，并开始做空该股。在接下来的一段时间内，该股呈现出窄幅震荡的行情，2 月和 3 月见到高点，在 3 月的下半月，又回调到了 49 美元。在形成双重顶后，该股从高点破位下跌了 20 个点，这不是一个好的预兆。1929 年 4 月，股价反弹到了 59 美元的高点，顶部又一次出现了下移。5 月，它的股价跌到了 43 美元，底部也出现了下移，显示趋势还是向下。1929 年 7 月，股价反弹到 56 美元，顶部再次出现下移；8 月，该股下跌到 46 美元，比上一次的底部稍微有所抬高。在 10 月上旬，股价再次反弹到 56 美元见顶，这一次它在同一价位再次形成顶部，是个卖空的信号。

第 7 章
如何选择牛市早期和后期的领涨股

接下来股价出现了破位下跌，10 月下旬，股价再次跌到了 21 美元，这个价位曾是 1923 年的底部。事实上，在 1921 年、1923 年和 1926 年，该股都是在这个价位附近得到了支撑，所以表明这里应该买进，止损单可以设在 20 美元。这个止损单一直也没有成交。这就证明我的那条有关买入股票时，止损单应设在第一个极低点下方 3 个点的法则是管用的。例如，1921 年 3 月，股价的极低点是 23 美元，那么这几年买进该股时，在 20 美元设的止损单就都不会成交。

你可能会问，为什么这只股票每次都能在这一价位获得支撑。原因在于一些联营投资集团或内幕人员知道该股应该值 20 美元这个价。所以每次当股价跌到 21 至 25 美元左右时，他们都会买入，并在股价涨到他们认为足够高的时候，再把股票抛出。该股从 1929 年 21 美元的低点开始反弹，1930 年 3 月股价涨到 42 美元。如果该股能够在几年内保持这样一个价格水平，而且在下一波下跌时，不跌破 1929 年的底部，那它将有可能成为未来市场的领头股。你可以看出，该股在 1921 年到 1929 年的牛市行情中是早期的领涨股，股价在 1923 年 12 月见顶，在接下来的六年里，再也没有突破这一高点，而同期其他强势化工类股的股价每年都会上一个新台阶。

空气压缩（Air Reduction）——1920 年该股在 30 美元见底，1921 年 6 月再次跌到了同样的低点，构成双底，这是后市股价会大涨的信号。1923 年 3 月，股价上涨到 72 美元，显示出它是一只牛市行情早期的领涨股。1923 年 6 月，该股回调到 56 美元。1924 年 1 月，股价涨到了 81 美元，创了新高。1925 年 2 月，该股在历史最高价 112 美元见顶。1926 年、1927 年和 1928 年，它的顶部和底部都在不断抬高，一路尽显龙头风范，因为在该股底部不断上移的同时，这个板块中的其他股票，比如美国农业化工和戴维森化工，它们的股价在每次反弹到顶部后，不是去创新高，而是跌得更狠。在 1929 年牛市行情最后的加速主升段，空气压缩启动比较晚，但波动幅度很大。1929 年 10 月，股价在 223 美元见到了最后一个高点。这是一个尖顶，该股在顶部价位交易非常活跃，股价波幅很大，同时成交也放出了巨量。1929年11月，该股下跌到了77美元。如果你在1929年8月对该股进行关注，看它何时发出见顶的信号，那么这些盘面的表象就在告诉你它的行情已经接近尾声了。1929年8月，股价的高点为217美元，1929年9月它的高点在219美元，比前一个高点仅高出了2个点。随后就是一次急速回调，10月，最后的加速主升行情将该股推高到223美元，但这只比8月的高点高出了6个点，比9月的高点仅高了4个点。在股价见到最后的高点后，几乎所有其他股票的大趋势都掉头向下了。在其他股票出现这样严重的暴跌时，很自然也会预计这只股将不得不产生跟随性下跌。该股从1929年8月24日至11月16日的周高低点示意图，可以显示出它的这个顶部和其后大量派发的阶段。空气压缩的股价从顶部219美元开始下跌，在交易日截止到1929年10月5日的那一周，股价跌到了186美元；接下来，在交易日截止到10月19日的那一周，该股又涨到了223美元。在接下来的一周，它的股价跌破了交易日截止到10月5日那一周的底部186美元。这让它的大趋势拐头向下，如果你已经卖空该股，当它跌破了186美元时，就应该加大卖空的仓位，那么在今后的几周里，你就能赚到100个点或更多的盈利。尽管这只股票是牛市中的领涨股，而且因为它启动的时间较晚，也是最后一批结束上冲行情的，但同样在市场的第一次恐慌性下跌中，它下跌的幅度要与它的涨幅成比例，甚至其下跌幅度要大于其他股票。

联合化工（Allied Chemical）——这是所有化工类股中最好的领涨股之一，也属于最佳的可买入股票之列，它在大多数时间都表现出上升的趋势。1921年8月，该股在34美元见底。1922年9月，股价在91美元见顶，1923年8月该股又下跌到60美元，随后进入了很多个月的蓄势行情。1925年3月，股价在93美元创了新高。突破了1922年的高点，表明只要该股出现回调，你就应该买入，后市的上涨空间已经打开。从1926年到1929年，该股的顶部和底部都在不断抬高，直到在1929年8月见到最后一个高点255美元。该股的周高低点示意图显示它

第 7 章
如何选择牛市早期和后期的领涨股

的趋势在股价为 235 美元时发生了转向。1929 年 11 月 13 日，股价跌到了 197 美元。其破位下跌的幅度比空气压缩和其他化工类股要小得多，显示该股的走势要强于别的股票，当该股的趋势反身向上后，它的上涨幅度相对也会更大。股价在这里获得了很好的支撑，1930 年 3 月该股反弹到 192 美元。从上面的分析中可以看出，空气压缩和联合化工都是强势股，而美国农业化工和戴维森化工则为弱势股。

杜邦公司（Dupont）——该股的股价在 1922 年和 1923 年见底，接下来在 1924 年低点有所抬高，此后该股的股价逐年走高，直到 1929 年 9 月在 231 美元见顶为止。这只股票在化工板块中算是行情后期的领涨股。1929 年 11 月，股价下跌到 80 美元。应注意到的是，它的跌幅比联合化工高出很多。其中的原因是杜邦的股票进行过拆分，并且出现过派发。而联合化工没有过拆股，也没有宣布过分红。1930 年 3 月，杜邦反弹到了 134 美元。

美国工业乙醇——这只股票我在《股票行情的真谛》一书中就做过分析，它是一只弱势股，因为在 1921 年的熊市行情中启动时间较晚，直到 1921 年 11 月才在 35 美元见底。所以，预料它在接下来的牛市行情中，也会较晚启动。1923 年 3 月，美国工业乙醇在 73 美元见顶，随后出现下跌，1923 年 6 月股价跌到了 40 美元。1924 年 7 月，该股涨到了 83 美元，这比它在 1923 年的高点高出了 10 个点。从这个价位开始，股价一路走低，直到 1925 年 5 月在 62 美元见底为止。接下来有一波急涨，1925 年 10 月，该股上涨到 98 美元的高点。这是该股下跌过程中早期的支撑位。早期的支撑位会变成现在的阻力位，股价上涨到这个价位就应该卖出。该股走势很弱，股价持续下跌，直到 1926 年 3 月在 45 美元见底才止跌，这个底部比 1923 年的低点高了 5 个点，比 1921 年的低点高出了 10 个点。这又是一个买入的价位。1927 年 2 月，股价涨到了 89 美元，但没有达到 1925 年的顶部价位。1927 年 3 月，该股跌到了 69 美元，在这里获得了很强的支撑，趋势再次反身向上。1927 年 12 月，股价突破了 98 美元。这是后市看涨的信号，此时应加仓买入。1928 年

3月，该股在122美元见顶。这里的卖盘很沉重，1928年6月，股价下跌到102美元。因为这个价位保持在早期顶部98美元的上方，没有跌破100美元，所以股价接下来看多。此后该股逐步走高，当1929年8月市场开始最后的加速主升行情时，该股从175美元起步，一直上涨到1929年10月在243美元见顶。随后有一波暴跌，1929年11月该股下跌到95美元，这比1928年的底部低了5个点，但是回到了早期95到98美元一带的支撑位，这一带的价位在多年里既是股价下跌路上的阻力位，也是上涨途中需要突破的压力位。在该股1929年11月见底后，股价有一波快速的反抽，12月股价在155美元见顶，接下来，趋势再次掉头向下。1930年3月，该股又跌回100美元，显示其走势趋弱。

需要特别注意的是，该股在1916年、1917年和1918年中的早期顶部价位都在167至169美元这一带。当股价突破了这些顶部价位时，就说明上升空间已经打开。这时不应去做空，而是应该在这个高价位买入，一定会大赚一笔的。还要注意在1916年到1919年，该股的支撑位在95到98美元一带，而1929年该股又一次在95美元见底。

美国工业乙醇在1929年9月和10月期间的日高低点示意图非常重要，因为它能清晰地反映出该股走势的强弱。1929年9月3日，道琼斯工业平均指数见顶，当日美国工业乙醇的股价为213.5美元，9月5日下跌到200美元，9月9日和10日反弹到212美元，10日和11日又跌到了200美元，与9月5日低点价位相同。接下来，当其股价跌破这个价位下方3个点，或者跌到197美元时，就应该开始卖空。9月12日，股价涨到210.5美元，9月13日又跌到198.5美元，仅比上一次的底部低了1.5个点。9月20日，股价出现迅猛拉升，在226.5美元见顶并创了新高。9月25日，该股跌到204.5美元，股价还保持在上一次的低点上方。9月27日，股价的高点为220美元，10月4日的低点是201美元，这个底部比9月5日、9日和10日的底部要高，同时也在9月13日的底部上方。如果股价跌到了197美元，那就是明确的做空信号，但是只要底部在不断抬高，就依然可以买进，同时把止损单设在197美元，或者可以设在200美元。1929年10月11日，该股在243.5美元见到了最后的底部。从10月4日至11日，它每天的收盘价都比前一日的收盘价要高，10月11日的收盘价比10日的收盘价高出了3.5个点。接下来，10月14日开盘高开了1个点，收盘收在了当日的低点233美元，比11日的收盘价低了8个点。其日高低点示意图发出了做空的信号。随后该股出现了破位下跌，当股价跌破了200美元，或者跌到止损单设定的197美元时，就应该加大做空仓位。11月13日，股价跌到了95美元，12月9日又反弹到155美元。接下来，股价再次出现下跌，1930年3月该股在98.125美元见底。因为该股的反弹始终没能突破1929年12月9日的高点，而且在日高低点示意图和周高低点示意图上，该股的底部在不断下移，显示出它的走势很弱。当股票交易非常活跃，到达了它的高点或低点价位时，其周高低点示意图在判定趋势变化方面始终是很重要的，同时也要关注它的日高低点示意图发出的趋势变化的第一个信号。对于阻力位，日高低点示意图比周高低点示意图更能清晰地显示出它的具体位置。美国工业乙醇在1921年熊市中见底时间较晚，而在1929年牛市行情中，也是最后一批见顶的股票。要关注这些早期和后期启动的股票，但不要逆势而为。即使它们的走势与大多数龙头股的走势相反，在它们仍处在下跌趋势时，也不要做多买入，或者只要它们的股价还在上升途中，也不要去做空它们。

铜与金属类股

在1921年到1929年的这轮牛市行情中，大多数铜类个股运行速度缓慢，它们是行情后期的领涨股。为了判定哪些股票最适合进行交易，它们中谁会是牛市早期的领涨股，谁又会成为后期的领涨股，有必要坚持绘制每只个股的行情图，对板块中的每只个股进行逐一研究。

美国熔炼与精炼——我们应该先来了解一下这只股票以往的交易情

况，该股是 1921 年到 1929 年牛市行情中的领涨股，特别是 1924 年以后的表现尤为突出。1906 年，该股在 174 美元见顶，1916 年的牛市里，股价的高点为 123 美元。1921 年，股价在 30 美元见底，这曾是它在 1899 年的低点价位，是一个非常重要的支撑位。1925 年，该股突破了 1916 年的高点 123 美元，显示出股价的上升空间已经打开。它的顶部和底部一直在不断抬高，1927 年 9 月股价突破了历史最高价 174 美元。1927 年 10 月，该股出现了快速回调，跌到了 158 美元。当一只股票在多年后进入到新高的价位，往往预示着股价还会继续走高，但是在出现大涨之前，股价常常会先进行回调，而买入的时机就在股票创新高后的第一次或第二次回调时。如果你已经在美国熔炼第二次突破 174 美元时买入了该股，那你就能获得丰厚的盈利，你可以在股价上涨的过程中采用金字塔交易法来跟进。1929 年 1 月，该股在 295 美元见顶。接下来，公司宣布分红，将原来的 1 股拆分为 3 股。1929 年 9 月，除权后新股的低点是 85 美元，高点为 130 美元，这相当于老股的 390 美元。1929 年 11 月，股价跌到 62 美元，这是一个可以买入的价位。应注意到在 1924 年，该股的低点和支撑位就在 58 至 61 美元一带。随后，该股从 62 美元这个低点开始反弹，1929 年 12 月，股价在 79 美元见到高点。接下来，它一直处在窄幅震荡的行情中，直到 1930 年 3 月我写这本书的时候，也没能再次见到 1929 年 12 月的高点。

安纳康达铜业（Anaconda Copper）——在 1916 年的牛市行情中，这只股票启动的时间较晚。事实上，它是整个行情中最后一批快速飙涨股票中的一只。这家公司是铜业公司中上市时间较长的，所以回顾它过去很长时期内的交易价格变动记录是很重要的。1903 年和 1904 年，该股的低点都是 15 美元；在 1907 年恐慌性下跌时，股价的低点是 25 美元；1915 年和 1916 年的低点又都回到了 25 美元。1916 年 11 月，股价的高点为 105 美元，1920 年，它的低点是 31 美元，1921 年的低点在 29 美元，该股在 1920 年和 1921 年都差不多在同一价位获得了支撑，这比 1907 年、1915 年和 1916 年的支撑位高出了 5 到 6 个点。尽管这只股票

第 7 章
如何选择牛市早期和后期的领涨股

的运行速度缓慢，需要耐心来长时间持股，但这里确实是个好的买入价位，同时也要设好止损的卖单。1922 年 5 月和 9 月，股价在 57 美元见顶，随后又开始下跌，1924 年 5 月股价在 29 美元见底，这是它第三次在这个价位获得支撑，应该是个明确的后市看涨信号，当然前提是它接下来不跌破 26 美元，或是支撑位下方 3 个点的价位。从 1924 年 5 月开始，它的股价缓慢走高，顶部和底部逐年上移，但是仍保持横盘整理的状态，看起来是在蓄势，直到 1927 年 12 月该股才突破了 1922 年的高点 57 美元，当它涨到 60 美元以后，就再没有回调到 53 美元。当它突破了过去六年中的所有顶部时，在新高的价位买入该股将更为安全，预计它后市会出现前所未有的涨幅。因为股价能够突破所有的早期顶部，也就是该股即将快速上行，出现大涨的信号。1928 年 11 月，股价突破了历史最高价 105 美元。这又是个买入的价位，后市它还会有很大的上升空间。1929 年 3 月，该股在 174 美元见顶。随后该股宣布分红，除权后的新股在 1929 年 3 月的高点为 140 美元，5 月下跌到 99 美元，9 月又反弹到 134 美元，这个高点比 1929 年 3 月的最高点低了 6 个点，说明该股是在进行派发，当股价的顶部出现下移时，就应该做空该股。当股价跌破 125 美元以后，开始出现急跌，反弹的力度非常小；在跌破了 99 美元之后，股价在 1929 年 12 月 23 日探到了 68 美元。随后有一次微弱的反弹，1930 年 2 月股价达到了 80 美元。

肯尼科特铜业（Kennecott Copper）——在 1921 年到 1929 年的牛市行情中，这只股票是一只早期的领涨股，上涨的时间先于铜类板块中其他任何一只。所以，它是一只可以买入的铜类股。1920 年该股在 15 美元见底，1921 年没有继续走低，一直到 1927 年其顶部和底部都在逐年抬高。1927 年，该股从 65 美元起步，开始了一波急速飙升的行情。1929 年 2 月，股价在 165 美元见顶。随后该股宣布分红，1929 年 3 月除权后的新股在 104 美元见到高点。1929 年 11 月，股价跌到 50 美元。这个价位曾是该股 1926 年 3 月的低点，这也是一波上涨的启动点位。该股在 1921 年和 1922 年的走势很清楚地表明，它将会成为一只领涨股。在1921年没有跌破1920年的底部，股价的底部出现了上移，这就显示该股已经处于领涨的走势，所以你买入该股的时间应该早于买进安纳康达或其他一些股票。

关注股票的走势始终都是很重要的，当一只股票突破了蓄势区间之后就应该买进，而当它跌破了派发区间时就要卖出。这样做可以让你赚到快钱，而不会在长期持股中失去耐心，也不会被套在股票横盘整理的过程中。

国际镍业（International Nickel）——该股在1921到1929年的牛市行情中启动较晚。从图7（本书第109页）可以清楚地看出，其蓄势时间非常长，但是如果等股价突破了蓄势区域后立即买入，就可以赚一把快钱，从而比那些太早介入的人省去了不少持股的时间。1920年该股的高点为26美元，低点是12美元。1921年股价的高点为17美元，低点是12美元。1922年的高点为19美元，低点是12美元。1923年的高点为16美元，低点是11美元。1924年的高点为27美元，低点是11.5美元。从中你会发现，这些年里该股都在11到12美元左右获得了支撑。表明有人在吃进这个价位附近的全部浮筹。所以这个价位是个买点，止损单可以设在10美元，或者也可设在12美元下方3个点的价位上，即在9美元设止损单。1922年是牛市行情的第一年，该股的高点为19美元。我的操作法则是，最好等股价突破了牛市第一年的高点后再出手买股票。1924年11月，股价突破了20美元，超过了1922年的高点，这是一个明确的后市看涨信号，可以买股票了。1925年9月，该股涨到了25美元，比1920年的高点高出了3个点。这里可以加仓买入。1925年11月、12月，股价上涨到48美元。周高低点示意图显示顶部已经形成，暂时进入派发阶段。1926年3月，股价跌到了33美元，5月它又在同一价位形成了底部。这是一个买入的价位，止损单可以设在30美元，或是前期底部下方3个点的价位上。随后股价开始回升，底部在逐月抬高，1927年4月股价突破了48美元。这又是一个可以加仓的价位。该股继续上行，底部和顶部都在不断抬高。1929年1月，

第 7 章
如何选择牛市早期和后期的领涨股

股价突破了 1915 年和 1916 年早期顶部 227 美元，在 325 美元见顶，随后该股公布了分红方案。在纽约场外交易所交易的新股，1928 年 11 月，股价在 32 美元见底，这与 1926 年 3 月和 5 月的低点价位相同，当时也曾是一波大幅上涨行情的启动点。在股票拆分后，关注老股以前重要的波动行情启动时的早期高点或低点价位十分重要，因为新股将经常会在相同的价位上得到支撑或遭遇卖压。所以当国际镍业的新股下跌到 32 美元时，就值得买入，止损单可设在 29 美元。随后新股有一波拉升，1929 年 1 月股价在 73 美元见顶。在这个价位上，该股出现了派发，1929 年 11 月股价跌到了 25 美元，接下来又在 1930 年 3 月反弹到 42 美元。

国际镍业从 1920 年到 1924 年，股价的低位连续五年都保持在 12 美元左右，说明它在进行充分的蓄势，同时也可以看出一些大的买家并没有去竞价买入该股，但是只要有人卖，他们就会全部吃进。尽管这只股票在 1924 年到 1929 年的牛市行情中启动时间较晚，但在金属类股中，它的涨幅是最大的，从 1924 年的低点算起，总共涨了 313 个点。它不仅体现了在长时间充分蓄势后买入股票的价值，也体现出了当股价走出蓄势区域后再买入股票的价值。这轮大幅的波动实际上是从 1927 年 4 月开始的，当时该股的股价为 41 美元，而当 21 个月后的 1929 年 1 月股价见顶时，总共涨了 280 个点，也就是每个月的平均涨幅都在 13 个点以上。这期间最大的一次回调为 25 个点，当时股价从 99 美元跌到了 74 美元。1928 年 4 月，在该股突破了 105 美元之后，就开始了疯牛式的上升行情。应该绘制一张该股的周高低点示意图，特别是新股从 1928 年 11 月到现在的行情图，有了这张图，你就可以看出，在交易日截止到 1929 年 1 月 26 日的那一周，该股在 73 美元形成了一个尖顶。随后急跌到 57 美元，接下来又反弹到 67 美元之后，开始进行横盘派发，1929 年 3 月股价跌到了 40.5 美元。从这个价位该股出现反弹，在交易日截止到 9 月 21 日的那一周，股价回升到 60.5 美元。该股第三次出现了顶部的下移，随后就是一波恐慌性的下跌。1929 年 11 月，该股在 25 美元见底，1930 年 3 月股价又反弹到了 42 美元。

机械设备类股

在任何一个板块中，那些最先见底的股票，在牛市行情中见顶的时间也会比较早。

美国制动与铸造（American Brake Shoe & Foundry）——1920年12月，这只股票在40美元见底。1921年该股进行了蓄势整理，1922年成为一只领涨股。事实上，该股在1921年的股价并不比1920年时低，这就说明它已经做好了在下一波牛市行情中领涨的准备。1923年和1924年该股出现回调，并再次进入蓄势阶段，1925年又一次充当了领涨股，1926年2月股价在280美元见顶。1926年5月，该股下跌到110美元，1927年3月又反弹到了152美元，这时它宣布分红。此后该股就再没出现过好的交易机会了。

美国汽车与铸造（American Car & Foundry）——这是另一只在1920年12月见底的股票，当时的低点是111美元，而在1922年，它也是一只领涨股。1922年10月，股价在200美元见顶。1923年和1924年为该股的回调与蓄势期，1925年3月股价在232美元见顶，随后也在这个时候宣布了分红方案。在1921—1929年间的这波牛市行情余下来的几年中，该股的股价再也没有过大幅的波动。从1925年9月到1929年11月，除权后的新股在76美元见底为止，该股一直处在派发当中，趋势持续下行。

美国机车（American Locomotive）——该股是一只牛市早期的领涨股，1923年该股在145美元见顶；接下来它宣布要进行分红，除权后的新股在65至76美元之间展开蓄势行情。1924年12月，股价从84美元开始迅速上涨，1925年3月在144美元见顶。但是没能突破1923年145美元的早期高点。该股在趋势掉头向下以后继续走低，直到1928年6月在87美元见底为止，而同期其他股票却在上涨。它的股价在见

第 7 章
如何选择牛市早期和后期的领涨股

底后才开始回升，1929 年 7 月涨到了 136 美元，1929 年 11 月股价又跌到 90 美元。

鲍尔温机车（Baldwin Locomotive）——因为这只股票的流通盘一直以来都很小，所以市场表现始终不错，股价的波动幅度也很大。其流通股总数很少在 10 万股以上。1921 年 6 月，该股在 63 美元见底，仅比 1919 年的底部低了两个点。如果你已经在 1919 年的低点价位买入了该股，并把止损单设在底部下方两个点的价位上，这个止损价格应该不会成交。1922 年，这只股票成为了牛市中的领涨股，1923 年 3 月股价在 144 美元见顶。1924 年 5 月，该股跌到了 105 美元的低点，1925 年 2 月股价又上涨到 146 美元，比 1923 年 3 月的顶部高出了两个点。这是一个卖空的价位，止损单应设在早期顶部上方两个点的价位上。1925 年 3 月，该股下跌到 107 美元，比 1924 年 5 月低点上方两个点的价位获得了支撑。这又是一个买点。1926 年 2 月，股价涨到了 136 美元，1926 年 3 月，当市场出现恐慌性暴跌时，它的股价探到了 93 美元，这曾是 1921 年 12 月和 1923 年 1 月的低点，该股从这个价位开始了大幅拉升的行情。在 1926 年 3 月的下跌过后，该股重拾升势，在 1926 年 7 月至 10 月之间，该股在 124 至 126 美元之间遭遇了卖盘的打压。1926 年 11 月，股价突破 128 美元，并径直越过了 144 美元和 146 美元，它们分别是该股 1923 年和 1925 年的顶部价位。接下来，它又突破历史最高价 156 美元。股价屡创新高，就表明该股后市还会有可观的涨幅，你应该进行加仓，并在股价一路上涨的过程中采用金字塔交易法跟进。1928 年 3 月，该股在 285 美元见到极高点，随后出现了一波急跌。接下来，该股宣布了分红方案，原来的 1 股拆分为现在的 4 股。1929 年 8 月，除权后的新股股价为 66.5 美元。接下来，其大趋势掉头向下，你如果在绘制它的周高低点示意图，就可以从图上看出来。1929 年 10 月 29 日，鲍尔温的股价跌到了 15 美元，这相当于老股的 60 美元，比 1921 年 6 月底部还低 3 个点。随后有一波反弹，1930 年 2 月，股价上涨到 38 美元。这就显示出，当美国制动、美国轿车与铸造和美国机车这几只股票处在下行趋势中时，鲍尔温却在一路上行，股价在牛市的后期才见顶。而其他几只股票在牛市的早期见顶后，股价就再也没有走高。鲍尔温在行情图也显得其走势比较强。

西屋电气（Westinghouse Eletric）——请注意图 7（本书第 109 页）该股从 1901 年至今的年高低点示意图。1921 年 8 月，该股的低点是 39 美元；1923 年 2 月，股价的高点为 67 美元；1923 年 5 月、6 月和 7 月，该股的低点均在 53 美元，股价在这里得到了很强的支撑。1924 年 1 月，股价涨到了 65 美元，5 月又跌到 56 美元的低点，这个底部比前一个底部有所抬高，股价在较高的价位上获得了支撑。1924 年 12 月，该股突破了 1923 年的高点 67 美元，1925 年 1 月股价上涨到 84 美元；3 月，该股回调到 66 美元，1925 年 8 月股价反弹到 79 美元见顶，1926 年 2 月该股再一次回升到 79 美元的高点。1926 年 5 月，股价跌到了 65 美元，仅此 1925 年的底部低 1 个点。这是一个买入的价位，止损单可以设在 63 美元。参见图 5（本书第 92 页）该股在 1925—1927 年间的月高低点示意图。1927 年 8 月，股价突破了 1925 年的高点 84 美元，随后又越过了 92 美元，这个价位曾是 1904 年、1905 年和 1906 年该股的顶部，这是明确的看涨信号，后市的上升空间已经打开。1928 年 11 月，该股突破 116 美元，这是在 1902 年创下的历史最高价。股价在这么多年的蓄势之后创出新高，就可以确定该股接下来会大涨。此时该股的走势，就如同是经过了多年的整理后，鲍尔温突破了 156 美元和美国熔炼突破了 174 美元时的态势一样。从西屋突破了 116 美元以后，一直到 1929 年 8 月在 292 美元见顶，其回调的价位都高于 112 美元。最后的这波上涨在六周内就涨了 100 个点。这对于我的有关股价在最后的加速主升阶段会快速波动六到七周的法则来说，又是一个例证。具体参见图 12 该股从 1929 年 1 月 5 日至 1930 年 4 月 12 日的周高低点示意图。股价在形成一个尖顶后，先是下跌到了 275 美元，随后又反弹至 289 美元的高点，顶部出现了下移；接下来股价跌破了 275 美元，这个价位是第一次回调后的底部，跌破了这个价位就显示其趋势已经掉头向下。随后该股出现了一波迅速的下跌，10 月 3 日

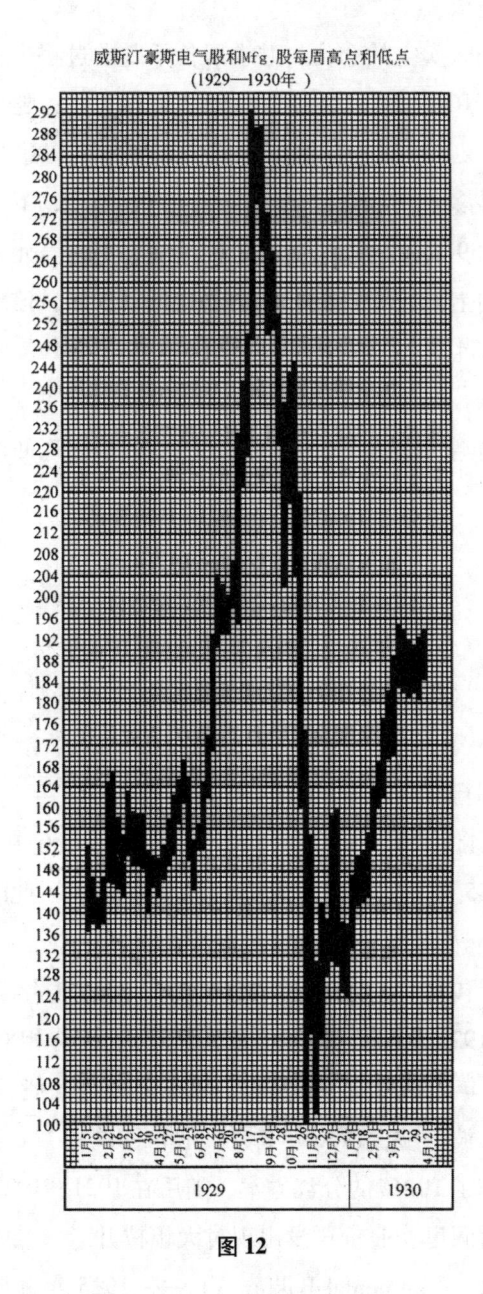

第 7 章
如何选择牛市早期和后期的领涨股

威斯汀豪斯电气股和Mfg.股每周高点和低点
(1929—1930年)

图 12

股价探到了 202 美元，接下来又是一次快速的反弹，10 月 11 日股价上涨到 244 美元。随后又开始了一次恐慌性的下跌。当股价跌破 200 美元时，此时就应加大卖空的仓位，并在股价下跌的过程中一路采用金字塔交易法来操作。10月29日，股价跌到了100美元；随后反弹到154美元，11月13日又下跌到103美元，底部有所抬高。这是个股价走强的信号，你应该做多买入，并把止损单设在100美元以下。该股开始了拉升行情，并在159美元见到高点，随后又跌到125美元的低点，接下来股价再次反身向上。从周高低点示意图上可以看出，该股这波行情最后的顶部分别为154美元和159美元，当它突破了160美元时，就表明该股后市继续看涨，你应该进行加仓买入。1930年3月，股价涨到了195美元，在这里遭遇了很强的卖盘打压，随后股价出现回调。

食品类股

贝奇特包装（Beech-Nut Packing）——1922年7月，该股股价在10美元见底，1923年3月，上涨到了84美元的高点。接下来股价运行缓慢，呈窄幅整理行情，这样的情况一直持续到1927年4月股价在50美元见底才结束。随后该股开始涨升，1929年1月股价在101美元见顶，11月又跌到了45美元，这曾是1924年4月的低点。此时是一个买进的价位，反弹可期。

加利福尼亚包装（California Packing）——1921年7月，股价的低点是54美元。1922年该股出现上涨，1923年股价相对稳定，随后在1924年和1925年出现了迅速上涨。1926年2月，股价在179美元见顶，接下来有一波急跌，1926年3月，股价回调到121美元。又过了段时间，该股宣布了100%的分红方案，随后在1921—1929年间的这波牛市行情的剩余时间里，股价再没出现过大幅拉升。

大陆烘焙A（Continental Baking A）——1925年，该股在144美元见顶，接下来股价开始走低，直至1928年4月在27美元见底为止。1929年7月，股价反弹到了90美元，1929年10月又跌到25美元。这

第 7 章
如何选择牛市早期和后期的领涨股

个价位比它在 1928 年的低点高出了两个点，显然这里是一个支撑位，你应该买入，并把止损单设在 24 美元。

玉米制品（Corn Product）——我在《股票行情的真谛》一书里曾回顾过该股的走势。1924 年它在 187 美元见顶，接下来该股宣布分红，原来的 1 股现在成了 5 股。从 1924 年到 1926 年，除权后的新股一直处于窄幅整理的蓄势行情之中。1927 年，该股的交易开始变得活跃，1929 年 10 月，股价涨到了 126 美元的高点；1929 年 11 月，又跌到了 70 美元，接下来该股出现反弹，1930 年 4 月股价上涨到 109 美元。

古亚米尔果品（Cuyamel Fruit）——该股在 1921 年至 1929 年这波牛市行情的早期和后期都是领涨股。1924 年 1 月，该股在 74 美元见顶，随后股价在 1927 年 2 月至 4 月间一路走低，并最终于 30 美元见底。它在这个价位开始进行蓄势，并再度出现了上升的行情。1929 年 10 月上旬，股价在 126 美元见顶，紧跟着就是一波下跌，1929 年 10 月 29 日股价跌到了 85 美元。

通用食品（General Foods）——波斯特谷物（Postum Cereal）是牛市早期启动的个股，1923 年 2 月该股在 134 美元见到了第一个顶部。随后该股宣布了 100% 的分红方案，除权后的新股在 47 美元到 58 美元左右进行蓄势整理。1924 年 9 月，该股突破了 58 美元到 60 美元一带的阻力位，1925 年 8 月股价涨到了 143 美元。这时该股再次进行分红。1925 年 11 月，新股跌到了 65 美元，1928 年 5 月股价又涨到 136 美元。接下来该股与通用食品合并，股票在 1929 年进行派发，1929 年 4 月股价在 81 美元见顶，随后出现下跌，1929 年 10 月股价跌到了 35 美元。该公司现在由摩根财团管控，无疑在今后的几年中，股价的上升空间会很大。你应该保留一份其走势图，对它进行关注，并在正确的时机买进该股。

沃德烘焙 B（Ward Baking B）——1924 年 4 月，该股在 14 美元见底，并在这里进行了充分的蓄势，股价得到了很好的支撑。1925 年 10 月，股价在 95 美元见顶。随后该股的趋势掉头向下，股价一路走低，直到 1929 年 10 月在 2 美元见底为止。从 1926 年到 1929 年，该股的底部和顶部不断下移，在此期间，你可以一直做空该股，而同期这一板块的其他股票表现出了上涨的趋势。这是一只新股，公司也是近些年组建的，因其股价远超出公司自身价值，在股票被派发到公众手中后，股价就出现了大幅下跌。

汽车或轿车类股

这个板块为 1921—1929 年间这轮牛市行情输送了几只最棒的领涨股，那些对每只个股都逐一进行研究的交易者就能够判断出哪只股票将会出现最大幅度的上涨。

克莱斯勒（Chrysler）——其前身是麦斯威尔汽车（Maxwell Motors），这只股票在 1921—1929 年的牛市行情中启动较早，是牛市早期的领涨股之一。1921 年，麦斯威尔汽车 A 股在 38 美元见底，1922 年股价上涨到 75 美元，1923 年又跌到了 36 美元。由于它并没有跌到 1921 年低点下方三个点的价位，显示出股价在这里有很好的支撑，是个买入的价位。当该股更名为克莱斯勒以后，股价开始上涨。经过第一波的大幅拉升，1925 年 11 月该股在 253 美元见顶。这时公司宣布进行分红，1925 年 12 月，除权后新股的股价为 56 美元。1926 年 3 月，股价跌到了 29 美元，随后该股展开了充分的蓄势，并开始反弹，在 1926 年和 1927 年，股价的底部和顶部都在不断抬高，从 1927 年 8 月到 1928 年 3 月，该股在 60 至 63 美元一带遭遇了很强的卖盘。接下来就迎来了一波大涨，1928 年 10 月股价在 140 美元见顶，在这里进行了四个月左右的大量派发。随后，正如你从月高低点示意图和周高低点示意图中所看到的，该股的趋势掉头向下。在 1929 年 1 月以后，该股就真正处在熊市之中了。1929 年 5 月，股价跌到了 66 美元，随后又反弹到 79 美元。其走势显得非常弱，在 66 至 78 美元这个区间内，大量股票被派发。1929

第7章
如何选择牛市早期和后期的领涨股

年9月，该股跌破了早期的底部66美元，1929年11月股价下跌到26美元，比1926年3月的底部还低2.5个点。接下来有一波反弹，1930年4月该股在42美元见到高点。这只股票曾备受公众的喜爱，所以能在非常高的价位上进行派发，这也就是为什么该股接下来会跌到那么低的价位，并且直到我写这本书的时候，它的反弹还是那样无力的原因。

哈德逊汽车（Hudson Motors）——该股在1921—1929年间的牛市行情中是启动比较晚的股票。1922年5月，该股的低点是19美元。1923年8月至10月，股价的低点为20美元。1924年3月，其高点在29美元。1924年5月的低点是21美元。这样你就可以看出，该股在1922年见到了极低点，1923年的底部比1922年的底部高出了1个点，而在1924年，股价的底部再次抬高了1个点。该股在三年中维持着窄幅震荡的行情，这是它的蓄势期。1924年12月，股价突破了1922年的高点32美元，随后开始快速拉升。1925年11月，该股在139美元见到了第一个顶部。12月，该股出现了一次急跌，将股价拖低到96美元。接下来又反弹到了123美元，1926年1月至3月，该股在这个价位进行了派发。其主趋势开始掉头向下，股价一路走低，直到1926年10月在44美元见底。这里又展开了蓄势行情，股价开始上行。1928年3月，该股在99美元见顶。随后，股价就开始在77至97美元这个范围内波动，这种情况一直延续到1929年9月。这时该股再一次进行大量派发。1929年11月，股价下跌到38美元，这个价位差不多在1926年10月的底部下方3个点上。作为一个早期的阻力位，这里是一个买点。1930年1月，该股反弹到62美元。

通用汽车（General Motors）——在汽车板块中，这只股票比其他任何一只股票造就的百万富翁都多，同时也是让最多人沦为乞丐的股票。该股的简称与其说是GMO，不如说是GOM（"Grand Old Man"），意思是汽车行业里的"三朝美元老"。该股保持着辉煌的战绩，它在1915年、1916年、1918年和1919年的牛市中都是领涨股，而且有好几次最大的上涨行情就发生在1924年到1929年的牛市中（参见图13 该

163

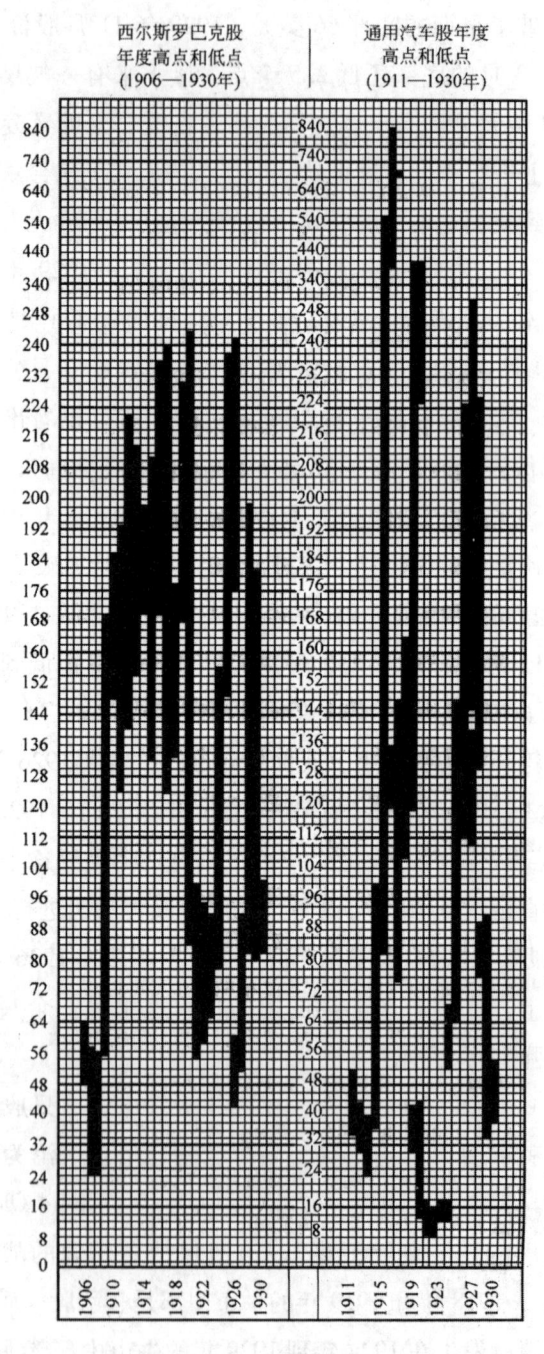

图 13

第 7 章
如何选择牛市早期和后期的领涨股

股从 1911 年到 1930 年的年高低点示意图）。1913 年，该股在 24 美元见底，1916 年 11 月，股价在 850 美元见顶。随后该股宣布分红，对原来的股票进行了拆分。1917 年 11 月，除权后的新股下跌到 75 美元，在这里股价获得了很好的支撑，并进行了充分的蓄势。该股在 1919 年的牛市行情中是一只龙头股，当年 11 月，其股价在 400 美元见顶。接下来出现了一波急跌，1920 年 2 月股价跌到了 225 美元，随后又在 1920 年 3 月反弹到了 410 美元。这时，该股又进行了拆分，原来的 1 股现在拆成 10 股。1920 年 3 月，除权后新股的股价为 42 美元，这个价位相当于原先 420 美元。该股开始进行大量的派发，趋势也掉头向下，股价直到 1922 年 1 月和 3 月才在 8.25 美元见底，复权后的价格是 82.5 美元，这与 1920 年 3 月顶部 420 美元的复权价形成了很大的反差。此时该股大概有 5000 万的流通股。该股的运行非常缓慢，1922 年 4 月和 5 月，股价终于涨到了 17 美元的高点；1923 年 7 月，该股又跌到了 13 美元；8 月，股价反弹到 16 美元；1924 年 1 月，股价又一次在 16 美元见顶。1924 年 4 月和 5 月，股价再次跌到了 13 美元，在同一价位上形成了双重底。从 1920 年 10 月到 1924 年 6 月，该股一直在 8.25 至 16 美元之间震荡。其蓄势时间长达三年半之久，显然表明后市股价会出现大涨，而且这波上涨一定会持续很长的时间才会进入派发期。1924 年 6 月，该股进行了并股，原来的 10 股现在并为 4 股，这样就减少了流通股的数量。并股后的新股从 52 美元开始上涨，一路走高，直到 1925 年 11 月初在 149 美元见顶，这时股价出现了一个短期的回调。随后该股出现迅速下跌，11 月下旬，股价跌到了 106 美元。接下来该股又重拾升势，而同期怀特汽车和其他汽车类股的股价却在下行，恰恰与通用汽车的走势相反。1926 年 8 月，该股在 225 美元见到另一个顶部，随后公司宣布按 50% 的比例进行分红。1926 年 9 月，除权后的新股在 141 美元见底，接下来在 10 月涨到了 173 美元，形成了一个短期的顶部。随后有一次急跌，11 月，股价在 137.625 美元见底，刚好在 9 月底部下方大约 3 个点的价位，这里的成交量放大，股价得到有力的支撑，在经过一段时期

165

的蓄势之后，趋势再度上扬。1927年3月，股价突破了173美元，这个价位曾是1926年10月的高点，股价再次出现大幅拉升。1927年10月，通用汽车的股价在282美元见顶。1927年8月，公司宣布送配比例为100%的分红方案。新股上市后在纽约场外交易所交易。1927年8月，新股的股价为111美元，随后开始上涨，1927年10月股价在141美元见顶，相当于原先283美元的股价。同年11月和12月，股价跌到了125美元，并在此获得了很好的支撑，股价开始走高。1928年3月，股价突破了1927年10月的高点141美元，接下来就是一波快速的涨升行情。1928年5月，通用汽车的股价在210美元见顶；随后股价出现急跌，6月该股在169美元见底，在这里又遇到了支撑，上涨行情重新展开。1928年10月和11月，股价再次在225美元见顶。应注意的是，这个价位也曾是1926年的顶部。该股在这个价位附近的卖盘沉重，开始进行大规模的派发。

12月的下跌将股价拖低到182美元，这时公司又一次宣布分红。1928年12月，新股的股价跌到了74美元，接下来开始缓慢上升，直到1929年3月在191.75美元见顶。这时的成交量已经连续四周超过了每周150万股的水平，显示出大量派发的迹象。在3月26的大跌之日，通用汽车的股价下探到了77.25美元。在4月的下半个月，其股价又反弹到了88.5美元，这时的周成交量也在百万股之上，说明卖压沉重。因为在反弹后没能达到早期的顶部价位，所以给出的是一个做空的信号。下跌就此开始，该股在5月跌破了3月时的低点，这是一个明确的趋势下行信号。在7月的下半个月，其股价跌到了66.25美元，9月3日又反弹到79.25美元，这是最后一个顶部，当周成交量为150万股。这里的卖盘显然也很重，特别是股价与7月3日的高点77.25美元相比，并没有高出3个点以上，就更印证了这一点。从8月21日至9月21日，股价大约有四周的时间都在71.75至72.25美元之间来回震荡。在截止到9月28日的那一周，通用汽车跌破了72美元，下探到66美元。当它跌破72美元时，就应该加大做空仓位，可以在股价一路向下

第 7 章
如何选择牛市早期和后期的领涨股

时采用金字塔交易法来操作。10 月 29 日,股价打到了 33.5 美元,当日的成交量为 97.13 万股,这一周的成交量是 222.56 万股,而在接下来的三周里,每周的成交量也都超过了 100 万股。1929 年 10 月 31 日,股价反弹到 46.75 美元,随后又开始下跌,11 月 7 日在 36 美元见底。在截止到 11 月 16 日的那个交易周,成交量是 92.3 万股。而在截止到 11 月 23 日的那一周,成交量仅为 31.8 万股,该股出现反弹,显示抛盘已尽。12 月 9 日和 10 日,该股反弹到了 44.75 美元。1930 年 1 月 18 日,股价回调到 37.5 美元,当时一周的成交量为 32 万股,也可以看出抛盘不重。这是该股在突破了 42 美元后出现的第二个抬高的底部,而它在这里下跌遇阻已有好几个星期,这也预示着股价可以看高一线。1930 年 4 月 9 日,通用汽车的股价涨到了 54 美元,成交量也在放大。

下面这个情况应予以重视,那就是从 1924 年 6 月到 1929 年 3 月之间,该股的回调从来没有超过 1 个月,或者说当回调进入到第二个月时,股价从没有跌到过上个月的底部下方 3 个点的价位。这里要运用的操作法则是:对于从顶部下来回调时间从不超过一个月的股票,永远不要去做空它。通用汽车回调的时间仅有一个月,随后就开始反弹,而在此期间,哈德逊汽车、麦克卡车、怀特汽车和其他汽车股的股价开始走低,走势趋弱,而当 1924 年和 1925 年通用汽车处在蓄势期时,这些股票都是在上涨,不过三十年河东,三十年河西,现在轮到通用汽车强势上攻了。通用汽车在 1914 年到 1929 年的所有牛市行情中都是领涨股,因此也就不能期望它在下一轮牛市行情中再次成为领头羊,所以你要去汽车板块中寻找那些现在还在蓄势,但已显露出龙头雏形的股票,为下一轮的行情选出一只龙头股。

麦克卡车(Mack Truck)——这是另一只在汽车板块中启动较早的个股。原因之一就是它的股本小。其流通股只有 33.9 万股,联营投资集团想拉高它的股价很容易。1921 年,该股在 25 美元见底,1923 年 4 月股价在 94 美元见顶。1923 年 6 月,低点为 64 美元,在 1923 年和 1924 年,这个价位附近堆积了大量的成交。这也显示出有人在这里吃

167

进了所有能得到的筹码，为股价的下一次大幅拉升做好了准备。1924年8月，该股突破了94美元，这曾是1923年的高点；1925年11月，股价在242美元见顶，主力开始派发，这时该股宣布分红。接下来，其主趋势掉头向下。1926年3月股价跌到了104美元，随后出现反弹，1926年8月，股价在136美元见顶。接下来，该股的顶部和底部不断地下移：1927年1月的低点是89美元，1927年5月的高点为118美元；1928年4月的低点是83美元，1929年2月和3月的高点为114美元，低于1927年5月的高点；1929年3月和4月，股价在91美元见底，1929年9月该股反弹后在104美元见顶。这是力度非常弱的反弹，显示出派发的量很大。这个派发期实际上从1925年一直持续到了1929年。1929年11月，股价跌到了55美元。应注意到的是，股价前期在1922年10月的底部53美元获得了支撑。1930年3月，麦克卡车反弹到了85美元，可以看出这只不过是熊市中的一次反弹而已。

帕卡德汽车（Packard Motor Car）——这是一只在牛市行情后期发力上涨的个股。1921年，股价在5美元见底，1922年12月，股价的高点为21美元；1923年11月的低点是10美元，1924年5月的低点还是10美元。这就显示出该股在10至16美元之间进行了充分的蓄势（参见图14该股在1923—1927年期间的月高低点示意图）。1925年4月，股价突破了21美元，这曾是1922年的高点，这是个买入的点位，后市大幅上涨可期。1925年10月和11月，该股在48美元见顶，随后出现回调，1926年3月股价在32美元见底。1926年7月，该股上涨到45美元，1926年10月股价又跌回32美元，这与3月的底部价位相同。从1926年10月到1927年7月，该股在33至38美元之间进行了大量的蓄势。8月开始出现大幅上涨，10月股价突破了48美元，这曾是1925年的高点，接下来股价又是一波大涨。从1927年5月股价最后一次见到34美元，一直到1928年12月该股在163美元见顶为止，股价的底部都在逐月不断抬高。这波股价的涨幅为130个点，在整个上涨过程中，该股的大趋势从未出现过任何变盘的信号，这波行情是采用金字塔交易法

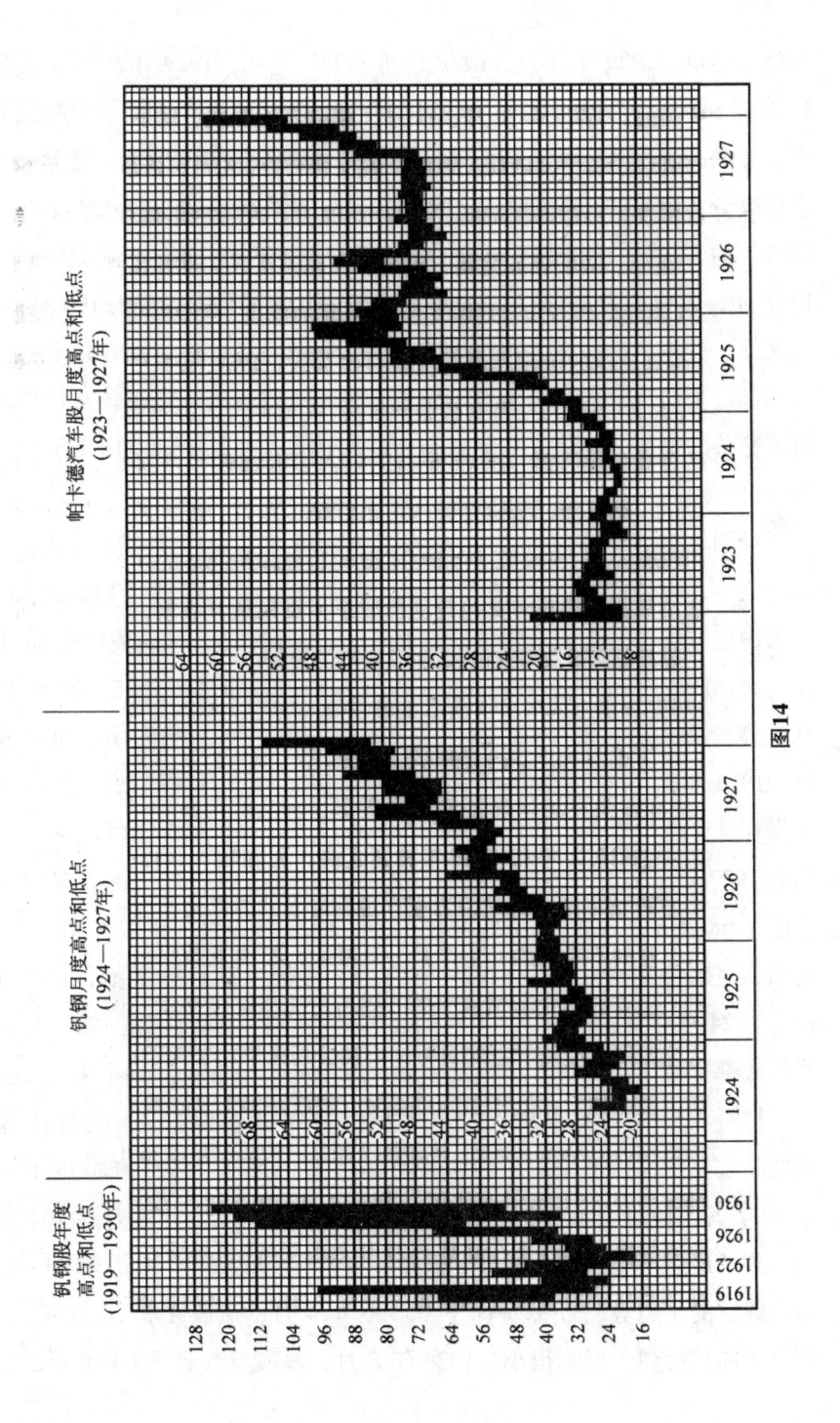

第7章
如何选择牛市早期和后期的领涨股

图14

的绝佳时机。1929年3月，股价跌到了117美元，1929年5月又反弹到了154美元。当股价在7月跌到128美元时，又一次得到了很好的支撑，并展开了蓄势行情；1929年9月，股价在161美元见顶。这时该股进行拆分，原来的1股分拆成现在的5股。除权后新股在1929年9月的股价为32美元，相当于老股的160美元。1929年11月，新股跌到了13美元，复权价为65美元，也就是说股价从顶部跌去了将近100个点。当其他一些汽车类股在牛市早期充当了领头羊之后，你应该在帕卡德处在底部时去研究它的月高低点示意图，你就可以看出，它在什么价位进行了充分的蓄势，走势又如何在行情后期转强，使得股价也出现了大幅的拉升。

斯图贝克（Studebaker）——该股是1921年牛市行情初期最早的领涨股之一，也是最好的领涨股之一。这只股票在《股票行情的真谛》一书中也被称是走势最强的股票之一。1920年12月，其股价在38美元见底，1922年涨到了141美元。1924年该股宣布进行分红。接下来，其走势非常像帕卡德汽车，这一点从它的月高低点示意图中就可以看出。1925年11月，股价在68美元见顶，1926年5月该股跌到了47美元。在这个价位附近，该股展开了大量的蓄势。在1926年的大部分时间和1927年，该股一直持续着震荡整理的行情。1928年1月，其股价突破了68美元，这曾是1925年的高点。1929年1月，该股在98美元见顶，主趋势又掉头向下。1929年11月，股价跌到了38美元，这个价位与1924年9月、10月和11月的底部价位持平，同时也是1920年12月的底部价位。经过一波小幅反弹后，1930年2月股价涨到了47美元。

怀特汽车（White Motors）——这是早期的领涨股之一，在1925年晚些时候见顶，接下来股价再也没有越过这个顶部。1921年它的低点是29美元，1924年6月股价开始了第二波上涨，1925年8月在104美元见到了最后一个顶部。该股的派发一直持续到1925年10月和11月，这时候它的主趋势已经掉头向下。1926年4月，该股在52美元见底，在此之前其反弹力度都很小。1926年8月，该股反弹到了64美元，随

第 7 章
如何选择牛市早期和后期的领涨股

后又开始进行派发，下跌的趋势也卷土重来。1927 年 11 月，怀特汽车的股价见到 30 美元的低点，仅比 1921 年的低点高出了 1 个点，显示它还处在弱势中，不过反弹可期，所以也算个买入点。1929 年 4 月，股价反弹到了 53 美元；接下来有一波回调，1929 年 11 月，股价在 28 美元见底，这个价位是 1927 年和 1921 年的底部附近，股价得到了支撑，这又是一个买入点。1930 年 4 月，股价反弹到了 43 美元。

假设交易者或投资者在 1926 年、1927 年或 1928 年的任何时间买入该股，仅仅是因为通用汽车表现强势，股价大涨，就期待怀特也会跟着它一起上涨，他的损失会很惨重，因为当通用显出强劲上涨趋势时，怀特汽车的趋势却是向下的。要学会永远不与趋势唱反调。不要因为板块中的一只个股涨了，就想当然地认为这个板块里的另一只股票也会涨起来，而去盲目地买进另一只股票，除非这只股票本身就处在强势当中。要按照每只股票的行情图逐一去判断它自身的走势。

石油类股

很多石油类的股票都是在 1922 年和 1923 年上半年见顶的，没有深度参与到 1924 年至 1929 年的牛市行情中。这是生产过剩造成的结果，但是结束这种现象的日子也不远了。随着需求的稳定增加，只要产量下降，石油类股就要扬眉吐气了。当然，以后可能有些新的化学发明将取代汽油的地位，导致石油公司的收入锐减。不管怎么说，还是应该关注一些好的石油公司，它们将来会有上涨的潜力。当行情图显示它们的交易开始活跃，趋势拐头向上时，你就应该买进。

墨西哥石油（Mexican Petroleum）——该股在 1922 年到 1923 年的牛市行情中是一只非常牛的领涨股，其股价从 1921 年 8 月的 85 美元开始上涨，一直攀升到 1922 年 12 月在 322 美元见顶。这只股票与泛美石油的股票进行了置换。墨西哥石油是 1921 年石油类股中表现最好的股

171

票之一，因为该股在见底后，进行了充分的蓄势，随后反弹的速度很快，顶部和底部都在不断抬高，这就表明它的股价后市会出现大涨。事实上，其流通股数量很小，联营投资集团拉升它的股价会很容易，特别是其自身也拥有实际价值和业绩支持。

大西洋精炼（Atlantic Refining）——该股也是一只在1921—1929年间牛市行情早期的领涨股。1923年1月，该股在160美元见顶，1924年7月跌到79美元；1925年2月，股价又涨到了117美元，1925年3月该股回调到98美元。随后又是一波反弹，1925年6月和7月，股价在116美元见顶，但还是没能突破1925年2月的顶部价位，这是做空该股的信号。在这个价位附近的卖盘很重，1925年8月该股跌到了97美元。1925年11月，上涨到110美元，1926年3月又跌到97美元，这又是一个买点，止损单可设在94美元。接下来该股出现快速反弹，1926年5月股价在128美元见顶。这是一个尖顶，反弹来得快，回调的速度也不慢，1926年10月该股急跌到了97美元。这是它第四次在这个价位筑底，所以这里可以再次买入，止损单还是在94美元。1927年8月，股价涨到了131美元，刚好比1926年的顶部高出3个点，这次又是一个尖顶。该股的趋势迅速转向，1928年2月股价跌到了96美元，这已是第五次在这个价位附近获得支撑。买入机会再一次出现，止损单仍设在94美元。随后该股又开始快速上涨，4月就突破了1926年和1927年的高点，股价在140美元见顶，这曾是1924年1月的高点，该股在这个价位遭遇了长达三个月的卖盘打压，1928年6月股价下跌到111美元。接下来又反弹到141美元，创了新高，6月的收盘价为139美元。1928年7月，该股再创143美元的新高，这是股价即将大幅上涨的信号，此时应加仓买入，因为该股多次在96美元和97美元见底后，创出了新高，就说明该股已经打开了上升空间。1928年10月，当该股在238美元附近见顶后，公司宣布要进行分红。1928年12月，除权后的新股在50美元见底，接下来一直缓慢走高到1929年7月在77美元见顶为止；随后股价就开始下跌，1929年10月，该股跌到了30美元。

第 7 章
如何选择牛市早期和后期的领涨股

1930 年 4 月，股价反弹到 51 美元。

通用沥青（General Asphalt）——该股是 1919 年牛市行情中涨幅最大的领涨股之一。1922 年 7 月，该股在 73 美元见顶，1923 年 8 月股价跌到了 23 美元，这个价位在 1920 年和 1921 年的底部下方，说明该股已走弱，将来不会再成为市场的领头羊。1926 年 8 月，股价的高点是 94 美元，1927 年 3 月的高点为 96 美元，而 1928 年 4 月和 5 月的高点是 95 美元，1929 年 8 月的高点也是 95 美元。其股价连续四年都在同一价位见顶，却没能走得更高，这是明确的卖空信号。1929 年 11 月，该股跌到了 43 美元，1930 年 4 月又反弹到 71 美元。

休斯敦石油——该股的流通盘很小，股价容易受人为操纵的影响。1921 年 8 月，股价的低点是 42 美元，1922 年 10 月的高点为 91 美元，1923 年 8 月的低点是 41 美元。这是一个可以买入的价位，因为它与 1921 年的底部价位差不多，止损单应设在 39 美元。1925 年 2 月，股价涨到了 85 美元，1926 年 3 月和 10 月，该股都在 51 美元见底。经过长时间的蓄势整理后（参见图 4，本书第 86 页），该股展开了一轮大幅拉升行情。1927 年 2 月，突破了 1922 年和 1925 年的高点，随后股价开始向上飙升。1927 年 7 月和 10 月，该股的高点分别为 174 美元和 175 美元。在接近顶部价位时，该股出现了派发，其大趋势掉头向下，表明在这轮牛市余下来的日子里，该股不会再充当领涨的角色了。1929 年 10 月股价跌到了 26 美元。该股从这个低点起步，又迎来一波大幅上涨，1930 年 3 月，股价在 110 美元见顶。其反弹次数之所以比石油类的其他任何股票都要多，原因就在于它的流通股数量少。

泛美石油 B（Pan-American Petroleum B）——1921 年 8 月，该股在 35 美元见底。1922 年 10 月，股价涨到了 94 美元的高点，是牛市早期的领涨股之一，但在以后的行情中就不再是龙头股了。1924 年 2 月，其低点是 42 美元，1925 年 3 月的高点为 84 美元，1928 年 2 月的低点是 38 美元。接下来有一波反弹，1929 年 8 月的高点为 68 美元，在 1929 年 10 月的恐慌性下跌中，股价下探到了 50 美元。你可以看出，当该股在 1922 年见顶后，虽然有过几次反弹，但向上大幅拉升的行情在 1922 年就结束了，所以它并不是在牛市中能担当龙头的石油类个股。

菲利普斯石油（Phillips Petroleum）——1923 年 4 月，该股在 69 美元见到最高一个高点，而在接下来的牛市行情中，它再也没能突破这个高点，股价一路走低，直到 1929 年 11 月在 24 美元见底，随后在 1930 年 4 月反弹到 41 美元。

加利福尼亚标准石油（Standard Oil of California）——1922 年 10 月，该股在 135 美元见顶，随后宣布分红。1923 年 8 月，除权后新股的股价在 48 美元见底，接下来便保持着窄幅整理的行情，最后在 1929 年 6 月涨到了 82 美元。1929 年 10 月，股价跌到了 52 美元，这个价位比 1923 年的低点高出了 4 个点，表明该股在这里获得很强的支撑。1930 年 4 月，它反弹到了 73 美元。该股是最好的标准石油类的股票之一，只要行情图显示其趋势向上，你就可以买入。

有好几只石油类股在 1929 年 7 月和 8 月出现了反弹，但那时牛市行情已接近尾声了，随后就是一波急跌。除了几个特例外，你可以很明显看出，如果交易者从 1922 年到 1929 年一直在购买石油类股，那他赚大钱的机会非常有限，而如果他继续交易石油股的话，就会错过其他那些在牛市中交易活跃的领涨股。坚持操作那些交易活跃的领涨股是值得的，不要在那些不活跃的股票身上耗费太多时间，而要尽早转去交易那些活跃的股票。

公共事业类股

这个板块的个股在 1929 年牛市最后的加速主升行情期间充当了领头羊，也为这轮牛市行情画上了句号。它们是行情后期启动的个股，这最后一波的快速波动是由投资信托公司推高的，他们当时犯了很大的错误，在股价接近顶部时买进了这类股票。在牛市的最后阶段，那些进行

第 7 章
如何选择牛市早期和后期的领涨股

空头回补的买盘和公众的入场买进迫使公用事业类股的股价达到了不寻常的高点,随之而来的急速暴跌也就再正常不过了。

美国与国外电力(American & Foreign Power)——1925 年 9 月,该股的高点为 51 美元。1926 年 10 月和 11 月,股价在 15 美元见底。1927 年和 1928 年的大部分时间里,该股都在蓄势整理。1928 年 11 月,股价突破了 1925 年的高点 51 美元,表明其上升空间已经打开。1929 年 9 月,该股在 199 美元见顶。这波上涨行情戛然而止,股价出现崩盘,1929 年 10 月股价探到了 50 美元,又回到了 1925 年的低点,这里是一个买点,止损单应设在 48 美元。1929 年 12 月,该股反弹到 101 美元,随后又回调到 89 美元。1930 年 2 月,该股再次回升到 101 美元,但没能突破这个顶部价位,表明应该在这里卖空该股。1930 年 3 月,股价跌到了 83 美元。

美国电力与照明(American Power & Light)——1924 年 11 月,该股的低点是 38 美元,1926 年 1 月股价的高点为 79 美元,1926 年 3 月的低点是 49 美元。从这时起,一直到 1928 年 4 月突破了 1926 年的顶部 80 美元,该股都处在蓄势阶段,1928 年 5 月股价涨到了 95 美元。随后又经历了一个休整和蓄势期,直到 1928 年 12 月该股在 76 美元见底,并从这个价位开始上涨。1929 年 9 月,该股见到了最后一个高点 175 美元。这次形成了一个尖顶,就像美国与国外电力和美国工业乙醇这些后期的领涨股一样,接下来它的股价也出现了急剧的下跌。该股在 10 月跌破了 154 美元,这一价位低于 9 月的低点,表明该股的趋势已转为下行,如果你正在卖空,那就应该加大做空仓位。1929 年 11 月,股价跌到了 65 美元。这也曾是 1928 年 2 月的低点,随后该股就出现了大幅的向上扬升行情,你应该在这个价位买进。1930 年 3 月,该股反弹到了 119 美元。

布鲁克林联合燃气(Brooklyn Union Gas)——1924 年该股的低点是 57 美元,1925 年的高点为 100 美元,1926 年 3 月的低点是 68 美元,1929 年 8 月股价涨到历史最高价 248 美元。这里形成了一个尖顶,随后出现了崩盘，股价急速下跌，1929 年 11 月该股在 99 美元见底。接下来在 1930 年 3 月，股价又反弹到 178 美元。这是另外一只牛市后期的领涨股，但是作为最好的公用事业类股之一，可以在 1929 年恐慌性下跌时买进。

标准燃气与电力（Standard Gas & Electric）——1923 年该股的低点是 19 美元，1926 年 2 月股价的高点为 69 美元，1926 年 3 月的低点是 51 美元；直到 1928 年底开始迅速上涨前，该股一直都处于窄幅震荡的蓄势行情之中。1929 年 9 月，该股在 243 美元见到最后一个顶部。随后就出现了破位下跌，1929 年 11 月股价在 74 美元见底。接下来有一波反弹，1930 年 4 月股价上涨到 128 美元。

在牛市的最后阶段，这些后期的领涨股波动速度很快，这就又一次证明你的行动必须也要快，在牛市的最后阶段要及时卖出多头仓位，如果你仍持股不动，还盼着股价会继续上涨，那到最后你就会损失惨重。对于这些快速波动的股票，你可以去看它们的日高低点示意图和周高低点示意图，这样能帮你发现个股趋势的改变，让你及早卖出手中的股票，并开始做空。

橡胶和轮胎类股

在 1921 年到 1929 年的牛市行情的第一阶段中，这个板块的股票不属于那些表现很好的领涨股。从 1921 年到 1923 年，它们的股价没有出现过任何大的涨幅，有些股票在 1923 年和 1924 年的股价甚至比 1921 年时还要低。

古德里奇（Goodrich）——1920 年和 1921 年，该股都在 27 美元见底。1922 年 5 月，股价反弹到 44 美元。这是该股从 1919 年的高点下来，经历了大跌之后的小幅反弹。1922 年 11 月，股价跌到了 29 美元，该股在小幅反弹后，股价又跌到如此接近 1921 年低点的价位，说明该

第 7 章
如何选择牛市早期和后期的领涨股

股已经走弱。1923 年 3 月,股价的高点为 41 美元,这个顶部比 1922 年的顶部要低。趋势再次掉头向下,1923 年 10 月,股价在 18 美元见底。这个底部比 1921 年的底部还要低,也是弱势的表现。1924 年 1 月,该股反弹到 26 美元,没有能站上 1920 年和 1921 年的低点价位。1924 年 6 月,股价在 17 美元见底;1924 年 9 月,股价突破了 26 美元,这个价位是该股上一次的顶部,或者说是阻力位,该股的大趋势转为上行。这是一个买入的价位。因为这只股票实际上在 1923 年和 1924 年于同一价位见底,你可能已经在这个双底的价位买进了该股,但是你要想买进后股票能快速上涨,那么买点就应该选在大趋势反身向上之后。1925 年 11 月,其股价涨到了 74 美元的高点。随后该股的大趋势又一次下行,1926 年 11 月该股跌到了 39 美元。它在这里进入蓄势阶段,主趋势开始上扬。1928 年 1 月,股价在 99 美元见顶,1928 年 6 月又跌到 69 美元,这与它在 1927 年 9 月、10 月和 11 月的低点价位相同。股价在这里获得了有力的支撑,并重拾升势。1928 年 12 月,该股见到了最后的高点 107 美元。这次形成的是一个尖顶,该股的趋势迅速掉头向下,股价一直跌到 1929 年 11 月在 39 美元见底为止。这个低点与 1926 年 11 月的低点在同一价位,是一个股价下跌的阻力位,你应该在这个价位买入,并将止损单设在 36 美元。1930 年 3 月,古德里奇反弹到了 58 美元。

固特异(Goodyear)——1921 年,这只股票在 5 美元见底之后,股价的运行速度很慢,直到 1927 年才开始向上扬升。1928 年 1 月,该股的高点为 72 美元;1928 年 6 月,股价的低点是 45 美元。随后该股出现迅速上涨,1929 年 3 月,股价在 154 美元见顶,这是一个尖顶,接下来就是一波急速的暴跌。1929 年 10 月,该股跌到了 60 美元。随后开始反弹,1930 年 3 月股价涨到了 96 美元。

美国橡胶(U. S. Rubber)——1921 年,该股在 41 美元见底,这比它在 1919 年的顶部价位低了 102 个点,跌到了低点。1922 年 4 月,股价反弹到 67 美元,这是暴跌之后出现的小反弹,显示该股已经走弱。1922 年 12 月,股价的低点是 46 美元,比 1921 年的底部有所抬高,这

177

是一个买入的点位，后市反弹可期。1923年3月，该股在64美元见顶，这个顶部比1922年的顶部有所下降，后市看跌。务必记住下面这条操作法则：只有当股价突破了牛市第一年的高点，后市才有机会继续大涨。1924年1月，股价在23美元创下了新低。该股在这个价位附近交易低迷，开始进行窄幅整理的蓄势行情。1925年1月和2月，股价涨到了44美元，这是一个阻力位，也曾是该股1923年7月、8月和9月的底部。随后股价回调到34美元，1925年4月该股突破了44美元，发出走强的信号，这个价位可以加仓买入。1925年11月，股价在97美元见顶，这次是一个尖顶，随后就出现了急速的回调，该股的大趋势掉头向下。1926年5月，股价的低点是51美元，1926年8月的高点为68美元，1926年10月的低点是52美元，与上次51美元的低点形成了双重底，这又是一个买入的价位，止损单可以设在48美元。1927年3月，该股反弹后在67美元见顶，因为这个顶部没能突破1926年8月的高点，是该股走弱的信号。其趋势再次转为下行，1927年6月股价在37美元见底。随后出现反弹，1928年1月股价见到63美元的高点，这是第二次出现顶部的下移，后市看跌。1928年6月，该股在27美元见底，比1924年的低点高出了4个点，显示出股价在这里有很好的支撑。这是一个买入的价位。该股的趋势反身向上，1929年3月股价在65美元见顶，这个价位与1928年的高点相比，没能高出三个点，而且也未能突破1926年和1927年时在67美元和68美元左右的高点，说明该股已经走弱，应该开始做空。接下来该股出现了迅速的下跌，大趋势又一次向下运行。1929年5月，该股的低点是46美元，1929年9月股价反弹到58美元，1929年10月又跌到15美元，这是自1907年在14美元见底以来的最低价。这是个买点，止损单应设在12美元。随后该股出现反弹，1930年4月该股上涨到35美元。这只股票连续走低了五年，或者说从1925年11月开始，股价一路走低，而同期其他的股票却在上涨。所以，当抛盘枯竭之后，美国橡胶才开始上涨，而其他那些后期启动的股票已经在下跌了。根据本书附录中该股的月高低点价位，你可以

第 7 章
如何选择牛市早期和后期的领涨股

绘制出其月行情图。杜邦注资并掌控该公司的这个事实，就是这只股票在今后几年将出现大涨的有力证据。1932 年它的上涨空间可能会很大。该股是橡胶板块中可供买入的股票之一。

钢铁类股

伯利恒钢铁（Bethehem Steel）——我以前说过，在股价已经有过巨幅上涨之后，要想让这只股票在另一次牛市中再次充当领涨股并出现大幅涨升，恐怕你要等很多年。1907 年，伯利恒钢铁在 8 美元见底，在股市处于战争繁荣期的 1916 年，它的股价在 700 美元见顶。这时该股宣布分红，股票进行了拆分。1921 年，新股的低点是 40 美元。1922 年涨到了 79 美元的高点。接下来，该股的趋势开始下行，1924 年的低点是 38 美元，随后反弹到 53 美元的高点。1925 年 6 月，股价又跌回 37 美元，相对于 1924 年 38 美元的低点来说，构成了双重底，这里是个买点。1925 年 11 月和 12 月，该股上涨到了 50 美元。1926 年 4 月，股价再一次跌到 37.5 美元，这里是个支撑位，应该买入并在 35 美元设止损单。1926 年 8 月，该股反弹到了 51 美元，但是却没能突破 1925 年 1 月的高点 53 美元，这也说明该股还没有做好大幅上涨的准备。1926 年 9 月和 10 月，以及 1927 年 1 月，伯利恒的低点都在 43.5 美元，股价在更高的底部价位获得了支撑，说明其走势已经越来越强，并做好了向上反攻的准备。1927 年 4 月，其股价突破了前期高点 53 美元，大趋势也反身向上，但是 6 月，该股又回调到 46 美元。接下来，股价在 9 月涨到 66 美元，1927 年 10 月再次回调到了 49 美元。1928 年 4 月，股价见到了 69 美元的高点，后市看涨。1928 年 6 月，该股出现最后一次回调，并在 52 美元见底。从这个价位起步，该股展开了大幅拉升，1929 年 8 月股价在 140 美元见顶。

就像所有在牛市后期才启动的股票一样，它也形成了一个尖顶，随后就开始快速下跌，1929年11月，该股在79美元见底。接下来，股价开始反弹，1930年4月上涨到了110美元。这样你就能看出来，伯利恒钢铁作为一只上一次牛市行情中的领涨股，在1929年牛市的后期才启动。当美国钢铁和美国铸管在1921年到1929年这轮牛市的早期领涨，股价不断走高时，伯利恒钢铁始终处在窄幅震荡的行情中，这一点从它的行情图中可以看得很清楚，从1921年到1927年，该股从未给出已经准备好即将展开一次大幅上攻行情的信号。

要学会去看行情图，并等到股票发出明确的信号后再介入。只买卖那些交易活跃且突破了前期阻力价位的股票。这样做可以让你避免将资金绑在那些股性呆滞的股票身上，从而可以让你更快地获取盈利。

科罗拉多燃料与炼铁（Colorado Fuel & Iron）——这是另一只在1929年市场恐慌性下跌后，最有希望出现大幅反弹的股票之一，如果你运用我的法则去观察科罗拉多在底部的形态，你就会把它给选出来。之所以选它有以下几个原因：科罗拉多的股价上一次是在1927年7月见顶的，所以当它在1929年11月见底时，该股已经跌了两年多。比起1929年9月才见顶，股票刚跌了两个半月的美国钢铁来说，科罗拉多的抛盘自然是清理得更干净，反弹也会更快。1929年11月13日，该股在28美元见底，这与它在1926年3月26日的低点价位相同。不过这个时候，钒钢差8.5个点而没能跌回它在1926年3月26日的低位，所以钒钢获得的支撑力度比科罗拉多要强。1929年12月9日，科罗拉多的股价反弹到了39美元，12月20日和23日又回调到了32美元，股价在更高的底部价位获得了很好的支撑，值得买入。从交易日截止到11月18日的那一周到截止到12月28日的那一周里，股价的低点总是在31.5至32美元一带，说明在这个价位附近有很强的支撑。1930年1月上旬，科罗拉多突破了40美元，这是1929年12月9日的高点，接下来股价一路上涨，底部和顶部都在不断抬高，直到1930年4月在76美元见顶为止。从1929年11月的低点算起，这波的涨幅有48个点。这段时间，钒钢从底部上涨了87个点，科罗拉多的涨幅是48个点，而美

第7章
如何选择牛市早期和后期的领涨股

国钢铁仅涨了42个点。这里面的原因之一就是美国钢铁的流通盘有800万股，想要拉升它的股价，就需要更强的买盘来承接，运作它的联营投资集团也要实力雄厚，相比起流通盘只有几十万股的小盘股来说，其股价在上涨过程中自然也会遭遇沉重的卖盘打压。

克鲁斯伯钢铁（Crucible Steel）——该股属于"在战争时期股价飙涨的股票"之一，1915年该股在110.875美元见顶，随后出现下跌，1917年，股价在46美元见底。1918年和1919年，其低点都在52美元，在1919年的牛市行情中，股价出现了大幅上涨，1920年4月该股在278.75美元见顶。通过对图8（本书第112页）其年高低点示意图进行研究，你就能看出该股前几年是如何处在蓄势中，而当股价突破了早期高点价位后，该股又出现了怎样即将大涨的走势。当该股在1920年4月见顶时，公司宣布进行分红。1921年8月，除权后的新股在49美元见底。它是在1921年8月25日左右最后见底的股票中的一只。1922年9月，股价上涨到98美元，随后趋势掉头向下，1924年5月该股在48美元见底，这个价位比1921年的底部低了1个点，是个可以买入的价位，但该股再次跌回到这个低点价位，就说明它在1921年到1929年的牛市行情不会成为早期的领涨股，另外一个原因是它曾是1919年牛市行情中大出风头的领涨股。接下来，其股价运行缓慢，1927年3月，该股在96美元见顶，随后回调到80美元。1927年8月、9月和10月，股价又都回升到96美元的高点，但却没能突破1922年，也就是牛市第一年的高点。1928年7月，该股下跌到70美元，成交开始低迷，并进入了窄幅整理的蓄势行情。接下来，又重拾升势，1929年8月，该股在121美元见到最后一个顶部。这只股票是在牛市步入尾声时才启动的，其顶部自然会是一个尖顶，随后就出现了崩盘，1929年11月股价跌到了71美元的低点，这个价位与1928年7月的低点之间相差不到1个点，是个应该买入的价位，同时也不要忘了设止损单。你可能会问，为什么克鲁斯伯没有成为1921—1929年这轮牛市行情中的领涨股。原因在于该股在1915—1916年曾是领涨股，而且在1919年

181

和 1920 年行情中再次充当了龙头股，股价出现了极大的涨幅，最后在 278 美元见顶，随后该股进行了拆分，所以你不能再指望它会在下一轮的牛市中再出现一次大涨。正所谓"风水轮流转"，股票也不例外。另外，其股票被拆分和派发也算是一个原因。你要去关注那些以后有上涨机会的新股，或是那些以前没当过领涨股的股票，避免纠缠在一些昔日的龙头股身上，当行情图显示它们不会成为领涨股时，不要还对它们心存期待。你可以根据本书后面所附的个股高低点价位来制作股票的月高低点示意图，然后加以研究。

共和钢铁（Republic Iron & Steel）——在 1919 年的牛市行情中该股是后期启动的个股，1919 年 11 月该股在 145 美元见顶。1921 年 6 月，股价在 42 美元见底。1922 年 5 月，该股上涨到 78 美元的高点。1922 年 11 月，股价再次跌到了 44 美元，这是一个支撑位，比 1921 年的低点高出了 2 个点，这里可以买入，同时也要设止损单。1923 年 3 月，该股涨到了 66 美元的高点。因为没有达到 1922 年的高点价位，显示走势偏弱，也表明它这次不会成为领涨股。1923 年 6 月，股价在 41 美元见底，这个价位比 1921 年 6 月的底部还低 1 个点。尽管这里也是一个支撑位，可以再次买入，但同时也表现出该股还没做好进行大幅上涨的准备。1924 年 2 月，该股上涨到 61 美元的高点，顶部再次下移。1924 年 6 月股价再次跌到 42 美元，这是个买入的价位。8 月，该股的高点为 50 美元，10 月的低点是 42 美元，股价又一次回到了这个支撑位。只要股价不跌到上一次低点下方 3 个点的价位，那在这个低点价位买入就不会有错。该股第一次的低点是 42 美元，止损单就可以设在这个低点下方 3 个点的价位上，也就是 39 美元。1925 年 1 月，该股涨到了 64 美元。1925 年 4 月、5 月和 6 月，股价又跌到 43 美元，在同一低点价位附近获得支撑，这仍然是个买点，止损单还可以设在 39 美元。1926 年 1 月，该股在 63 美元见顶，但没能突破 1925 年的顶部。1926 年 5 月，股价再一次跌到了 44 美元，这次该股在稍高一些的低点价位得到支撑，说明只要股价维持在这个支撑位之上，后市就会出现更大的

第7章
如何选择牛市早期和后期的领涨股

涨幅。1926年8月，该股的高点为63美元，还是没能突破1925年和1926年1月这两个高点价位。这样就可以看出，从1921年到1926年，该股的底部在44至41美元一带波动；从1923年到1926年，顶部在63美元到66美元一带波动。这表明该股每次跌破44美元时，都会得到支撑，但是当股价涨到63美元左右时，总有人抛出足够的筹码将股价压下去。1927年2月，该股突破了66美元，3月的高点为75.75美元，不过又没能达到牛市第一年，也就是1922年78美元的高点。这个时候，如果股价可以超出78美元，那它后市的上升空间也就打开了。从1927年3月，该股的趋势开始掉头向下，直到1928年6月才又一次在50美元见底。从这个价位起步，该股展开了一波快速上涨行情。1928年9月，股价突破了78美元，这里是可以加仓买入的价位。趋势继续向上，该股一直上涨到1929年9月在146.75美元见顶，这个价位比1919年的顶部高出了2个点。在这个曾经是1919年顶部的价位，你应该卖出多头仓位，开始进行做空，并把止损单设在该顶部上方3个点的价位，这样你的止损单就不会被成交了。随后该股有一波快速下跌，1929年11月股价在63美元见底，这个获得支撑的价位正是以前该股上涨时反弹的阻力位，当股价涨到这个价位时就该卖出了。1930年4月，该股反弹到82美元。

美国管业铸造（U. S. Pipe & Foundry）——这家公司的前身是美国铸管，在1921—1929年的牛市行情中，之所以能成为早期表现良好的领涨股之一，有以下几个原因：①该股有过多年的蓄势整理行情，（参见图2，本书第50页，该股在1902—1930期间的年高低点示意图）；②股本非常小，总共只有12万股，其中有些股票还不是流通股，或者说被锁仓了；③股票收益良好，易于被联营投资集团拉升。这类股票的趋势向上时，进行卖空，资金面临的危险会很大。1921年8月，该股在12美元见底（参见图2的月高低点示意图、周高低点示意图和日高低点示意图及其说明）。1922年1月，该股的趋势上行，1922年8月股价在39美元见顶，这与它在1919年的高点价位相同，除了1906年的顶部 53 美元以外，该股突破了其他所有顶部价位。1923 年 7 月，该股在 20 美元见到最后一个低点，这比 1922 年的低点高出了 3 个点，表明这里有很好的支撑，是个买入的价位。该股的趋势再次反身向上，1923 年 10 月股价突破了 40 美元，站到了 1919 年和 1922 年的高点之上。这里可以加仓买入，并采用金字塔交易法一路跟进，因为该股正处在强势期，交易非常活跃，顶部和底部也在不断提高。1923 年 11 月，该股先是突破了 53 美元，又在同一个月内涨到了 58 美元，这个价位比 1906 的历史最高价高出了 5 个点。这时可以在这个点位加仓买入。从这时起，一直到 1925 年 2 月在 250 美元见顶，该股的回调价都在 53 美元以上。股价见顶后有一波急速的暴跌，1925 年 4 月该股在 132 美元见底。随后，其趋势又反身向上，1925 年 11 月股价在 227 美元见顶。1926 年 5 月，该股跌到 150 美元，在这个比 1925 年 4 月的低点高出 18 个点的价位上获得支撑。其周高低点示意图和日高低点示意图都显示股价在这里得到支撑，正在筑底过程中。随后该股又重拾升势，1926 年 8 月股价在 248 美元见顶，只比 1925 年 2 月的高点低了 2 个点。这里应该卖出多头仓位，开始做空，止损单可以设在 253 美元。接下来，该股出现了一波急跌，1926 年 10 月股价跌到了 191 美元。周高低点示意图和日高低点示意图都显示这里是个底部区域。1926 年 12 月，该股涨到了 239 美元。1927 年 1 月，股价又跌到 202 美元，2 月反弹到了 225 美元，3 月股价在 207 美元见底。因为股价的底部在抬高，说明该股的股价要开始回升。随后该股出现一次上涨，1927 年 5 月该股攀升到了 246 美元的顶部，这个价位仅比 1926 年 8 月的高点低了 2 个点。该股在这个价位附近进行了大量派发，这是个再次做空的价位。1927 年 7 月，股价在 191 美元见底，与 1926 年 10 月的低点持平，这里是个买点，止损单可设在 188 美元。接下来，该股有一次反弹，1927 年 12 月股价在 225 美元见顶。1928 年 2 月，该股又一次跌到了 191 美元，这是它第三次回到这个价位，这里应该进行空头回补，并开始做多买入，止损单设在 188 美元。随后该股又一波迅速上涨，1928 年 5 月股价突破了 1925 年 2

第 7 章
如何选择牛市早期和后期的领涨股

月的高点 250 美元，在 253 美元见顶，显示其上升空间已经打开，即使股价处在这样的高位，你还是应该加仓买进。1928 年 4 月，该股在 300 美元见到最后一个顶部，接下来就有一波急跌，1928 年 6 月股价在 230 美元见底。随后该股宣布分红，1928 年 12 月除权后新股的股价在 38 美元见底，随后反弹到 48 美元，1929 年 2 月股价又跌到了 38 美元，与上一个低点共同构成了双重底。1929 年 3 月，该股在 55 美元见到了最后一个高点。这一顶部价位附近出现了很重的卖盘，股价随之快速下跌。该股的大趋势持续向下，直到 1929 年 11 月股价在 12 美元见底后才有所改变，这个低点价位与 1921 年 8 月的低点持平，这里是个买点。1930 年 4 月，该股反弹到 38 美元（参见图 2 该股在 1902—1930 期间的年高低点示意图）。

美国钢铁——这只股票一直以来都是很好的交易对象，因为其股价在顶部或底部停留的时间比别的股票长，这样就给了交易者买入或卖出的机会，同时止损单的价位要离顶部或底部点位近一些。所以你应该好好研究图 15，该股在 1901～1930 年期间的年高低点示意图，并按照本书后面所附的股价高低点记录来绘制一张月高低点示意图。

在 1921—1929 年的牛市行情中，美国钢铁既是一只早期的领涨股，也是一只后期的领涨股。从 1921—1929 年的这八年里，它有过三次重要的股价向上波动行情，或者说三次重要的牛市行情。1921 年 6 月，该股的低点是 71 美元，同年股价的高点为 86 美元。1921 年 7 月到 8 月，该股股价的波动区间仅有 4 个点，显示它在进行充分的蓄势。6 月过后的每个月，该股的底部和顶部都在不断抬高。1922 年 1 月，股价突破了 1921 年的高点 86 美元，后市看涨。1922 年 10 月，美钢在 111 美元见到了第一个顶部，随后回调到 100 美元。1923 年 3 月，股价反弹到 109 美元。因为这个价位没能达到 1922 年 10 月的顶部，是个卖空的信号。该股的大趋势掉头向下，1923 年 7 月股价跌到了 86 美元，这个低点与前一低点在同一价位，说明股价在这里得到很好的支撑，接下来该股在这个价位横盘了四个月，表明其正在进行充分的蓄势。这是应该

185

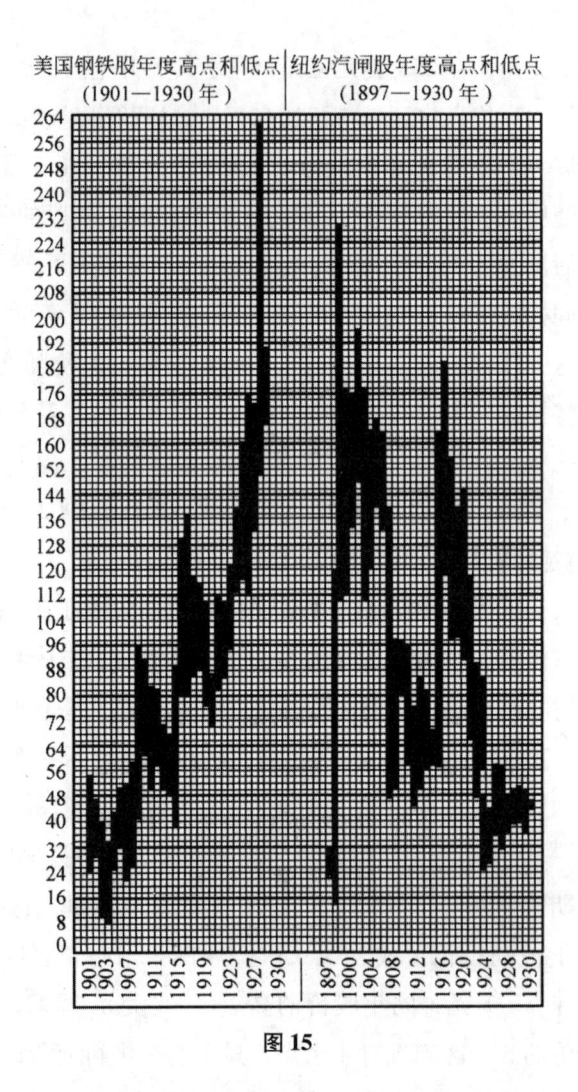

美国钢铁股年度高点和低点 | 纽约汽闸股年度高点和低点
(1901—1930年) | (1897—1930年)

图 15

买入的时机，止损单设在 83 美元。1923 年 11 月，该股的趋势反身向上，1924 年 2 月股价在 109 美元见顶，这个价位与 1923 年 3 月的顶部刚好持平。这里应该去卖空股票，止损单可设在 112 美元。1924 年 5 月和 6 月，该股均在 95 美元见底。其周高低点示意图和日高低点示意图都显示该股在这个价位进行蓄势和筑底。1924 年 7 月，其趋势又开始上行，8 月股价在 111 美元见顶，这个价位曾是 1923 年 3 月的高点。随后出现了一次小的回调，1924 年 10 月该股下跌到 105 美元，11 月股价

第 7 章
如何选择牛市早期和后期的领涨股

突破了 112 美元。这是一个应该加仓买入的点位，后市股价还会上涨。1925 年 1 月，该股的高点为 129 美元。在这个价位附近出现很强的卖盘，3 月美钢跌到了 113 美元的低点；4 月，该股在同一价位见底。5 月和 6 月，底部抬高了 1 个点，显示出这里有很好的支撑。7 月，该股重拾升势，1925 年 11 月股价在 139 美元见顶，这是该股的历史最高价，比 1917 年的高点高出了 3 个点。这是一个后市看多的信号，但是获利的卖盘止住了其继续上攻的脚步，该股在这个价位附近进行了三个月的派发，1926 年 4 月，股价最后跌到了 115 美元。在这里该股展开了充分的蓄势，6 月趋势又反身向上，接下来又是一波快速的上涨。股价突破 140 美元就是该股应该加仓买入的时机。

1926 年 8 月，该股在 159 美元见顶。这是一个尖顶，同时伴随着成交量的放大，随后该股出现了迅速下跌。1926 年 10 月，股价在 134 美元见底。这里的买盘比较踊跃，该股的趋势再次上行。1926 年 11 月，该股宣布了 40% 的分红方案，老股在 1927 年 5 月上涨到 176 美元。1926 年 12 月，新股的开盘价为 117 美元。1927 年 1 月，股价下跌到 111.25 美元。这里显然是一个支撑位，因为该股 1925 年 3 月和 4 月的低点均在 113 美元。接下来，该股在这个价位附近进行了三个月的蓄势整理，1927 年 3 月股价在 161 美元见顶。但是这个高点没能达到早期顶部上方 3 个点的价位，是个卖空的信号。随后该股有一次快速下跌，10 月该股在 129 美元见底。这次回调只维持了一个月，在下一个月，股价的底部开始有所抬高。1927 年 12 月，股价在 159 美元见顶，这又是一个卖空的价位。接下来，股价回调到 138 美元，1928 年 4 月又反弹到 154 美元，但是并没有突破 1927 年 12 月的顶部，应该再次做空。1928 年 6 月，股价下跌到 133 美元，这个底部比 1927 年 10 月的低点高出了 3 个点以上，是个强势的信号。随后该股出现迅速反弹，8 月其趋势也转头向上。1928 年 11 月，股价突破了 154 至 155 美元一带的顶部，继续上涨到了 172 美元的高点；12 月，该股下跌到 150 美元。这是一次急速的下挫，接下来，股价又开始快速上涨。1929 年 1 月，股价在 192 美元见顶。2月，该股又回调到169美元。3月的高点是193美元，仅比1月和2月的高点高出了1个点，这是遇到了沉重卖盘的信号，在这个价位应该开始做空，止损单设在高点上方3个点的价位。随后股价出现下跌，1929年5月该股在162.5美元见底，在市场下跌的最后一周，交易低迷，股价震荡幅度很窄，一周的成交量只有22万股。在交易日截止到1929年6月8日的那一周，低点是165美元，高点为171美元。

在接下来的一周里，低点还维持在165美元，没有发生改变，显示该股在这个价位获得了很好的支撑，这是第二个出现底部抬高的交易周。这一周的高点为177美元，可以看出趋势向上的迹象，成交量也跟着放大，代表买盘很强。在交易日截止到7月13日的那一周，美钢突破了193美元，创出了新高。这是应该加仓买进的价位，因为成交量在放大，而且市场的交易非常活跃。在接下来的每一周，美钢的底部和顶部都在不断抬高。在交易日截止到8月10日的那一周和交易日截止到8月17日的那一周，成交量都超过了100万股。8月24日，该股在260.5美元见到了第一个顶部，这一周的成交量是80万股。随后股价迅速回调至251.5美元，一周的成交量也缩减到了39.1万股。接下来该股有一次迅速反弹，1929年9月3日，股价在261.75美元见到了最后的顶部。这一高点没有站上8月24日顶部上方3个点的价位，后市看跌。就在这一周，该股快速跌到了246美元，成交量为56.1万股，比股价从260.5美元跌到251.5美元那一周的成交量多出了17万股。这就说明卖盘很重。当股价跌破251美元时，就应该抛出更多的多头仓位，因为自该股从162.5美元的低点开始上涨以来，这是股价第一次跌破周低点。1929年9月3日是美钢股价见顶的日子，成交量为12.9万股。表明这样高的价位上，该股的买盘非常弱，这是内幕人员在卖出，而买盘中有的是空头回补，有的是公众在做多买入。1929年10月3日，美钢跌到了206.5美元。随后股价出现迅速反弹，1929年10月11日，该股见到234美元的高点。这仅仅是一周的反弹，在接下来的一周，股价在沉重卖盘的打压下，见到208美元的低点。因为有些空头回补的买

第7章
如何选择牛市早期和后期的领涨股

盘，这里有一次小幅的反弹。1929年10月29日，美钢下跌到162.5美元，当日的成交量为30.7万股。随后股价急速反弹，10月31日涨到了193.5美元，成交量为10万股，这一天股价的波动幅度为5.5个点。接下来，该股出现下跌，11月13日美钢的股价下探到150美元。当日成交量很小，只有9.7万股，表明抛盘已经枯竭。随后该股出现迅速反弹，10月21日美钢上涨到171.5美元。12月2日，又跌到159.25美元。

接下来，该股涨到172美元，后来又突破了10月21日的高点价位。12月9日，股价在189美元见顶，成交量为35.5万股，这是自10月24日以来的最大单日成交，表明这里的卖盘很重，股价会出现回调，特别是在该股已经从底部反弹了39个点以后，更会遇到获利盘的打压。该股没能突破10月31日的顶部价位193.5美元，就是后市下跌的信号。该股进行了快速的下跌，12月23日美钢的股价跌到了156.75美元，当日成交量为11.1万股。这样小的成交量再次表明抛盘已尽，市场处在底部区域。因为这次的底部价位比11月13日的底部价位高，说明这里股价得到了很好的支撑。股价开始上涨，在日高低点示意图中，该股的趋势反身向上。1930年1月初，在周高低点示意图上，该股的趋势也反身向上。2月14日，该股的高点是189美元，成交量为15.4万股，这个高点价位与12月9日的顶部价位相同。随后该股出现回调，2月17日股价跌到184.5美元，2月18日反弹到189.5美元，成交量为12万股。因为这个高点价位没能比早期的顶部高出1个点，所以它是该股走弱的信号，接下来就有一波下跌。2月25日，该股下跌到177美元，3月1日又反弹到184美元。3月5日和6日，股价下跌到178.75美元；3月7日，该股反弹后又一次在184美元见顶；3月14日又跌到了177.75美元，股价仍保持在2月25日的低点177美元的上方。随后该股开始反弹，3月19日股价上涨到188.25美元，成交量为17.9万股。3月20日的高点是188.5美元，成交量为6.7万股。3月21日的高点是191美元，成交量为18.6万股。这是一段时间中该股的最大成交量，而且股价也突破了1929年12月9日的高点189美元和

189

1930年2月18日的高点189.5美元，美钢已经发出在小幅回调后股价会上涨的信号。3月24日，美钢的股价达到了192.25美元，成交量为12.69万股。3月25日，该股在193.25美元见到高点，成交量为8.36万股。3月27日，股价又回调到189.5美元。由于没有跌回1929年12月9日的顶部189美元和1930年2月18日的顶部189.5美元下方，显示该股在这里获得支撑，后市有望走高。4月7日，股价涨到了198.75美元，成交量为10.6万股。4月8日，该股跌到193.25美元，成交量为11.4万股。4月10日又涨到197.875美元，成交量为10.3万股。因为股价没有突破4月7日的高点，而且又如此接近200美元这个总会有很多卖盘的整数价位，预示着调整即将出现。当股价上涨到200美元时，后市可以看多。4月3日，该股的低点是192.625美元，而4月8日的低点是193.25美元，如果该股在突破200美元之前就跌破以上这些低点价位的话，后市将看跌。

钒钢——这只股票在1921—1929年牛市行情的早期，就像是一个爬行动物，运行非常缓慢。当一只股票的股价长期处在爬行状态，但同期股价的顶部和底部却在不断抬高时，这只股票终将会上演疯狂的急速上冲行情。在空头回补和公众买盘的推动下，这些股价慢慢向上爬的股票最后总会以一个加速主升浪来收官。这样的快速上涨实际上就像是在作秀，吸引公众在接近顶部的价位买进股票。一定要记住，这些股票是在拉高出货，也不要忘记，当主力把手里的筹码卖掉后，股价就会下跌，所以一定要设止损单，当股票的趋势发生转向时，你的立场也要从做多转到做空。钒钢是1919年底脱颖而出的新股之一，1920年4月股价在97美元见顶。1924年6月，该股在20美元见底，接下来股价开始扬升，底部和顶部的价位都在不断上移。到1928年1月，股价突破了60美元。1929年2月，该股在116美元见顶。1929年11月，股价见到了37.5美元的低点。如果你在关注钢铁类股，并想从中选出最佳的个股进行介入，而且你在选股时采用了《股票行情的真谛》一书中的法则，钒钢就应该是你精选出的那一只股票。好好研究一下图14（本书

第 7 章
如何选择牛市早期和后期的领涨股

第 166 页）该股在 1919—1930 年期间的年高低点图和 1924—1927 年期间的月高低点图。

1929 年 11 月，该股在 37.5 美元见底，又跌回到了 1926 年 11 月和 1927 年 1 月的低点价位，当时 1927 年 1 月的低点 37 美元是上次行情的最后一个低点价位，从这个价位上，该股掀起了一波大幅拉升行情。接下来，其交易越来越活跃，股价一路上扬，直到 1929 年 2 月在 116 美元见顶为止。另外一个买入该股的原因是，1929 年该股的底部价位比 1926 年 3 月 26 日市场恐慌性下跌时的底部价位高出了 8.5 个点，再加上它见顶的时间是 1929 年 2 月，比美国钢铁和其他一些股票都要早得多，那些股票直到 1929 年 8 月和 9 月才见顶。所以，钒钢已经比其他股票提早下跌了八个月，自然也会更早反弹，并将在下一轮上涨行情中充当领涨股。之所以精选出钒钢，还有一个很充足的抄底钒钢的理由，就是它的流通盘只有 30 万股左右。因为流通股的数量少，股价涨起来会更容易，特别是与美国钢铁这样的流通盘超过 800 万股的大盘股相比，小盘股的优势就更明显了。另外一个选它的原因就是，该公司实际上垄断了钒材料的生产。

1929 年 5 月，钒钢在 68 美元见底。股价是从 116 美元跌到这个低点价位的。接下来，该股从 68 美元开始反弹，1929 年 9 月股价涨到了 100 美元，随后又是一波下跌，11 月该股在 37.5 美元见底。正常情况下，它应该能反弹到 68 美元左右，这曾是 1929 年 5 月的低点价位，但是我们不得不去看一下股价这次下跌前的最后一个高点价位。10 月 29 日市场恐慌性下跌的那一天，钒钢的股价跌到了 48.5 美元。随后在 10 月 31 日，该股上涨到 62 美元，从这个价位开始又出现了下跌，11 月 13 日股价跌到 37.5 美元。接下来，12 月 9 日，该股反弹到了 61.5 美元，但是没能突破 10 月 31 日的高点价位。后期当该股突破这个高点价位时，就表明股价还能有相当大的涨幅。随后，股价从 12 月 9 日的顶部再一次下跌，12 月 20 日钒钢跌到了 44.5 美元，底部价位有所抬高，说明这是一只可以买入的股票了，这是因为在这个次级下跌中，该股并没有跌回到上一次的底部价位。从12月见到这个低点起，钒钢的日高低点图显示其顶部和底部都在不断上移，从中就可以看出这一趋势。1930年1月25日，股价上涨到51.5美元，并以这个高点价位收盘，当日成交量为1.6万股。1月27日，该股突破了62美元，这曾是1929年10月31日和12月9日的高点价位，就在1月27日这一天，股价涨到了64.25美元，这也是当天的收盘价，当日成交量为2.5万股，显示该股在上涨过程中有大量买盘，价升量增。1月30日，该股在69.5美元见顶。2月4日又跌到了62.5美元，比这个顶部价位低了7个点，这是该股从44.5美元的低点开始上涨以来，第一次出现这样大幅度的回调。接下来，该股重拾升势，2月14日股价见到73.5美元的高点，当日成交量为3.4万股，这是当月最大的单日成交，说明该股在见顶后会有一次回调。2月25日，股价下跌到65.5美元。在这个底部，该股的日成交量只有7700股，显示这里的卖盘不太重，股价得到了支撑，是个买入的价位。在这次回调中，股价从顶部价位下跌了8个点，只比1930年1月30日至2月4日的那次回调多出了1个点。该股再次开始上涨，顶部和底部的价位都在一天天抬高，3月6日，股价突破了74美元，成交量为2.6万股。该股突破了2月14日的顶部价位，表明后市上升空间已经打开。这个时候，我们要关注的下一个价位就是上一次的高点86.5美元，这是该股反弹后在1929年10月11日见到的高点，随后股价就出现了大幅下跌。3月10日，钒钢涨到了88.5美元，收盘价为86.5美元，日成交量为2.8万股，因为股价突破了1929年10月11日的高点，后市看涨。在见到88.5美元的高点后，该股有一波回调，1930年3月12日，早盘股价回调到了82美元，随后就出现了拉升，当日股价的高点为92.5美元，成交量为2.8万股。接下来要关注的点位就是1929年3月和4月的高点，当时该股在反弹后涨到100美元；随后股价急速回调，1929年9月13日又涨到了100美元，当日成交量也放大到5.9万股，接下来该股有一次迅速下跌。1930年3月21日，股价突破了100美元，日成交量为4.68万股。100美元被突破了，下一个

第 7 章
如何选择牛市早期和后期的领涨股

重要的顶部就是 116 美元这个极高价位，它是在 1929 年 2 月 9 日创下的。1930 年 3 月 25 日，钒钢突破了 1929 年的高点 116 美元，在 124.5 美元见顶，这是前所未有的历史最高价，日成交量为 5.45 万股。当日该股的开盘价是 118 美元，盘中涨至 124.5 美元，后来跌到了 114 美元，最后以低点收盘，当日的股价振幅为 10.5 个点。这是走弱的信号，后市看跌，而且当天的成交量大，也表明该股已然遭遇很沉重的卖压。不过，有一个事实不能忽视，那就是该股的大趋势无论是周高低点图和月高低点图，还是在日高低点图中，都仍然保持向上运行，该股的回调始终没有超过 7.5 个点，但这次在一天之内就回调了 10.5 个点，显示卖盘很重。

关注股票在极高价或极低价时的成交量非常重要，这样可以当成交量发出该股见顶或见底的信号时，在对这些成交量的比较中进行判定和确认。1929 年，该股的最大单日成交发生在 2 月 7 日，当日成交量为 6.88 万股。2 月 8 日，股价在 116 美元见顶，当日成交量为 4.38 万股。这两天的成交量超过了 10.8 万股，表明这里的卖单很多，显示股价已经见顶。在交易日截止到 2 月 9 日的那一周，钒钢的总成交量为 17.58 万股。考虑到其流通股总数仅 30 万股，参与到交易中股票的比例非常大，算下来有超过三分之二的股本进行了换手。这当然说明卖压很重。下一个需要关注的是交易日截止到 1929 年 9 月 14 日那一周的成交量，当时钒钢涨到了 100 美元。这一周的成交量为 13.84 万股，而且特别是在该股的大趋势已经掉头向下的情况下，就更说明卖盘沉重，股价已经见顶。在交易日截止到 10 月 26 日的那一周，成交量为 5.64 万股。而在交易日截止到 11 月 2 日的那一周，成交量为 5.06 万股。在接下来的一周，成交量为 1.72 万股。到了交易日截止到 11 月 16 日的那一周，成交量为 2.9 万股。应注意到的是，最后这两周正是该股构筑最后一个底部的时间，成交量很小就表明抛盘已经枯竭。在交易日截止到 12 月 7 日的那一周，成交量为 3.1 万股；在交易日截止到 12 月 14 日的那一周，成交量为 2.1 万股。在交易日截止到 12 月 21 日的那一周，股价跌

193

到了 44.5 美元，成交量仅有 1.9 万股。由于该股的底部在抬高，表明卖盘并不重，股价在这里得到了很好的支撑。在接下来的三周里，该股显示出很好的蓄势状态，每周的成交量只有 1.2 万股到 1.3 万股，说明有人在低位吸货，但只是把卖盘全部吃掉，而不挂出竞价的买盘，同时这么低的成交量也说明卖盘并不多。当该股重拾升势时，出现了成交量的放大。在交易日截止到 1930 年 3 月 8 日的那一周，股价的高点是 78 美元，成交量为 8.4 万股。在交易日截止到 3 月 15 日的那一周，该股的高点是 96 美元，成交量为 14.5 万股。在接下来的一周，其高点是 107 美元，成交量为 16.5 万股。在交易日截止到 3 月 29 日的那一周，股价的高点是 124.5 美元，成交量为 20.6 万股。这是自 1929 年 2 月 9 日以来的最大单周成交，超出了 1929 年 2 月 9 日那一周的历史最高成交量，表明卖盘很重，获利盘在涌出。这时要关注该股的趋势变化，至少它也会出现一次回调。

从 1929 年 11 月 13 日至 1930 年 3 月 25 日，钒钢上涨了 87 个点。此时，要重点关注该股在上涨过程中从任何高点价位出现的最大一次回调，或是在下跌途中的最大一次反弹。第一次急速反弹后的第一次回调跌得最凶，这就是从 1929 年 12 月 9 日的顶部价位 61.5 美元，跌到 12 月 20 日的底部价位 44.5 美元的那一次，相当于下跌了 17 个点。接下来的回调幅度分别为 7 个点和 8 个点，这说明该股的股价得到了支撑，在其底部已经抬高的情况下，不允许再出现那么深的回调。这是后市看多的信号。考虑到在 1930 年 3 月 25 日，该股一天之内就跌回了 10.5 个点，我们下一个要关注的重要点位为 107.5 美元左右，这个价位是股价从顶部 124.5 美元下跌 17 个点后的价位，这里应该是个底部价位，随后可能会有反弹。如果该股从这个顶部或其他任何一个顶部向下回调的幅度超过了 17 个点，那接下来重点关注的点位就是顶部下方 22 个点到 25 个点的价位。另外还要注意的是回调的时间有多长。当钒钢的回调幅度为 7 个点和 8 个点时，它用了 7 到 10 天的时间来完成回调。换句话说，从股价见到第一个高点那天算起，经过回调后，需要超过 7 到

第 7 章
如何选择牛市早期和后期的领涨股

10 天才能再一次回升并超越前期的高点价位。当钒钢在 3 月 25 日到达 124.5 美元之后，在同一天就回调了 10.5 个点。这就是该股走弱的信号，尤其当考虑到成交量如此大时，这个信号的准确性就会更高。随后，其股价一路走低，直到 4 月 5 日在 103.5 美元见底为止，这时从顶部已经跌去了 20 个点。接下来的反弹使股价在 4 月 11 日回到了 117.5 美元。这个时候，下一个要着重关注的点位就是 124.5 美元。如果该股突破了这个点位，股价后市的上升空间就打开了，可能会涨到 150 美元，但一旦该股跌破了 103.5 美元这个最后的支撑位，那就预示着还会有更深的回调。但是不要忘记，钒钢在 1930 年已经创下了其历史最高价，该股的大趋势依然向上，所以在判定该股是否已经见到最后一个顶部之前，要关注是否有派发出现。

百货商店和零售类股

宝石茶（Jewel Tea）——在 1921—1929 年的牛市中，这只股票的启动时间很晚，但当它走出了蓄势阶段以后，股价就出现了巨幅的拉升，其间仅有过几次小幅回调。从 1925 年到 1929 年，它称得上是投资者买入并采用金字塔交易法来操作的最佳个股之一。1925 年 11 月，该股在 15 美元见到最后一个低点，随后股价就开始上涨，一直到 1928 年 11 月在 179 美元见顶为止，整个涨幅为 164 个点，这期间该股没有出现超过两个月的回调，或者出现任何一个月的低点跌到上个月低点下方 5 个点的情况。在这段时间里，该股的大趋势从未出现向下的走向，因此也就没有理由去卖出股票了。如果股价每涨 10 个点，就采用金字塔交易法买进一次，试想交易者总共可以获取多少利润。如果你一路将止损单保持在前 1 个月的底部下方 5 个点的价位上，那止损单在股价上涨了 164 个点后才会成交，那时趋势已经向下了。

宝石茶的股价在开始大幅波动前，曾经在低点价位附近蓄势长达六年之久。参见图7（本书第 109 页）该股在 1916—1930 期间的年高低点示意图和在1920—1930 期间的月高低点示意图。1916 年，该股在 96 美元见顶，但并没有参与到 1919 年的牛市行情中，它的趋势继续向下，直到 1920 年 12 月在 3 美元见底为止。关注股票每年的高点和低点价位也是很重要的。1920 年，其高点为 22 美元，低点是 3 美元。1921 年的高点为 12 美元，低点是 4 美元。1922 年的高点为 22 美元，低点是 10 美元。1923 年的高点为 24 美元，低点是 16 美元。1924 年的高点为 23 美元，低点是 17 美元。1925 年的高点为 26 美元，低点是 17 美元。该股的底部每年都在上移，显示股价有很好的支撑，也说明股价最终可以有更大的上升空间。另外还要注意到 1920 年的高点与 1922 年的高点是一样的，都为 22 美元。按照我的操作法则，股价必须上涨到牛年第一年的高点上方 3 个点的价位，才预示着该股后市还会大涨，所以只有当宝石茶的股价达到了 25 美元，才能表明该股已经突破了阻力位，随后会出现更大的涨幅。从 1922 年到 1925 年底，该股大多数时间都在 16 美元到 23 美元之间震荡整理，即使交易者在低点买入，高点卖出，也不会获利多少。如果是在接近底部的价位买入，想持股等待股价出现长时间的拉升，那在苦等了六年后，耐心也许早就磨没了，而如果你当初买了其他那些早期的领涨股，就能赚到大钱，而这么多的大好机会你都给错过了，最后你可能会充满怨气地把股票卖掉。

  当这只股票的股价还在相距只有 10 个点的高低点之间波动时，很多其他股票已经涨了 50 到 300 个点。为了能在正确的时机抓住大波段行情，而不是白白等上几年去空耗耐心，你应该运用哪条法则呢？你应该采用的法则是，在股价突破了它在牛市第一年的高点上方 3 个点的价位后买进，或是在该股见到极低点之后的第二年再去买它。因为该股在 1920 年和 1922 年股价的高点都是 22 美元，所以你就不得不等该股涨到该高点上方 3 个点，也就是 25 美元之后，才能确定其主升浪要开始了。从 1922 年到 1924 年，其股价几次涨到 22 美元至 24 美元一带，但始终没能达到 25 美元。1925 年 7 月、8 月和 9 月，该股的低点都在 14.75

第7章
如何选择牛市早期和后期的领涨股

美元，10月反弹到21美元，11月又回调到15美元，这是该股大幅拉升前的最后一个低点。1925年12月，伴随着成交量的放大，交易开始异常活跃，这向来是股价大幅波动开始的信号。该股涨到了25美元，突破了1920年以来的所有阻力位。这是一个买点，从那以后，其回调价位都高于22美元。

该股的大趋势仍保持向上，一直到1928年11月在179美元见顶为止，三年里股价涨了164个点。这对于在低位蓄势长达六年的股票来说，也不算稀奇。吸筹时间越长，股票涨幅越大。这条法则同样适用那些股价多年保持在高位并进行派发的股票，但要记住，很多股票都会形成尖顶，这样的话，派发或抛售都是在下跌过程中进行。宝石茶在1928年11月见顶时形成的就是个尖顶，随后股价迅速下跌，该股的大趋势掉头向下，这时该股宣布分红。该股的走势继续下行，直到1929年11月，除权后的新股在39美元见底。应注意的是，在1926年11月，该股最后的一个低点就是39美元，股价在相同的底部价位获得支撑，这是个买点，可将止损单设在36美元。1930年3月，该股反弹到了59美元。

蒙哥马利·沃德（Montgomery Ward）——这是一只牛市后期的领涨股。从1920年到1922年的三年里，该股总是在12美元左右见底，而这三年中股价的高点在25美元至27美元一带。这只股票运行的形态与宝石茶很像，但开始上涨的时间更早。1924年5月，它整个月的波动区间只有一个点，低点在22美元，高点是23美元。这表明多空较量已经陷入僵局，买盘和卖盘差不多势均力敌，股价无论上涨或下跌都没有多大空间。当出现了如此窄幅的波动行情之后，火爆的行情几乎就是呼之欲出了。1924年6月，该股开始放量上涨，股价在29美元见顶，这个价位突破了过去三年的所有顶部。这就是买入的价位，随后该股出现大幅拉升。1925年12月，股价的高点为84美元，1926年5月的低点是56美元。在经过几个月的蓄势整理后，1927年8月该股走势再度上扬。73美元应该是明确的买点，1927年11月股价再次突破了84美元，这曾是1925年的高点，而且就在这个月，该股涨到了112美元。

1928年11月，股价在439.875美元见到了最后一个顶部。该股从1927年2月在60美元见到最后一个低点开始，股价就连当月底部比上个月的底部低1个点的情况都没有出现过。这就清楚地显示出该股的大趋势一直是向上的，你应该在股价上涨的过程中采用金字塔交易法一路跟进。

在其大趋势再次拐头向下之前，该股总共上涨了380个点。从1928年11月的顶部开始，该股出现了急剧的下跌，使大趋势发生了转向。随后该股宣布分红，除权后的新股在156美元附近遭到了抛售，这也正是它在1929年1月和2月见顶时的价位。其趋势持续下行，直到1930年1月15日在38.625美元见底。1月31日，该股反弹到48美元。3月24日又跌到了38.25美元，比1月15日的底部仅仅低了0.375个点。

研究该股从1929年10月24日至1930年5月31日在顶部和底部时的运行情况，以及成交量也是很重要的。1929年10月24日是华尔街在这个月第一次发生恐慌性下跌的日子。该股的股价跌到了50美元，成交量为33.8万股，这是它从138美元跌下来后的最大单日成交量。10月25日，股价出现了快速的反弹，高点是77美元，成交量为16.6万股，这仅仅是前一天股价下跌时成交量的一半，显示这个反弹中的买盘比抛售该股时的沉重卖盘少得多。随后该股又有一波下跌，在10月29日这个华尔街大恐慌之日，股价的低点是49美元，成交量为28.5万股，这个低点价位在10月24日的低点下方1个点，显示出这里有支撑，后市看涨。接下来股价就有一次迅速反弹，10月31日该股在79美元见顶，成交量为13.8万股。这个顶部没能达到10月25日高点上方3个点的价位，而且在顶部时成交量这么少，说明买盘不足，应该卖掉多头仓位，并开始做空。1929年11月13日，当大多数股票只是一般下跌时，该股再一次跌到了49美元，这曾是它在10月29日的低点，成交量为11.2万股。这是该股第三次见到这个低点，而当时的成交量非常小，说明目前抛盘已经减弱，或者抛盘已接近枯竭。12月9日，股价涨到了67美元，当日成交量为14.1万股。这个高点价位比上一次反弹的高点低了10个点，股价在上涨过程中成交量很小，说明买气不够，

第7章
如何选择牛市早期和后期的领涨股

该股仍维持向下的大趋势。12月20日,该股在43美元见了新低,成交量为32.3万股,这是10月24日以来的最大单日成交量。股价创新低就表示该股走势疲弱,再度引发了市场抛售。12月31日,股价反弹到50美元,当日成交量为4.8万股。这次反弹力度小,成交量也很少,显示该股卖盘并不太多。这次的顶部价位50美元曾是该股在10月24日、10月29日和11月13日的底部,所以从前的支撑位就成为了卖出的点位。

1930年1月15日,该股又创了38.625美元的新低,成交量为30.7万股,这里的抛盘非常重,显然止损单已经成交。这时交易者要特别注意的是,1925年3月,该股从41美元的低点开始上涨,所以当股价跌到38.625美元时,离起涨前的底部下方3个点的价位只差0.625个点,表明这是一个支撑位,后市至少会有一次反弹。1月31日,股价上涨到48美元,成交量为13.3万股,这个高点没能达到1929年12月31日的顶部价位。这就说明该股的成交量还不足以推高其股价。下一个要关注的点位是50美元,它曾是该股的最后一个高点。如果股价能突破50美元这个价位,并涨到53美元,就显示其还有上涨空间。但是该股没能实现这一突破,2月14日股价跌到了43美元,成交量为5.5万股。这就可以看出抛盘真的已经接近尾声,而其底部也在抬高,反弹可期。3月3日,该股上涨至48美元,成交量为19万股。这与1月31日的顶部价位相同,因为没能突破这个价位,显示该股走势已弱。该股一次在50美元见顶,两次在48美元见顶,因此就可以推算出,如果股价能涨到51美元,也就是比前两次的高点高出3个点的价位,后市还能继续看涨。3月3日见顶后,该股开始下跌,3月24日股价跌到38.25美元,成交量为11万股。现在把这一天与1月15日来做比较,当时该股的低点是38.625美元,成交量为30.7万股。事实上,这次的价位比上次的低点还低了0.375个点,但从成交量只有11万股这个情况来看,抛盘并没有当时大,说明该股离出现反弹的价位已不远。3月28日,该股下跌到35.25美元,成交量为11.1万股,这样的成交量再次表明抛盘已经接近枯竭。回顾和了解股价每一次大幅波动前的起涨价位非常重要。1924年8月和9月，该股在34美元见到最后的低点，1924年10月的低点是35美元。所以35美元左右就是买入价位，止损单可以设在32美元。4月10日，该股反弹到44.5美元，当股价能涨到51美元，也就是比前期高点高出3个点时，就表明后市还有上升空间。蒙哥马利·沃德是1929年牛市后期中的领涨股，而且已经进行过分红，这就是为什么该股见底时间比其他股票晚，以及反弹没有什么力度的原因。

希尔斯·罗巴克（Sears Roebuck）——在1921—1929年的牛市行情中，该股是百货商店板块中早期的领涨股。该股从1921年的低点55美元开始上涨，股价的顶部和底部不断抬高，直到1926年上半年在241美元见顶。在股价见顶后，该股宣布进行分红。这样你就可以看出它是一只早期的龙头股，在宝石茶出现大涨之前，该股的涨幅已经达到了186个点。尽管宝石茶从1921年的低点到1928年的高点，总共的涨幅为176个点。但希尔斯·罗巴克除权后的新股在经过1926年和1927年的蓄势整理后，又迎来了第二波的牛市行情。1926年1月，新股在59美元见顶，3月又跌到44美元。1926年9月，股价在58美元见顶，没能突破1926年1月的高点。1926年10月，该股跌到了50美元，随后进入窄幅整理的蓄势行情，这样的走势一直延续到1927年7月才有所改变。因为股价没有跌回到1926年3月的低点，显示出这里有很好的支撑，股价后市看涨。1927年7月，该股突破了60美元，这个价位站高于1926年的高点，是个买入的点位。接下来，该股的波动开始加速，股价当月的低点始终没有跌至上一个月低点下方3个点的价位，这种情况一直维持到1928年11月在197美元见到最后一个顶部为止。这次是一个尖顶，随后股价出现了快速下跌。该股的大趋势掉头向下，1929年3月，股价在140美元见底。1929年7月，股价反弹到174美元。7月、8月和9月，该股都在同一价位见到高点，显示出这里的卖压沉重，派发的量很大。9月，该股的大趋势再度下行。11月，股价跌到了80美元。接下来有一次快速反弹，1929年12月该股上涨到108美元，随后出现了第二次下跌，股价下跌到83美元，这一次的底部比上一次

第 7 章
如何选择牛市早期和后期的领涨股

有所抬高，表明得到了有力的支撑。该股从这一点位开始反弹，1930年 2 月，股价上涨到 100 美元。1930 年 4 月又回调到 81 美元，但是没有跌破 1929 年 11 月的低点，这是个买入的价位（参见图 13，本书第 164 页，该股在 1906—1930 期间的年高低点示意图）。

伍尔沃斯（Woolworth）——在 1921—1929 年的牛市行情中，该股既是早期最好的领涨股，也是在行情后期的最佳领涨股。当很多其他股票直到 1921 年才见底的时候，其股价早在 1920 年就见底了。那些在熊市中见底早的股票往往会在接下来的牛市中成为早期的领涨股。1921年，该股见底时的价位 105 美元比上一次的低点要高，这是很明确的强势信号。1924 年，该股在 345 美元见顶，这时公司宣布进行分红。1924年，除权后新股在 73 美元见底。随后趋势反身向上，1925 年 10 月股价涨到了 220 美元，1926 年 1 月该股跌到 189 美元，接下来又上涨到 222美元。因为这个价位没能超出早期顶部价位 3 个点，趋势又一次拐头向下。1926 年 5 月，股价在 135 美元见底，随后该股重拾升势。1926 年11 月，该股在 196 美元见顶，并再一次进行分红。1927 年 2 月，除权后的新股在 118 美元见底，在这里获得了很好的支撑，股价的顶部和底部开始不断抬高，该股的趋势一直保持上行，直到 1929 年 7 月在 334美元见顶。在此之前，1929 年 4 月该股又进行了一次分红。1929 年 4月和 5 月，除权后的新股在 85 美元见底，随后开始上涨，直到 1929 年9 月在 103.75 美元见到最后一个高点。在这个点位附近的卖盘沉重，该股展开了大量的派发。10 月初，该股的趋势又开始下行，1929 年 11月股价在 52.5 美元见底。从这个例子你就可以看出，被称作百货商店板块中最好的一只股票也会在不到两个月里蒸发掉差不多一半的市值。所以，即使你买的是好股票，当其大趋势掉头向下，或是市场出现恐慌性下跌时，也不要死抱股票。最好的股票在市场出现恐慌时也会下跌，那些持股不放，眼巴巴盼着股价能涨回去的交易者只会落得破产的下场。当伍尔沃斯的股价跌到 52.25 美元的低点后，1929 年 12 月又反弹到了 80 美元。随后股价又开始下跌，1930 年 2 月该股在 60 美元见底。

1929年10月，当该股跌破了95美元时，就是个卖空的信号。当股价又跌破了84美元，就应该再次卖空，因为这个价位已在该股近三个月的底部下方。记住我的这条交易法则，没有什么好股票是不能去做空的，只要股票的趋势是向上的，再高的股价也可以做多买入；而当其趋势保持向下时，再低的价格也可以去卖空。只有在顺势操作时你才能赚到钱，受情感支配的操作是挣不到钱的。

糖业类股

在1921—1929年间的牛市行情中，这个板块的个股涨幅都不算大。1919年和1920年春，每磅粗糖的价格为26美分。此后粗糖的价格虽然也时有反弹，但每年都在不断走低。事实上，粗糖价格的下跌已经导致大多数糖业公司的收入惨淡。除此之外，在战争频繁时期，糖的价格居高不下，这些公司就曾花大价钱买下了很多种植园，而在糖价下跌的过程中，这些种植园却成了公司赚钱路上的拦路虎。粗糖价格从1920年的高点开始一路下行，直到1930年跌到每磅1.75美分。在1919年到1920年的牛市行情中，糖业类股是较晚启动的股票，其中有些股票在1920年春才见到最后一个高点。随后股价就出现了快速下跌。

美国甜菜制糖（American Beet Sugar）——1921年6月，该股的低点是26美元，1922年8月和1923年2月的高点均为49美元。在这个点位附近的卖盘很强，1923年8月股价跌到了25美元，这个低点比1921年的底部还要低，说明这里的支撑力度很弱，该股的大趋势是向下的。不过25美元也是个支撑位，反弹可期。1924年2月，该股上涨到49美元，这与1922年和1923年的高点持平。但没能突破这个高点，就是走势转弱的信号，应该进行卖空操作。此后该股逐年走低，直到1929年12月股价在6美元见底为止。

美国精制糖（American Sugar Refining）——1921年该股的低点是

第 7 章
如何选择牛市早期和后期的领涨股

48 美元，1922 年 9 月的高点为 85 美元。1924 年 10 月，股价下跌到 36 美元，1927 年 9 月又涨到 95 美元。1928 年 2 月，该股跌到 55 美元，1929 年 1 月股价再次涨到 95 美元，与 1927 年的高点持平。但因为没能突破该价位，这是个走弱的信号，应该在此做空。1929 年 11 月，股价在 56 美元见底，这里是个支撑位，比 1928 年的低点高了 1 个点。1930 年 3 月，该股反弹到了 69 美元。

古巴蔗糖（Cuba Cane Sugar）——当其他股票上涨的时候，这只股票却在逐年走低，最后该股在 1929 年由破产财产管理人接手。

蓬塔-阿雷格里糖业（Punta Alegre Sugar）——从 1921—1930 年，这只股票是糖业板块中的弱势股之一，其走势与南波多黎各糖业刚好相反。参见图 16 该股的年高低点示意图，并将其与南波多黎各糖业的趋势进行比较。1920 年 4 月，该股在 120 美元见顶，接下来股价就开始走低。1921 年 6 月和 10 月，股价在 25 美元见底，1922 年 1 月反弹到 53 美元。随后又出现回调，11 月该股在 42 美元见底。1923 年 4 月，股价涨到了 69 美元，7 月又一次下跌到 42 美元。注意这个低点与 1922 年 11 月的低点在同一价位上，这里也就成为了股价的支撑位，后市反弹可期。1924 年 3 月，该股上涨到 67 美元，但却没能突破 1923 年 4 月的高点，后市看跌。1924 年 12 月，股价下跌到 38 美元，1925 年 1 月又反弹到 47 美元，1925 年 7 月和 10 月，股价都在 33 美元创出了新低，说明该股的跌势还会继续。1926 年 2 月，该股反弹到了 47 美元，与 1925 年 1 月的顶部价位相同，但还是由于没能突破这个价位，看空后市。1926 年 4 月到 7 月，该股又一次在 33 美元见底，这与 1925 年的底部在同一价位。股价的低点能撑在这个价位而没有跌破，就说明这里是有支撑的，随后该股就有一波反弹，1926 年 12 月股价在 49 美元见顶。因为这个价位没能高出 1925 年和 1926 年的高点 3 个点以上，说明该股的大趋势依然是向下的，应该进行卖空操作。1927 年 10 月，该股在 27 美元见底，1928 年 1 月和 5 月又反弹到 35 美元，趋势仍显示为下行，反弹力度很弱。1929 年 6 月，该股跌到了 15 美元，随后 7 月反弹到了

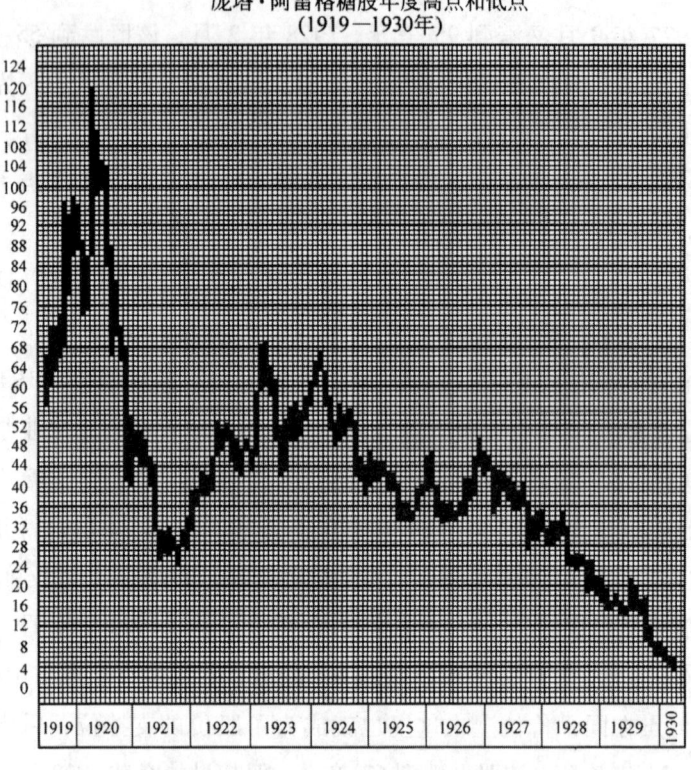

庞塔·阿雷格糖股年度高点和低点
(1919—1930年)

图16

22美元。该股的大趋势再一次掉头向下，股价逐级下跌，直到1930年4月见到历史最低点3美元为止。

通过这个比较你就可以看出，你应该在做多买入南波多黎各的同时，一路卖空蓬塔，这样就可以从同一板块中两只走势刚好相反的股票上都赚到钱。你要遵循的法则是：不要因为板块里的一只股票涨了，就去买该板块中的另一只股票，认为它也会跟着涨；也不要因为一只股票跌了，就去做空同一板块里的另外一只股票，除非后者的趋势已显示为向下。

南波多黎各糖业（South Porto Rico Sugar）——这只股票可以说是糖业板块中的一个特例，当其他糖业类股下跌时，它却是一路往上涨。其年高低点示意图可以清楚地显示出该股每年都处于强势。参见图17。

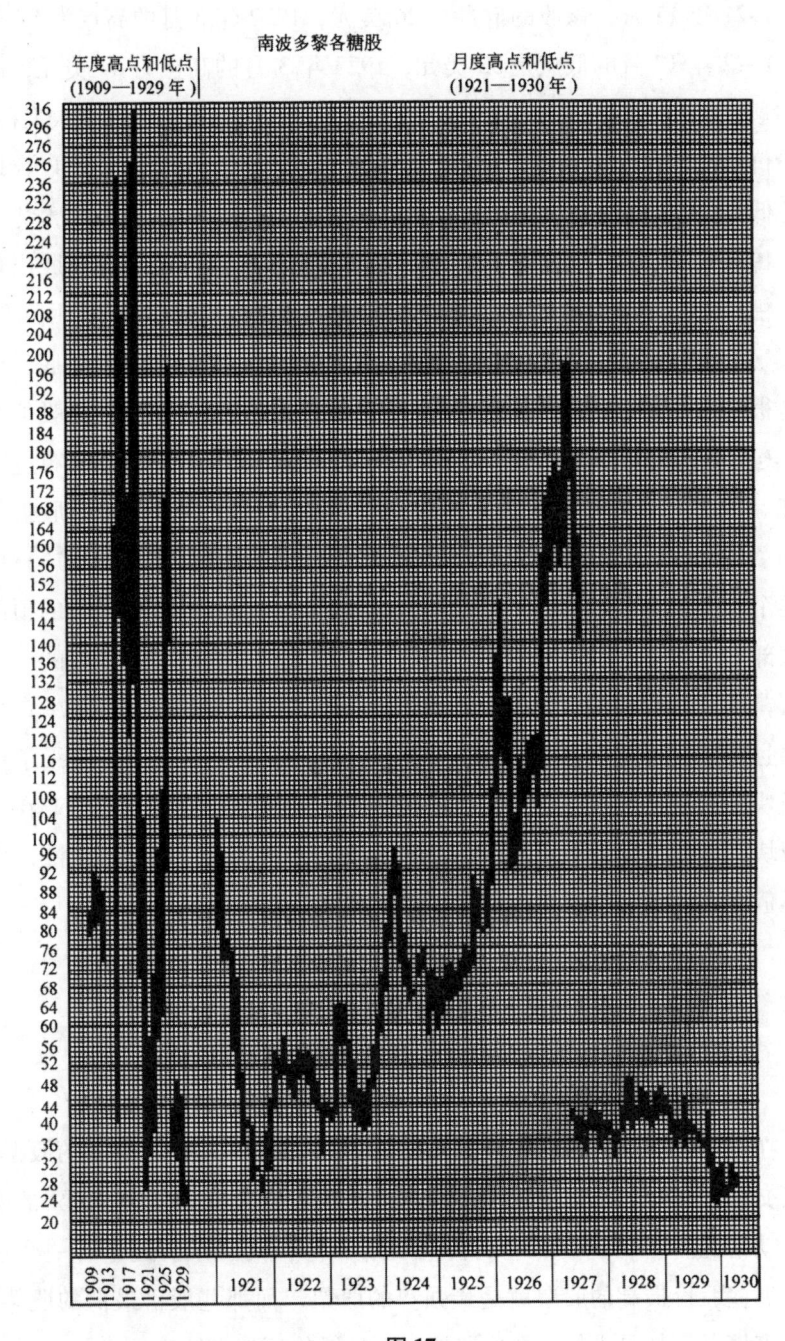

第 7 章
如何选择牛市早期和后期的领涨股

图 17

1921年11月，该股的低点是26美元，1922年3月的高点为57美元，1922年12月的低点是33美元，1923年3月的高点为64美元，底部和顶部都在不断抬高。1923年8月的低点是39美元，底部再次上移，是股价看涨的信号。1924年3月，股价的高点为95美元，1924年10月的低点是58美元。1925年，该股在这个点位附近做了充分地蓄势整理，1925年12月，股价突破了1924年的高点95美元。随后该股出现了大幅拉升。1926年2月，股价在147美元见顶，1926年3月回调到92美元，这个价位是1924年和1925年的顶部附近，该股在此筑底，这里是很好的支撑位。接下来，该股再次反身向上，1927年5月股价在197美元见到最后一个顶部。随后就开始进入派发期，该股也宣布进行分红。1928年2月，除权后的新股在33美元见底，5月和6月股价反弹到了49美元，接下来，1929年12月，该股下跌到25美元。这只糖业类个股的顶部和底部在不断抬高，也就是说，当其他糖业类股的顶部和底部出现下移时，该股的顶部和底部却在上移。这也验证了我的一条法则，那就是应该买板块中走势最强的个股，而卖空那些同板块中走势最弱且趋势向下的个股。在1921—1929年的牛市行情中，那些买了糖业板块中其他个股的人，仅仅因为他们买的股票与南波多黎各糖业在同一板块，就期待那些糖业类股能跟随南波多黎各糖业一起出现上涨，他们不但赔了大钱，同时也错过了投资其他强势股的赚钱机会。

烟草类股

在每个板块中，总会有一只强势股，也总有一只走得最弱的股票，所以交易者最好有每个板块的行情图，其中要包含板块中几只股票的股价变动情况。注意观察那些高价的股票和低价的股票。这里有一个规律，那些股价最高的股票就是最强势的股票，而那些股价最低的股票，在很多情况下都是走势最弱的股票，而且股价还将继续走低。

第7章
如何选择牛市早期和后期的领涨股

美国苏门答腊（American Sumatra）——1918年，该股在135美元见顶。随后这只股票的趋势开始下行，股价逐年走低，直到1925年5月在6美元见底为止。该股由破产财产管理人接手，开始进行重组。1926年4月，新股从15美元左右开始上涨，1927年6月股价在69美元见顶，1928年2月跌到了46美元，1928年8月该股在73美元见到最后一个高点。接下来，趋势掉头向下，1929年11月股价下跌到18美元，这与1926年4月的低点之间相差不到3个点。这里是一个支撑位，随后出现一波反弹，1930年2月该股涨到了26美元，1930年3月股价又回调到16美元。

雷诺烟草B（Reynolds Tobacco B）——这只股票在1921年是烟草板块股中走势最强的个股之一。事实上，在1921—1929年的整个牛市行情中，该股也是最强势的股票之一。其行情图清楚地显示出，在1920年和1921年，该股处于蓄势阶段，是这个板块中最应该去买入的个股之一。1920年12月，该股的低点是29.5美元，1921年1月的低点为31美元。而在1921年，其股价再也没跌破过这个价位，一直维持窄幅震荡行情，表明蓄势很充分，股价的顶部和底部也都略有抬高。1922年的上半年，该股开始了一波上扬行情，股价一直上涨到1927年12月在162美元见顶才止步，期间仅有一些小幅回调。1928年4月，股价跌到了128美元，在这里该股又开始进行蓄势整理。1928年11月，该股在165美元见到最后一个高点，刚好比1927年的高点高出了3个点。接下来，该股宣布分红。其大趋势继续向下，直到1929年11月股价在39美元见底为止。这个最后的低点与1922年1月的低点在同一价位，当年这个价位就是一波大幅拉升行情的起涨点，所以这里是一个支撑位，此时应该买进该股，并在36美元设止损单。1930年3月，该股反弹到58美元。从这个例子就可以看出，当股票上涨几年之后，交易者在很高的价位买进，无论如何还是能够赚到钱的，原因就在于该股仍处在强势中。

第8章　　未来的股市

　　1923年我在《股票行情的真谛》一书中曾写道：飞机类股、化工类股和无线电类股会在未来给投资者带来巨额财富。我的预测得到了验证。这些股票在所有行业板块中涨幅最大。

　　电气类股——这是一个电气的时代，未来电气类股将会成为优秀的龙头股。现在每个商业部门、制造业和普通家庭都用上了电。电气应用方面的新发明每年都在增加。对于铁路公司来说，电能正在取代蒸汽成为火车的动力，而且随着技术的发展，电力将变得越来越廉价，应用范围也会越来越广。所以，任何采用电来制造产品的公司都会前途一片光明，它们的股票也应该受到关注。

　　飞机类股——飞机工业还处在起步阶段，未来几年将会快速发展。只要你在这个板块中选对了股票，并且在适当的时候买进，就能够赚到钱。

　　化工类股——化工类股处在不断的拓展阶段，行业内的新发明会让很多化工类股成为领涨股，给交易者带来良机。

　　无线电类股——看好无线电类股和那些与无线电和电视相关的股票在未来几年的前景，那些优质公司的收入将会增加，它们的股价也会走高。

　　娱乐类股——电影业的发展也在突飞猛进，那些好的影业公司无疑会在将来获得不菲的收入。

天然气类股——关注那些拥有天然气的石油公司和那些从天然气中提炼产品的公司，这些公司的发展前景大好，未来收入非常可观。

但你始终要记住的是，在每一个板块中都是既有弱势股，也有强势股。所以在买进或卖出时，要选择那些已经显现出上升或下降趋势的股票，进行顺势操作。

飞机类股

这个板块的股票已经让那些在正确的时间买入，又在正确的时间卖出的投资者或交易者赚得盆满钵满，将来在适当的时机买进飞机类股还会为你带来更多丰厚的收益。

柯蒂斯-莱特（Curtiss-Wright）——莱特和柯蒂斯这两家公司在飞机行业中都处于领先地位。1921年8月，柯蒂斯的股价跌到极低点1.125美元。接下来开始上涨，1928年5月，股价在极高点192.75美元见顶。此后，该公司与莱特航空公司进行了合并。莱特兄弟公司在美国制造出了世界上第一架飞机，并成功地完成了第一次试飞。1922年1月，莱特的股价见到了极低点6美元，而到1929年2月，该股攀升到了299美元的顶部，在七年中股价上涨了293个点。这波上涨中最猛的阶段是在1927年和1928年完成的（参见图18，莱特航空的年高低点示意图和月高低点示意图）。当莱特的股价在8美元时，我就建议大家买进，并在股价上涨的过程中要一路跟进。在柯蒂斯与莱特合并后，新的柯蒂斯-莱特公司的股票在1929年7月和9月见顶，当时的股价是30美元；1929年11月，股价跌到了6.5美元，比当年老莱特的股票在1922年的低点相差0.5个点。1930年4月，柯蒂斯-莱特的股价反弹到了15美元。我认为该公司是飞机行业中最好的公司之一，因为它由这个行业中资格最老的两家公司组成，它们在生意上都很成功，将来还会在成功的大道上继续走下去。这是一只质地很好的股票，可以逢回调时买进。

第8章
未来的股市

莱特飞机股年度和月度高点和低点
（1921—1929年）

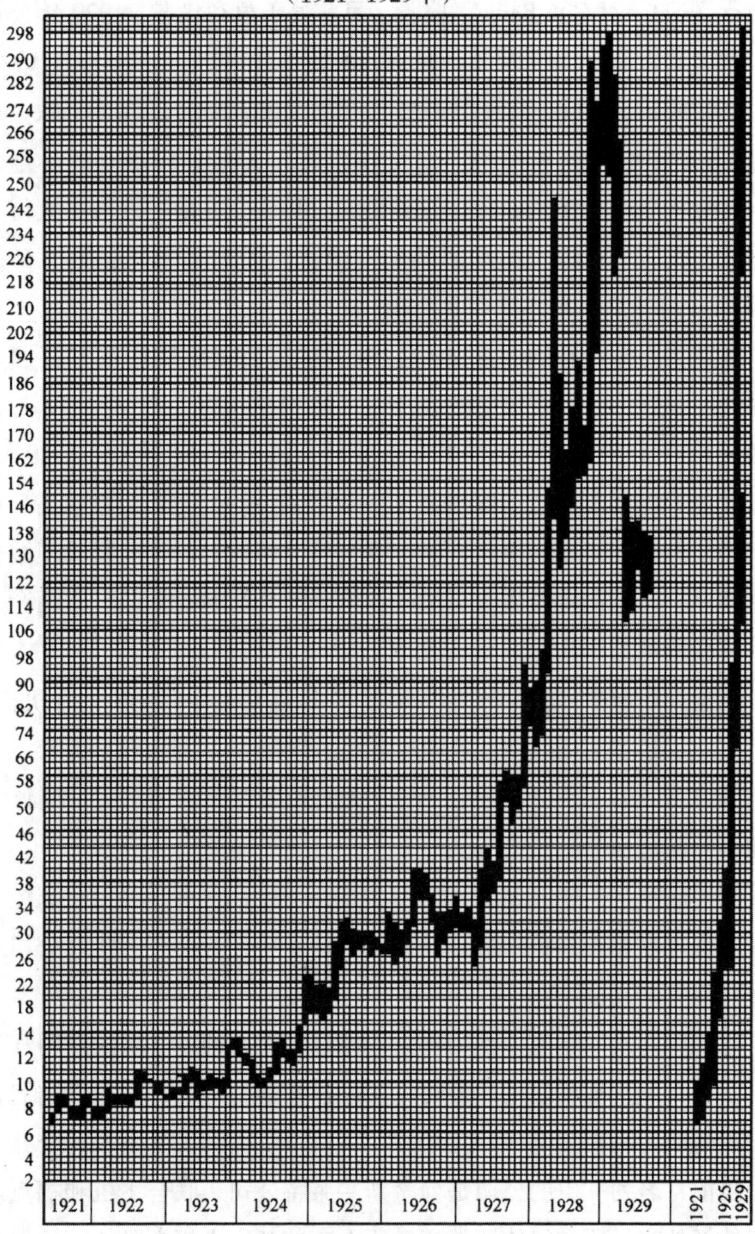

图 18

联合飞机与运输（United Aircraft & Transport）——这家公司是由国民城市银行（National City Bank）控股，目前处于盈利状态，1929年公司的收入状况非常理想。1929年3月，其股价为67美元，接下来在1929年5月上涨到162美元。该股由于初期涨速太快，随后出现了下跌，1929年11月股价在31美元见底。1930年4月，又涨到了99美元。毫无疑问，股价在今后几年的上升空间还很大。我认为这是一只未来值得关注的好股票，应该在股价出现回调的阶段适时买进（参阅图19，1929—1930年月高低点和周高低点示意图）。

福克飞行器（Fokker Aircraft）——这家公司由通用汽车控股。公司的管理有方，无疑在未来的几年收入状况会很好。1928年12月，公司的股价在17美元见底，1929年5月上涨到了67美元。1929年10月，股价下探到8美元，1930年4月又反弹到34美元。通用汽车在制造和销售汽车方面成绩斐然，我们完全可以相信它在飞机制造领域也会再造辉煌。该公司将会成为飞机行业内其他公司的一个强有力的竞争对手，其股票可选择在回调时买进。

邦迪克斯航空（Bendix Aviation）——这又是一只优质的飞机类股。1929年8月，其股价达到了102美元，随后在11月下跌到25美元，1930年4月又反弹到57美元。该公司未来还有升值的潜力，应该予以关注，并在适当的时机买进。

国民航空与运输（National Air & Transport）——这是另一家绩优公司，未来可以关注其买入机会。这家公司日后无疑会与一些好公司进行兼并。

飞机行业发展迅速，因为有大量资金在背后推动。新的发明和发现层出不穷。那些规模最大的公司将买进这些新的专利，并凭借它们在行业中取得成功。在接下来的几年中，飞机行业内会发生更多的合并与兼并。目前，名列三甲的公司是柯蒂斯-莱特公司、联合飞机和福克。把在纽约场外交易所和纽约证券交易所上市的各家飞机类股的行情图都保留一份，好好研究它们，你就能通过这类股票赚到钱了。

第8章
未来的股市

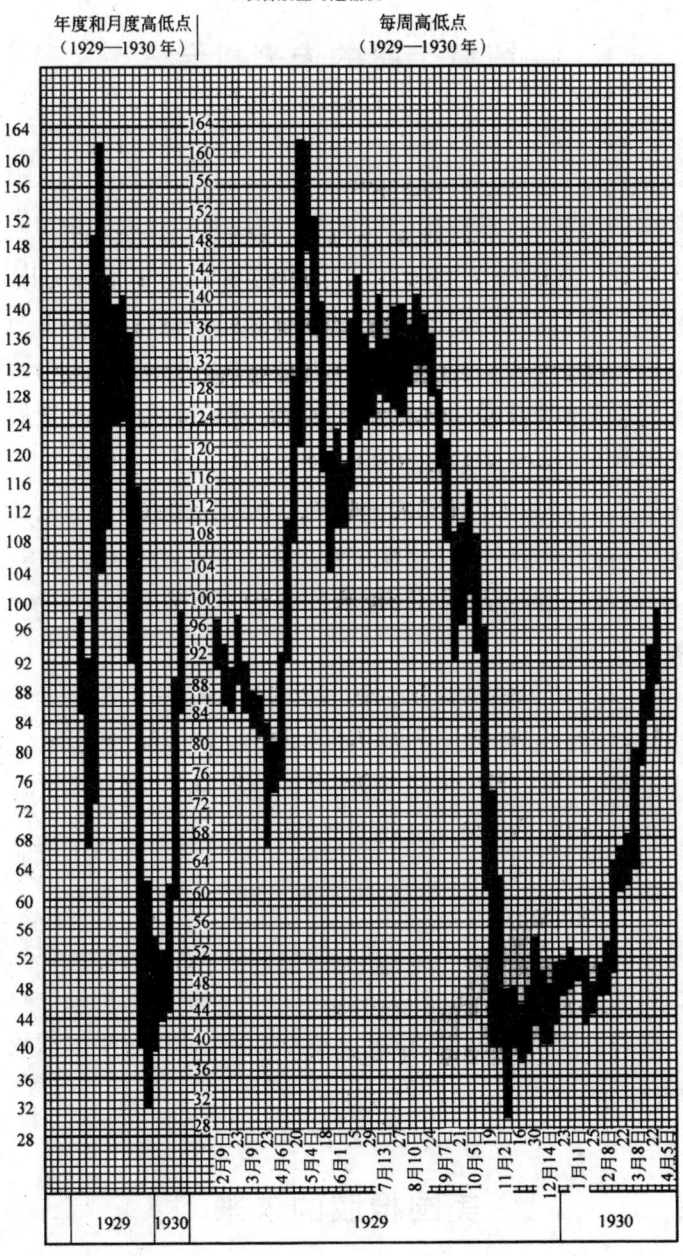

图19

留意个股的未来机会

市场上总有一些处在蓄势状态的低价股,它们即将进入大幅拉升的走势。你应该保留这一类股票的行情图,因为它们一旦蓄势完成开始拉升,就会让你有大幅获利的机会。关注那些走势与1915年、1917年和1920—1921年间,以及1923—1924年间的伯利恒钢铁、克鲁斯伯、通用汽车、国际镍业、宝石茶、蒙哥马利·沃德、帕卡德、美国铸管和莱特飞机等股票类似的个股。一旦它们冲破蓄势的交易区域,交易开始活跃并伴随着放量时,就应该出手买进。

下面列出的这些股票都有不错的发展潜力,值得今后加以关注,你应该保留它们的年高低点示意图和月高低点示意图,只要一突破阻力位,表现出上升的趋势,就应该买入。其中一些股票会有出色的表现,成为活跃的龙头股。

这些股票包括:美国农业化工、美国甜菜制糖、美国法兰西消防车、美国船运与商业、美国毛纺、奥斯丁·尼克尔斯、戴瓦拉航空、布斯渔业、大陆汽车、联合纺织、芝加哥-密尔沃基与圣保罗、芝加哥大西部、多姆矿山、电动船、菲斯克橡胶、大西部糖业、通用食品、格里格斯比-格鲁诺、家荣华、凯利-斯普林菲尔德、克瑞斯吉、南益橡胶、穆林斯制造、中陆石油、穆恩汽车、纽约气压制动、墨西哥国营铁路、锅柄制造厂、纯净石油、雷诺弹簧、标准品牌、纽约标准石油、超级石油、横贯大陆石油、得克萨斯太平洋煤炭与石油、美国橡胶、沃德烘焙和沃森纺织公司。

美国橡胶的未来

美国橡胶公司是该行业中最大的制造公司之一。在1929年上半年,杜邦收购了这家公司的大部分股权。美国橡胶的股价在1929年的恐慌性下跌中下探到了15美元,这是从1907年以来该股的最低价。根据其行情图中的走势,我相信它未来的潜力很大。我确信杜邦入资该股就是因为它未来有上涨的可能,这与1921年通用汽车的入资是一样的道理,否则他们也不会投资这只股票。你应该保留一份美国橡胶的行情图,对该股多加关注。一旦图中显示其大趋势挑头向上,就应开始买进,接下来在股价上涨的过程中采用金字塔交易法一路跟进,直到趋势发生改变为止。

像J. P. 摩根和杜邦这样的人,他们买进股票不是为了在短时间内卖出。他们买股票看重的是股价的长时间拉升,而且这些公司也有可能会派发更大比例的分红。当1930年3月我写这本书时,市场中处在与美国橡胶同一价位的所有股票当中,美国橡胶算是顶尖的个股之一。这并不意味着其股价不会走低,而是说在未来的盈利机会方面,这只股票比你买入相同价位的其他任何一只股票都要大。

你的目标始终是要买进那些最有潜力的股票,但不要忘记你必须用止损单来控制风险。也许会发生一些意料之外的事,美国橡胶的股价有可能会走得很低,所以如果趋势开始掉头向下,你最好赶紧出局。

钒 钢

这家公司实际上垄断了钒的生产,同时也介入化工行业。很多年以来,公司的收入一直不错。近几年里,该公司在弗吉尼亚收购了很有价值的产业,这在未来几年中会提升其盈利水平。这只股票的流通盘很小,市场上的浮筹也很少,所以联营投资集团要拉升其股价就很容易。从1929年股价为37.5美元时起步,上涨到1930年4月23日的最高价142.375美元见顶,在五个多月的时间里涨幅达到了105个点,这是美国钢铁涨幅的两倍多。近来，有传言说该股事实上遭到了囤积。在未来的几年中，交易这只股票还是有机会赚钱的，股价有可能会涨到非常高的水平。当行情图中显示该股的趋势向上时，你就可以逢回调进行买进。考虑到它的浮筹很少，在做空时应该加倍小心。如果真想做空该股，止损单就要设在与成交价近一些的价位上。

第9章　将来的情况和发展

超买的股票

公众对任何一个板块的信心都需要很长时间才能建立起来，但是一旦哪只股票或哪个板块得到了公众投资者的欢心和追捧，就会出现超买。交易者变得过于乐观，信心爆棚，就会出现交易过度的现象，当然这就给了那些长期持有该股的内幕人员清仓的机会。

铁路股在内战之前就是这种情况，后来从1893年至1896年股价一路走低，这时候大多数公司被破产财产管理人接手。随后是股市的重建期和麦金利繁荣时期。铁路股又开始获得人们的青睐，出现了大幅拉升，股价在1906年见顶，而接下来在1907年的恐慌性下跌中，铁路股也遭到了重挫。1909年铁路股重拾升势，但却没能回到前期高点的价位。公众超买会出现在股价的顶部和一路下行的过程中。铁路股下跌后一路走低，一直到1917和1921年，才分别见到最后的底部。

同样的情况也出现在了汽车股身上。公众是在汽车股1915年到1916年出现大幅上涨，接下来1919年又大涨一次这个过程中才开始了解它们的，不过从1924年到1929年，公众买入汽车股的数量是空前的，并超过了以往对任何一个板块的买入量。所以，汽车股出现了严重超买，大多数汽车公司的股票市值也被大大高估。以前这些汽车公司分红和增加股票的数量都达到了相当高的程度，以至于在今后经济萧条的几年中再也无力进行分红。所以，汽车股在即将到来的熊市中将是最好的卖空品种之一。

公用事业股的状况也是如出一辙。这些股票在过去的几年中，上涨速度是如此之快，收入的增幅也相当巨大，因而在 1924 年到 1929 年，投机者和投资者大量买入这类股票。公用事业公司在接下来的几年中将受制于不利的法规和政府调查。大多数这类股票的股价都太高了，即使政府不采取任何对它们不利的行动，它们的股价无论如何还是要跌，因为这类股票都落到了弱势人群的手里，随着公众的买进和内幕人员的离场，股价下跌的路还会很长。

生产和消费

关注任何制造领域的产量都是很重要的事，因为特别是在景气时期，牛市的最后阶段或是一轮经济繁荣浪潮的最后阶段，生产总是趋向于过剩。在一轮经济繁荣浪潮的尾声，生意人总是变得过于乐观，他们所预计的公众消费量往往会高于现实的情况，而当生产大于消费时，价格自然就会下跌。在经历了漫长的熊市或是长时间经济萧条的打击后，道理也是一样，生意人会变得悲观，低估了公众的需求或消费量。因为生产量跟不上消费量，从而导致了物价的上涨。当产品源源不断地生产出来，涌进销售领域时，竞争总是在价格接近顶部时更加白炽化。结果就是，不管你是农产品还是制造业生产出的产品，价格都会往下跌。股市对这些变化会提前作出反应。

投资信托公司

在 1921—1929 年牛市行情的最后阶段，正是美国的投资信托公司

第 9 章
将来的情况和发展

风声鹊起的时候。估计从 1929 年 1 月 1 日至 9 月 1 日，公众投入投资信托公司的钱有 400 万到 500 万美元之多。7 月和 8 月股市的最后一波加速主升行情，投资信托公司的入场起到了推波助澜的作用，使行情达到了极致。这些新成立的信托公司发现从公众手里拿钱简直太容易了，于是就冲进了股市，不管价格高低，一律买进，也不考虑牛市已经运行了八年，他们是在股价的顶部接盘。在空头回补和公众买进的合力作用下，股市被推上了一个不合理的高位，在这样的高位是拿不到公司分红的，而且公司的收入也不能保证让股价可以维持在这样的水平。当然，投资信托公司没有预见到市场即将出现恐慌，他们还在持仓待涨，结果就是很多信托公司发现他们的原始资本被腰斩，或损失得更多。

投资信托公司中也有表现不错的，但是很多投资信托公司与那些操作随意性很强的联营投资集团没什么两样，他们在市场中的操作没有任何科学依据，所以他们也不会取得比那些没有任何明确计划的普通交易者更大的成功。如果股票一直上涨，那么投资信托公司就能挣到钱，因为他们只是做多买进，而不去卖空。但是当熊市持续好几年的时候，投资信托公司买股票的钱不仅赚不到任何股息，反而还会亏掉大部分本金。所以，公众把钱交给投资信托公司，与他们自己在股市顶部时买进股票相比，结局是一样的糟糕。1929 年夏天，投资信托公司的进场帮助很多联营投资集团将股票在高位脱手，如果没有投资信托公司来接棒，股价根本不可能达到这样高的水平。在接下来的几年，无疑很多投资信托公司难逃破产的厄运。他们的股票会下跌，公众对这些股票会产生厌恶，抛掉这些投资信托公司的股票。这就会迫使投资信托公司不得不将当初以虚高的价格买进的股票进行清仓。

投资者或交易者在买进投资信托公司的股票之前，一定要三思而后行，并做好调查研究，因为最终能成功的公司毕竟少之又少，特别是在未来的几年中，股市很可能会出现不规律的熊市行情，投资信托公司的成功率就会更低。当投资信托公司开始对手中的股票进行清仓时，投资者就会出现恐慌，也跟着卖出股票，接下来市场就又会遭遇一次投资者的恐慌。

兼并与合并

  目前这个兼并与合并的时期是从 1924 年开始的，是世界历史上规模最大的一次企业兼并与合并。为了了解它的意义有多重大，也为了看到这次股票数量剧增的最终结果将会是什么，我们必须追溯到 1899 年至 1902 年，当时美国钢铁公司刚组建上市，其 500 万的流通盘就是所谓掺水的股票。与其他一些合并的公司一样，美国熔炼信托公司与合并铜业公司也都是在同一时期内成立的。公众满仓持有这些不能支付股息的掺水股。随后在 1903 年到 1904 年，股市出现了一波下跌，接下来另一波投机狂潮在 1906 年达到顶峰。1907 年，股市中真正的恐慌性下跌到来了，过去 3 到 5 年中获得的盈利在几个月里就化为乌有了。这次股价暴跌的原因何在呢？就是因为公众满仓持有的都是掺水股票，这些股票由于股票数量增加而无力支付股息；而银行过去也是满额发放贷款，一场货币恐慌也就随之而来。

  当我们考虑到这些过去几年中发生过兼并与合并的公司，以及它们在股票数量上的激增，就很容易判断出，即使不景气的情况只有 2 年，这些公司也不可能继续赚到那笔需要发放的股息，如果假设经济萧条期会长达 5 到 7 年，那将发生什么状况呢？对于任何人来说，能让你赚钱的股票才有价值，而具体股票值多少钱，决定于当你想卖股票时，你能够卖到多少钱。事实上，如果 1931 年一只股票的股价是 200 美元，即使 1929 年其股价达到过 400 美元，那对于投资者也没有任何意义，因为他的资金已经缩水了 50%，他能收回的钱只能是取决于别人愿意出多少钱来买他的股票。人们总是期待着不可能发生的事。他们期望当一家公司的股票从 500 万到 1000 万这个数量增加到 1000 万或 2000 万这个级别时，公司为每股股票赚到的股息还能保持原来的水平，这在长期的经营中是不可能实现的。所以，股票不可避免地就会遭受长时间的抛盘，接下来就是最后一次暴跌或恐慌性下跌，这将给数十万投资者以毁

第 9 章
将来的情况和发展

灭性的打击，他们一直持股不动，盼着股价涨上去，等到他们醒悟过来想卖股票，却为时已晚。聪明的人会离场观望。保住资金的安全总比后悔强；手里拿的现金即使得不到分红或股息，也比冒险投资，结果损失掉 50% 甚至更多本金要好。最大的损失往往来自于期望过高和太过乐观。毫无疑问，乐观主义者也是对经济繁荣的最大威胁。悲观主义者是个平衡轮，我们需要他们来发出警告的声音。据说，"悲观主义者和乐观主义者的区别是很有意思的，一个看到的是甜甜圈，另一个看到的是个黑洞。"现在就到了我们需要一个人能看到这个黑洞的时候了，因为这个洞会出现在投资者随身携带的小账本上，如果他们还是只看到甜甜圈，对已经存在的那个黑洞视而不见的话，那他们就会掉进这个洞里。当心这个黑洞！它一直都存在。

战争赔款债券

1929 年秋天，股市的抛售使货币市场准备发行大量的债券。在我写这本书的时候，短期贷款利率在 2% 左右。银行家和债券经纪人期待着欧洲的战争赔款债券在本国发售的日子。但是我不建议大家去买这类债券，不过，这类债券要是真在市场上出现，还是会有成千上万人去买它。这样会套牢大笔资金，而这些钱将被称为"冻结债券"。一旦欧洲再起事端或爆发战争，这些债券的价格就会下跌，还有可能被拒付。在华尔街和这场金融游戏中，任何事情都有可能发生，这一点始终要牢记，所以一定要做好万全的准备。美国民众已经向欧洲国家投资了几十亿，如果时局一旦有变，投资者们就有可能要面临血本无归的情况，或者至少一大部分资金将化为乌有，他们会想要卖掉手里的债券，这样就将加速导致市场恐慌和经济萧条的出现，给各行各业都造成伤害。如果大量的战争赔款债券在我国销售，大笔资金就会被带到国外，这自然会在将来影响到我们的货币市场，导致利率的提高。

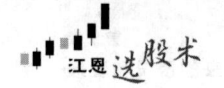

投资者的恐慌

　　大约每 20 年就会发生一次投资者的恐慌或是严重的经济萧条，这往往由于投资者在低点卖出股票而引发。究其原因都是股市长期下跌，投资者失去信心所致。买进气氛渐弱而投资者的抛盘却不断涌入市场，迫使股价越走越低，直到银行催还用于购买高等级投资型股票的贷款，最后的结果就是市场股价出现破位下跌或是急速的猛跌。这样的局面在 1837 年到 1839 年之间、1857 年、1873 年、1893 年、1896 年、1914 年，以及 1920 年到 1921 年之间都曾经出现过。1929 年市场的恐慌不是投资者的恐慌，而是一群赌徒的恐慌。

　　不同时期的恐慌有着各自多种多样的起因，但是所有这些东西背后的真实基础就是货币市场。在经济繁荣时期，银行过度放贷，到后来又迫使投资者抛售股票还贷，造成市场恐慌。大多数银行家在经历了长期的经济繁荣之后都变得过于乐观，而在熬过了长期的股市下跌和经济萧条以后，他们又变得太过悲观，从而不愿意发放贷款。事实上，他们非但没有发放新的贷款，而是忙着催还以前的贷款，这使得原本还撑得下去的局面变得不可收拾。而大部分报纸起到的也是同样的作用。他们知道在世道好的时候，乐观的言论大家都爱听，就无所不用其极地大唱赞歌，而在世道差的时候，他们通常又能添油加醋地进行抹黑报道。

　　当然，在所有这些恐慌期当中，一些经纪人和银行已经看出些许征兆，清楚地知道什么样的情况即将发生，但他们从未将这些征兆告诉过他们的客户。那么投资者就必须停下来，自己去看，自己去听。他必须为自己着想，不能指望银行家或经纪人能让他在正确的时间出局。因为过去的经历证明，他们在关键时刻给出的建议往往是派不上用场的。

　　即将来临的投资者恐慌将是有史以来最严重的一次，因为目前在美国至少有 1500 万到 2500 万投资者手中持有那些业界领军公司的股票，

第9章
将来的情况和发展

当股市经过几年的下跌之后，一旦他们变得越来越慌，开始抛售股票时，抛盘将非常之大，没有买盘可顶得住这样的狂抛。股票已经被如此充分地派发到了公众投资者手中，以至于在1929年社会发生恐慌后，很多人认为股市不会受恐慌的影响，但这其实是典型外强中干的表现。公众投资者现在不是好的市场领导者，而且将来也永远不会实现。因为他们内心的情绪很容易被调动，股票涨就满心欢喜，跌了就开始害怕。如果股票都掌握在少数的强人手中，那么投资者和国家都会很安全。但是当股票的持有者是上千万的民众时，由于他们既没有组织和也没有领袖，接下来的情况就会很危险。精明的人不会等一切都来不及挽回了才卖出股票。而公众投资者却会一直握有股票不撒手，他们盼着股价能涨回去，而接下来所有人都会在同一时间惊慌失措，并开始抛售股票，但这时已经没有买盘去接了，这样就给本已恐慌的市场来了个火上浇油。这就是1929年恐慌的成因。当时的投机者和赌徒们都被吓得犹如是惊弓之鸟，在同一时间开始狂抛手中的股票。

人们对钱财的贪恋将会引发下一次的市场恐慌，而且对金钱的贪欲还会是下一场战争的导火索。"战争是地狱！"你可能会问，那战争来了，手里的股票该怎么办。战争总是会引起大家的恐慌。如果战争将至，那么恐慌也必将降临股市，而这一次，股市的恐慌可能会导致战争的发生。人们经常会对一个观念有错误的理解，或是做出错误的引用。我们常听到人们说，"金钱是万恶之源"。他们认为这句话引自《圣经》，但其实不是。圣经上说的是，"贪财是万恶之源。"事实上，历史已经证明，所有的战争都是源于人们贪恋金钱和谋求权力。而对金钱的贪欲是以往每一次金融危机和经济萧条的起因，即将到来的这一次大恐慌将是世界上迄今为止规模最大的一次，因为现在美国国内的资金比以往任何时候都要充足，所以就会有更多的人为之而拼杀。一旦他们发现资金从他们手中悄悄溜走了，他们为钱而战的拼劲比争抢其他任何东西时都要来得足。

后　记

　　在成千上万买过《股票行情的真谛》一书的读者最诚挚的恳求下，我写了现在这本书。那些读者把《股票行情的真谛》称之为有史以来股票类书籍中最好的一本书。能够帮助别人在华尔街这场危机四伏的博弈中取得更大的成功，让我感到非常欣慰。如果《股票行情的真谛》是最好的一本书，那我就努力并希望让《江恩选股术》这本书能够更上一层楼。我所写的东西都是从实践中得来的，也正是广大读者所需要的。从我自己的操作失误和赔钱的教训中，我已经发现了一些法则和方法。我已经在华尔街上历经了将近 30 年的磨炼，时间已经向我证明，什么才是一个人在投机中取胜的法宝。我很有信心，只要人们遵循我的交易法则来操作，就永远也不会后悔。而去帮助那些想要帮助他们自己的人，让我感觉得到了很好的回报。

附　录

下表中列出了一些股价可以用来制作月高低点图，用以研究以往股价的波动情况。

美国罐头　　　　　　　　　　　　单位：美元

年份		一月	二月	三月	四月	五月	六月	七月	八月	九月	十月	十一月	十二月
1914	高点	35	4	31	30	29	29	29	欧战期间交易所关闭			28
	低点	29	29	29	23	25	5	20					23
1915	高点	31	29	33	44	44	48	62	65	66	68	65	63
	低点	25	25	26	31	29	35	44	53	55	59	57	58
1916	高点	65	64	65	62	59	59	57	63	68	66	68	64
	低点	60	58	56	52	52	50	51	54	60	56	61	44
1917	高点	51	46	41	43	39	47	47	39	38	37	29	30
	低点	44	36	41	43	39	47	47	39	38	37	29	30
1918	高点	42	43	44	45	51	48	49	48	48	47	48	48
	低点	35	38	39	40	42	42	45	46	43	41	40	42
1919	高点	50	47	52	56	61	1	63	58	69	68	64	56
	低点	46	43	46	49	54	51	57	46	52	61	48	50
1920	高点	62	55	53	51	44	42	44	38	37	34	33	26
	低点	52	39	40	9	35	5	37	31	31	31	22	22
1921	高点	33	32	31	32	32	31	28	8	28	29	33	35
	低点	25	29	26	28	28	23	25	24	26	26	28	32
1922	高点	38	41	48	50	50	52	61	62	64	76	76	74

227

续表

年份		一月	二月	三月	四月	五月	六月	七月	八月	九月	十月	十一月	十二月
1923	低点	32	37	40	46	45	44	46	56	56	57	68	69
	高点	85	104	106	100	104	102	93	101	100	97	103	108
1924	低点	73	80	96	90	85	85	84	85	89	89	96	102
	高点	121	123	119	107	105	115	126	138	135	136	155	163
1925	低点	103	110	102	96	98	102	113	123	123	124	136	145
	高点	170	178	185	176	194	200	213	248	250	257	263	297
1926	低点	158	163	158	159	172	181	192	207	218	232	239	245
	高点	297	344	334									
	低点	275	287	247									
1925	高点								新股				50
	低点												47
1926	高点	50	58	56	48	47	55	62	63	58	55	55	55
	低点	46	48	39	41	42	46	54	55	52	46	49	48
1927	高点	49	51	50	50	51	56	60	65	66	67	73	78
	低点	45	45	44	44	46	50	53	56	61	61	62	68
1928	高点	78	82	88	88	95	93	94	112	112	114	117	112
	低点	70	74	76	79	83	79	81	91	104	105	105	95
1929	高点	119	121	129	144	151	154	169	184	182	181	132	126
	低点	109	108	110	116	125	134	151	156	165	110	86	105

美国电话电报　　　　　　　　　　　　　单位：美元

年份		一月	二月	三月	四月	五月	六月	七月	八月	九月	十月	十一月	十二月
1914	高点	124	123	123	123	123	124	121	欧战期间交易所关闭				119
	低点	117	119	120	118	121	120	114					115
1915	高点	121	121	122	124	123	124	122	124	126	126	130	129
	低点	116	117	119	119	116	119	119	121	122	123	125	127
1916	高点	128	128	131	128	130	131	129	133	134	133	134	128
	低点	126	126	127	127	127	128	128	129	130	132	127	123
1917	高点	128	126	128	126	124	124	121	120	19	116	114	107
	低点	123	122	124	123	116	120	118	117	114	112	103	96
1918	高点	108	109	107	101	101	100	98	99	99	109	109	105
	低点	100	105	99	8	96	95	91	1	96	98	103	97
1919	高点	101	107	109	106	108	108	105	104	102	101	101	101
	低点	99	99	103	100	103	104	103	97	97	98	99	95
1920	高点	100	100	101	97	95	95	95	97	100	100	100	99
	低点	96	96	97	94	92	92	93	95	97	97	98	94
1921	高点	100	100	108	108	108	105	105	106	108	108	119	117
	低点	96	99	100	105	104	102	103	105	106	108	108	113
1922	高点	118	120	124	124	134	123	122	128	127	126	125	126
	低点	114	117	119	120	121	120	120	118	120	121	121	122
1923	高点	124	123	125	123	123	125	123	125	125	124	125	129
	低点	122	122	122	121	121	119	119	122	122	123	123	124
1924	高点	129	129	131	129	127	127	125	130	129	128	130	135
	低点	125	128	123	124	123	121	121	124	126	125	128	129
1925	高点	136	135	136	137	139	144	141	140	142	143	142	145
	低点	131	133	132	133	136	139	137	137	139	139	140	141
1926	高点	144	151	149	147	149	149	142	146	148	147	149	151
	低点	142	144	141	43	141	140	140	41	144	144	146	148
1927	高点	156	160	169	172	169	169	168	171	179	185	181	183
	低点	149	153	157	161	162	161	162	66	169	178	174	178
1928	高点	181	180	182	190	211	191	178	182	183	188	200	195
	低点	178	176	179	180	188	173	172	174	79	177	182	185
1929	高点	222	221	224	238	233	234	273	303	310	305	248	235
	低点	193	205	208	214	205	206	228	266	280	204	198	210

美国毛纺　　　　　　　　　　　　　　　　单位：美元

年份		一月	二月	三月	四月	五月	六月	七月	八月	九月	十月	十一月	十二月
1914	高点	21	9	7	15	15	15	14	欧战期间交易所关闭				
	低点	15	16	13	15	15	13	12					
1915	高点	18	18	17	32	32	30	26	38	57	57	54	50
	低点	16	18	16	16	26	28	20	26	34	48	46	46
1916	高点	53	54	55	51	48	49	46	47	51	54	59	58
	低点	42	47	50	43	42	43	43	42	44	47	52	37
1917	高点	48	50	53	54	55	59	54	53	49	47	43	45
	低点	44	37	46	47	46	51	51	46	45	41	38	38
1918	高点	49	56	56	53	61	59	60	59	58	55	52	59
	低点	45	49	48	50	52	54	57	8	54	49	49	50
1919	高点	52	58	67	70	98	130	137	121	124	150	145	169
	低点	45	45	52	55	66	103	117	105	112	117	113	118
1920	高点	165	156	140	143	117	105	101	81	85	75	72	76
	低点	146	115	112	113	94	95	80	73	70	68	60	55
1921	高点	72	69	76	81	82	78	74	72	79	79	82	83
	低点	59	57	61	69	72	64	67	64	68	73	76	77
1922	高点	84	87	91	95	95	95	92	97	105	103	99	98
	低点	78	80	85	88	90	86	89	90	95	96	90	93
1923	高点	97	107	110	105	95	98	88	87	89	77	75	77
	低点	93	95	103	94	86	80	81	82	72	65	68	71
1924	高点	79	75	77	71	67	73	77	79	77	59	63	70
	低点	69	70	68	62	62	66	68	73	51	51	52	58
1925	高点	65	53	51	42	40	39	41	42	42	52	50	47
	低点	49	48	37	36	35	35	36	39	39	38	46	40
1926	高点	43	40	34	34	26	25	25	32	33	31	36	36
	低点	38	30	30	23	21	19	22	23	29	27	28	31
1927	高点	33	27	24	20	21	20	23	25	27	23	24	22
	低点	24	22	19	18	17	16	18	20	21	21	21	20
1928	高点	24	25	24	24	23	22	20	18	21	25	32	29
	低点	20	22	22	22	21	18	14	15	16	17	21	23
1929	高点	28	26	23	22	21	20	19	20	17	16	10	9
	低点	23	20	19	18	18	17	17	15	16	6	8	7

阿奇逊

单位：美元

年份		一月	二月	三月	四月	五月	六月	七月	八月	九月	十月	十一月	十二月
1914	高点	100	99	99	97	97	100	100	欧战期间交易所关闭				96
	低点	93	96	96	92	94	96	89					89
1915	高点	96	96	100	105	103	102	103	105	105	109	111	108
	低点	93	92	94	99	97	99	99	100	101	103	106	105
1916	高点	108	104	104	104	107	107	106	105	107	109	109	107
	低点	102	102	102	100	101	103	102	102	102	105	104	101
1917	高点	107	104	106	105	103	103	102	100	98	98	90	88
	低点	104	100	101	101	98	100	99	98	95	90	82	75
1918	高点	87	86	86	84	88	86	86	87	88	97	100	95
	低点	82	83	81	82	83	83	84	85	85	86	90	89
1919	高点	94	93	94	96	104	103	104	98	92	94	92	86
	低点	91	90	91	91	94	97	98	88	88	85	83	80
1920	高点	85	85	86	84	81	80	82	84	86	90	90	85
	低点	81	76	81	78	76	78	79	79	82	86	82	77
1921	高点	84	83	83	83	84	81	86	87	87	87	91	94
	低点	82	81	77	178	80	76	80	83	84	84	85	89
1922	高点	100	98	98	102	101	100	103	105	108	108	104	102
	低点	92	95	96	97	99	97	99	100	102	102	98	100
1923	高点	102	104	105	103	101	104	100	98	99	99	98	98
	低点	100	100	102	100	98	97	94	94	95	94	95	95
1924	高点	102	102	100	101	103	104	107	106	109	109	116	121
	低点	97	98	98	99	100	102	103	104	103	103	107	115
1925	高点	123	125	128	122	122	121	121	123	125	124	126	140
	低点	116	116	117	118	117	116	118	120	121	120	121	123
1926	高点	139	132	130	135	140	140	139	161	161	159	159	172
	低点	129	127	122	124	128	133	133	137	152	142	151	153
1927	高点	171	173	181	186	185	185	196	200	197	195	193	200
	低点	162	163	166	176	179	176	177	187	189	181	181	191
1928	高点	196	189	191	197	197	193	190	195	197	195	204	202
	低点	186	182	182	187	190	183	185	187	190	189	189	191
1929	高点	205	209	205	203	224	237	260	298	295	287	245	234
	低点	196	196	195	196	197	210	236	251	267	221	200	216

芝加哥、密尔沃基与圣保罗——普通股　　　　单位：美元

年份		一月	二月	三月	四月	五月	六月	七月	八月	九月	十月	十一月	十二月
1914	高点	107	107	103	102	102	101	101	欧战期间交易所关闭				93
	低点	98	101	96	94	97	96	85					85
1915	高点	93	89	91	98	96	93	91	87	89	95	96	101
	低点	87	83	85	88	85	88	78	80	82	86	93	92
1916	高点	102	99	96	96	102	102	99	97	98	98	97	95
	低点	95	93	92	91	92	96	94	92	91	94	92	89
1917	高点	92	87	86	83	81	78	74	72	66	56	47	49
	低点	87	78	80	79	70	71	65	66	54	44	35	35
1918	高点	48	44	44	41	47	45	45	52	54	52	54	48
	低点	41	38	39	37	38	42	40	43	47	46	46	40
1919	高点	41	38	41	39	47	47	53	48	46	46	46	40
	低点	36	34	35	36	38	40	42	38	40	41	36	34
1920	高点	38	41	42	38	36	34	36	38	41	44	44	33
	低点	35	30	36	32	30	31	32	32	36	40	32	21
1921	高点	31	29	28	27	30	29	28	29	27	26	24	23
	低点	28	26	23	24	26	22	25	23	25	22	23	17
1922	高点	19	25	24	30	29	28	30	36	35	33	30	26
	低点	17	18	21	23	24	24	26	29	30	26	22	20
1923	高点	24	26	26	24	22	24	20	18	18	16	15	15
	低点	21	23	23	20	20	18	16	14	15	13	12	11
1924	高点	18	17	16	17	15	15	17	17	16	13	19	18
	低点	14	14	14	14	12	12	14	14	12	11	12	14
1925	高点	16	14	13	6	10	10	9	10	9	11	11	
	低点	13	11	5	3	4	8	7	8	7	8	9	
1926	高点	14	14	13	11	11	13	12	14	13	12	12	10
	低点	10	12	9	9	9	11	10	11	10	9	8	8
1927	高点	12	17	15	17	16	18	17	19	19	19	18	20
	低点	9	10	12	14	15	15	15	17	16	15	15	16
1928	高点	21	18	35*	40	40	36	36	38	39	37	37	35
	低点	17	15	22	32	33	30	33	35	35	33	33	32
1929	高点	38	40	38	35	34	33	43	45	44	40	27	28
	低点	34	35	31	31	28	30	31	35	37	20	16	22

* 股票变更 5

芝加哥、密尔沃基与圣保罗——优先股　　单位：美元

年份		一月	二月	三月	四月	五月	六月	七月	八月	九月	十月	十一月	十二月
1914	高点	141	143	140	138	139	138	135	欧战期间交易所关闭				130
	低点	139	140	137	135	134	131	131					126
1915	高点	130	128	125	128	128	127	126	127	125	129	133	135
	低点	124	123	123	125	123	125	122	121	121	125	130	130
1916	高点	136	133	130	130	130	131	131	130	127	129	127	125
	低点	131	128	127	128	128	130	128	126	124	126	125	123
1917	高点	125	125	120	120	116	113	111	111	106	100	87	81
	低点	124	117	117	117	111	109	108	106	99	86	73	62
1918	高点	79	77	76	72	78	75	77	81	81	84	86	82
	低点	72	68	69	66	69	73	71	74	75	75	78	70
1919	高点	74	73	75	71	74	72	76	71	67	70	66	56
	低点	65	67	68	66	68	68	68	60	62	62	52	49
1920	高点	54	60	61	55	52	52	54	55	62	65	65	52
	低点	30	46	53	49	46	48	48	49	54	60	49	37
1921	高点	46	44	43	42	46	44	43	44	41	41	38	37
	低点	42	41	36	36	40	32	39	34	37	35	36	29
1922	高点	33	39	38	47	46	43	47	55	55	52	47	39
	低点	29	30	36	38	41	38	41	46	47	42	33	31
1923	高点	34	45	45	42	38	41	35	32	31	28	28	26
	低点	32	37	41	37	34	30	27	24	26	21	24	21
1924	高点	28	27	28	30	27	25	29	29	27	22	32	31
	低点	23	22	22	24	21	21	23	24	19	18	22	20
1925	高点	28	25	23	10	15	17	16	17	18	22	20
	低点	22	20	9	7	8	13	14	14	15	14	17	18
1926	高点	22	20	19	18	19	20	19	24	23	21	22	20
	低点	18	18	14	15	16	18	16	19	16	18	18
1927	高点	21	25	22	26	25	35	34	34	35	34	35	37
	低点	19	20	20	21	22	24	30	29	31	28	28	31
1928	高点	39	33	48*	51	51	47	48	55	56	54	60	57
	低点	32	30	37	43	44	45	44	45	51	48	49	51
1929	高点	61	64	62	57	54	53	63	69	67	61	46	50
	低点	55	55	51	51	46	49	51	56	60	30	29	40

* 股票变更

熔炉钢铁   单位：美元

年份		一月	二月	三月	四月	五月	六月	七月	八月	九月	十月	十一月	十二月
1915	高点	……	……	……	……	35	33	83	93	110	106	85	76
	低点	……	……	……	……	18	25	29	65	74	79	67	71
1916	高点	75	86	99	96	88	87	75	79	97	96	96	87
	低点	53	71	70	75	73	73	63	67	73	79	82	50
1917	高点	69	69	73	73	83	91	92	86	75	74	60	55
	低点	60	50	62	59	59	79	78	66	63	59	49	46
1918	高点	59	68	66	68	75	70	69	70	69	65	58	61
	低点	52	55	59	61	60	60	63	65	63	52	53	55
1919	高点	60	62	70	73	84	97	149	164	248	261	250	222
	低点	52	52	60	65	69	86	94	126	166	222	175	192
1920	高点	233	224	269	278	148	154	162	139	135	133	125	90
	低点	197	189	190	140	115	130	141	118	118	120	85	70
1921	高点	107	97	96	87	86	68	60	58	65	67	67	69
	低点	73	87	81	74	67	51	51	49	54	57	62	63
1922	高点	67	64	59	66	77	77	94	96	98	90	80	73
	低点	57	53	53	56	64	66	73	90	81	75	58	61
1923	高点	75	82	84	83	76	75	67	69	68	62	68	69
	低点	68	71	78	75	63	62	58	59	57	57	62	64
1924	高点	68	72	65	58	54	55	56	60	60	58	73	76
	低点	65	61	54	50	48	49	51	49	51	53	55	69
1925	高点	80	78	80	69	72	69	75	75	77	77	85	83
	低点	73	68	64	65	64	68	70	72	72	76	76	79
1926	高点	81	80	73	71	70	75	76	78	76	75	79	83
	低点	77	67	66	64	65	70	73	72	73	68	70	74
1927	高点	81	90	97	93	90	89	96	95	96	90	89	93
	低点	77	79	86	84	83	80	81	86	87	76	79	83
1928	高点	90	93	89	92	89	86	73	81	80	82	88	90
	低点	84	84	85	86	84	72	69	71	77	75	76	79
1929	高点	94	92	92	92	92	104	107	122	120	107	91	90
	低点	85	85	85	86	85	87	101	104	104	78	71	76

234

伊瑞尔（Erie） 单位：美元

年份		一月	二月	三月	四月	五月	六月	七月	八月	九月	十月	十一月	十二月
1914	高点	32	32	30	30	29	30	29	欧战期间交易所关闭					24
	低点	27	29	28	26	27	27	20					20
1915	高点	24	23	26	30	29	28	27	30	33	44	46	45
	低点	21	20	21	25	22	25	25	26	28	31	40	41
1916	高点	44	40	38	37	41	40	37	40	41	41	40	39
	低点	35	35	35	32	34	34	34	35	36	36	36	32
1917	高点	35	29	31	30	27	28	26	26	22	21	16	17
	低点	30	25	25	26	22	24	24	21	20	15	13	13
1918	高点	17	16	16	15	17	16	16	16	17	18	23	20
	低点	14	14	14	14	14	15	15	15	15	15	17	16
1919	高点	17	17	18	18	20	20	20	18	16	17	16	14
	低点	15	15	16	16	17	17	17	15	15	15	13	12
1920	高点	14	16	16	14	13	12	14	15	21	21	19	15
	低点	12	9	14	12	11	11	11	12	15	17	14	11
1921	高点	15	14	13	13	15	14	14	14	14	14	13	12
	低点	13	13	11	12	13	11	13	12	13	11	11	10
1922	高点	11	11	12	15	19	17	18	19	18	16	14	11
	低点	7	8	10	11	13	13	15	17	14	14	9	10
1923	高点	12	13	13	13	12	14	12	16	15	15	20	21
	低点	10	11	12	11	10	10	11	11	13	13	14	19
1924	高点	27	28	26	27	26	30	35	35	30	29	33	34
	低点	21	23	24	24	24	25	28	28	27	25	28	30
1925	高点	34	34	33	30	31	29	29	34	33	37	38	39
	低点	31	31	27	27	27	27	27	28	30	31	34	37
1926	高点	40	38	37	33	34	37	39	35	36	40	40	42
	低点	34	35	22	25	30	33	32	31	32	36	38	38
1927	高点	44	47	49	57	57	57	64	66	70	70	65	67
	低点	39	42	42	48	51	51	52	58	59	59	60	61
1928	高点	66	60	59	60	63	57	55	54	62	60	72	72
	低点	59	50	52	55	55	49	51	50	54	55	55	60
1929	高点	73	75	78	73	77	82	87	91	93	85	61	66
	低点	67	66	64	65	68	75	78	80	81	43	42	54

基 金

年份		一月	二月	三月	四月	五月	六月	七月	八月	九月	十月	十一月	十二月
1923	高点	……	……	……	72	71	70	78	78	72	70	72	70
	低点	……	……	……	68	64	66	67	69	65	58	64	66
1924	高点	69	74	76	72	75	72	73	88	84	88	93	95
	低点	66	68	71	68	69	70	70	73	81	82	85	86
1925	高点	106	109	108	111	117	122	135	140	142	173	184	177
	低点	90	102	97	107	110	111	120	123	131	135	160	136
1926	高点	180	168	129	107	100	107	105	102	105	91	87	82
	低点	155	127	93	96	85	90	90	92	83	77	78	73
1927	高点	82	86	87	89	82	67	62	63	58	53	48	52
	低点	76	75	77	79	68	55	56	55	46	47	35	37
1928	高点	52	49	47	53	56	50	48	45	43	40	48	57
	低点	43	43	42	43	45	42	42	37	37	36	37	41
1929	高点	53	54	62	70	69	53	58	46	43	41	25	23
	低点	45	45	49	52	44	48	46	40	35	21	13	15

通用汽车　　　　　　　　　　　　　单位：美元

年份		一月	二月	三月	四月	五月	六月	七月	八月	九月	十月	十一月	十二月
1914	高点	47	76	79	82	99	96	93	欧战期间交易所关闭				87
	低点	37	47	73	72	78	88	55					73
1915	高点	94	95	127	150	146	159	189	224	375	395	476	558
	低点	82	82	92	122	125	135	154	181	219	320	365	450
1916	高点	495	485	485	460	525	560	510	585	750	850	818	135*
	低点	415	470	440	405	415	515	465	500	574	759	810	120*
1917	高点	146*	115	125	121	112	121	125	117	109	101	94	106
	低点	101*	99	107	98	100	103	109	105	86	82	74	82
1918	高点	139	142	129	124	128	157	159	164	133	140	135	132
	低点	107	116	113	115	115	117	135	132	110	112	122	123
1919	高点	134	155	171	183	210	243	242	239	265	291	406	345
	低点	118	125	148	168	179	203	220	210	230	254	280	310
1920	高点	345	310	410	390	312							
	低点	293	225	233	275	280							
1920	高点	新股票		42	39	31	28	28	22	22	19	18	16
	低点			24	27	25	22	21	20	16	17	13	13
1921	高点	16	15	14	14	14	12	12	11	11	10	12	12
	低点	14	14	12	12	11	9	10	9	10	11	10	10
1922	高点	10	10	11	13	15	15	14	15	15	15		15
	低点	8	8	8	10	12	13	13	14	13	13		13
1923	高点	15	15	15	17	17	15	14	16	16	14	15	16
	低点	13	13	15	15	14	13	13	14	13	13	14	14
1924	高点	16	16	16	17	14	14	15	15	62*	60	62	67
	低点	15	14	14	13	13	13	13	14	60*	56	56	59
1925	高点	76	79	76	75	78	85	89	95	112	140	150	121
	低点	65	73	68	69	73	76	84	88	88	110	106	111
1926	高点	128	131	130	135	133	149	195	226	222	173	154	160
	低点	116	121	113	115	121	123	146	190	140	141	137	138
1927	高点	156	169	183	196	200	205	228	252	277	282		
	低点	145	152	163	177	198	191	194	216	245	262		
1927	高点						新股票		127	139	141	135	139
	低点								113	123	125	125	125
1928	高点	139	139	199	199	210	202	200	203	219	224	225	213
	低点	130	132	137	183	185	169	182	176	198	209	205	182
1929	高点	86	88	92	88	86	76	77	75	79	69	46	44
	低点	78	78	77	81	66	69	66	68	66	34	36	39

*　新股票

纽约中央　　　　　　　　　　　　　单位：美元

年份		一月	二月	三月	四月	五月	六月	七月	八月	九月	十月	十一月	十二月
1914	高点	97	96	92	91	94	93	91	欧战期间交易所关闭				85
	低点	88	88	88	87	91	87	77					80
1915	高点	93	90	88	92	90	91	89	92	98	103	104	110
	低点	85	82	81	83	82	85	82	88	91	96	101	101
1916	高点	111	108	107	105	108	108	106	107	111	114	110	109
	低点	103	102	102	100	103	103	103	102	103	106	106	101
1917	高点	104	98	100	98	94	94	91	89	82	77	72	73
	低点	100	91	93	92	86	89	87	80	75	70	65	62
1918	高点	74	73	74	70	76	73	73	75	76	82	85	80
71	低点	67	70	68	68	68	71	71	71	72	73	75	76
1919	高点	75	76	78	76	83	84	83	79	74	75	76	71
	低点	69	71	73	73	75	78	78	70	71	72	69	67
1920	高点	71	73	77	75	72	71	71	75	78	83	84	75
	低点	68	64	71	68	66	67	67	70	73	77	73	66
1921	高点	74	72	71	70	73	70	73	74	74	74	75	76
	低点	71	70	66	67	67	64	68	68	70	70	71	73
1922	高点	76	78	89	93	92	97	99	100	100	102	100	97
	低点	73	74	78	86	88	88	94	96	94	95	89	92
1923	高点	95	99	100	95	100	104	100	101	103	102	105	107
	低点	93	94	95	92	90	96	96	96	99	99	101	103
1924	高点	106	106	102	103	103	107	109	111	110	108	119	120
	低点	102	99	100	100	100	101	104	106	106	103	108	115
1925	高点	125	124	124	117	119	118	119	124	124	128	131	137
	低点	117	119	114	114	116	113	115	116	118	120	134	127
1926	高点	136	131	128	127	128	133	135	140	147	143	138	147
	低点	127	126	117	119	121	126	129	134	140	129	131	133
1927	高点	145	147	146	152	155	156	156	158	168	171	166	166
	低点	137	139	140	143	145	148	147	149	153	156	158	160
1928	高点	164	160	181	189	191	187	173	177	181	178	196	194
	低点	158	156	160	173	178	166	159	161	173	169	172	179
1929	高点	200	204	200	187	196	210	245	256	256	230	202	183
	低点	187	186	178	178	179	192	209	226	218	175	160	167

237

南方铁路　　　　　　　　　　　　　　　　　　　　　单位：美元

年份		一月	二月	三月	四月	五月	六月	七月	八月	九月	十月	十一月	十二月
1914	高点	27	28	26	26	26	25	25	欧战期间交易所关闭				17
	低点	23	25	25	22	24	23	17					14
1915	高点	18	17	17	19	19	17	16	17	20	26	26	24
	低点	14	13	13	17	16	15	12	14	15	18	23	22
1916	高点	24	22	22	22	24	24	25	25	26	31	30	37
	低点	20	20	20	18	20	22	22	23	23	25	23	27
1917	高点	33	30	31	29	29	29	28	29	28	28	26	25
	低点	29	27	27	27	23	26	25	26	25	25	23	21
1918	高点	25	25	25	23	26	25	24	27	28	33	35	32
	低点	22	23	22	20	21	23	23	23	25	27	28	28
1919	高点	30	29	30	30	33	32	32	29	26	27	27	24
	低点	25	26	27	27	28	29	29	23	24	25	22	20
1920	高点	23	26	26	24	23	24	31	30	33	33	31	25
	低点	21	18	23	20	20	22	23	26	27	29	23	18
1921	高点	25	23	22	22	24	21	22	21	22	21	20	20
	低点	22	21	19	19	20	17	19	18	19	19	19	18
1922	高点	19	21	23	26	25	26	29	27	27	25	25	
	低点	17	17	20	23	23	21	23	25	24	21	23	
1923	高点	31	34	35	35	34	37	34	33	35	36	38	39
	低点	25	9	33	31	29	31	31	30	32	32	34	36
1924	高点	47	51	56	56	55	64	67	70	71	69	76	80
	低点	38	44	48	52	53	54	63	63	64	64	67	75
1925	高点	86	92	92	93	97	99	102	108	108	116	116	120
	低点	71	84	82	83	91	93	96	99	102	105	110	115
1926	高点	120	116	115	113	114	119	121	128	131	126	121	126
	低点	112	111	104	106	107	114	116	119	125	115	117	116
1927	高点	127	127	125	127	130	130	134	136	137	137	142	149
	低点	119	121	122	121	122	125	124	130	131	130	131	139
1928	高点	147	145	150	156	165	160	152	154	154	147	151	148
	低点	142	139	142	145	156	144	142	146	146	142	144	142
1929	高点	158	158	152	147	144	150	160	154	162	152	141	141
	低点	146	146	142	141	138	141	148	149	153	126	109	131

238

联合太平洋

单位：美元

年份		一月	二月	三月	四月	五月	六月	七月	八月	九月	十月	十一月	十二月
1914	高点	164	164	160	161	159	157	157	欧战期间交易所关闭				122
	低点	153	159	155	149	154	151	112					112
1915	高点	123	121	126	135	132	130	130	135	135	139	141	140
	低点	116	117	118	124	121	123	123	126	128	131	135	136
1916	高点	140	135	135	134	143	140	140	144	152	153	153	150
	低点	131	132	130	130	131	135	136	137	137	143	146	142
1917	高点	149	139	145	141	140	139	137	138	132	129	118	115
	低点	141	131	133	135	129	134	133	129	128	137	137	132
1918	高点	118	124	123	121	126	123	123	129	128	137	137	132
	低点	110	113	116	117	118	120	121	121	126	126	126	125
1919	高点	130	132	133	132	138	136	136	132	125	126	129	129
	低点	124	126	127	128	130	130	131	119	120	122	121	120
1920	高点	125	123	125	122	119	115	117	124	126	129	129	120
	低点	121	110	118	116	112	112	112	114	120	124	117	111
1921	高点	122	122	121	118	122	119	121	123	123	123	132	129
	低点	117	118	114	113	116	111	117	118	118	117	120	124
1922	高点	131	135	135	140	142	140	145	153	155	152	147	141
	低点	125	126	130	133	135	134	139	141	147	144	137	134
1923	高点	139	145	144	142	138	138	133	134	133	131	134	131
	低点	135	137	139	135	132	127	125	124	127	127	129	125
1924	高点	131	133	130	132	134	137	144	147	143	140	151	152
	低点	128	128	127	128	130	129	135	141	138	136	139	145
1925	高点	153	152	150	142	142	139	142	144	143	143	149	152
	低点	148	148	135	133	136	134	138	140	139	138	141	146
1926	高点	150	150	147	149	151	154	156	164	167	168	165	166
	低点	144	144	141	143	145	147	151	154	158	157	160	159
1927	高点	164	172	172	175	181	178	189	192	192	197	197	198
	低点	159	162	164	167	171	170	172	183	186	185	187	191
1928	高点	193	196	199	203	205	202	196	199	203	206	225	219
	低点	188	186	190	193	197	190	190	192	195	196	202	204
1929	高点	224	231	230	220	228	235	276	297	296	274	235	228
	低点	215	218	209	213	216	223	235	262	264	230	200	211

美国铸管

单位：美元

年份		一月	二月	三月	四月	五月	六月	七月	八月	九月	十月	十一月	十二月
1914	高点	13	13	13	12	10	9	9	欧战期间交易所关闭				8
	低点	11	13	11	11	9	8	9					8
1915	高点	10	9	10	16	18	16	17	23	25	32	31	26
	低点	8	9	10	10	12	13	12	15	19	23	25	23
1916	高点	25	20	6	22	23	24	22	22	27	28	28	28
	低点	15	16	16	17	19	19	18	19	19	22	25	19
1917	高点	23	20	23	21	24	24	23	22	18	17	13	12
	低点	20	17	19	18	18	21	21	17	16	12	10	10
1918	高点	14	16	14	14	17	16	16	15	14	15	15	16
	低点	12	14	14	11	13	14	15	13	12	14	13	13
1919	高点	16	20	21	27	28	37	36	39	34	34	30	23
	低点	14	14	18	20	24	27	30	28	27	29	20	20
1920	高点	25	20	23	24	18	17	19	16	15	15	14	12
	低点	19	16	16	16	16	16	15	12	13	13	10	10
1921	高点	14	16	19	18	19	15	15	15	16	16	19	18
	低点	11	12	15	16	15	12	14	12	13	13	15	16
1922	高点	21	28	39	38	37	36	35	39	35	35	32	29
	低点	16	17	26	33	33	27	30	33	31	27	23	24
1923	高点	33	33	34	32	29	28	28	31	34	41	58	69
	低点	29	29	31	28	23	20	20	24	27	30	36	54
1924	高点	85	77	81	94	92	97	102	109	115	119	147	170
	低点	66	64	70	69	79	84	94	92	100	106	118	133
1925	高点	185	250	245	175	168	170	165	181	178	221	227	213
	低点	160	177	152	131	143	155	139	146	160	162	176	190
1926	高点	210	207	183	177	169	205	246	248	220	222	223	239
	低点	188	180	158	159	150	167	200	209	197	190	202	215
1927	高点	228	226	224	234	246	239	242	230	212	214	225	221
	低点	202	208	207	214	220	220	220	190	191	196	193	211
1928	高点	222	211	269	300	271	274	242	249	280	263	53*	47
	低点	205	190	193	245	244	230	239	242	240	260	45	38
1929	高点	47	48	56	45	45	35	35	30	32	27	21	22
	低点	42	38	36	40	27	29	29	26	26	12	15	19

* 新股票

美国橡胶

单位：美元

年份		一月	二月	三月	四月	五月	六月	七月	八月	九月	十月	十一月	十二月
1914	高点	63	61	63	63	59	59	60	欧战期间交易所关闭				58
	低点	58	58	59	53	56	57	44					45
1915	高点	59	59	66	75	71	67	54	55	55	56	59	56
	低点	52	53	53	64	56	48	44	45	49	52	52	53
1916	高点	59	53	55	54	57	57	55	59	63	63	69	71
	低点	49	49	48	50	51	52	51	52	56	58	59	55
1917	高点	65	56	62	60	59	64	64	67	63	60	55	53
	低点	56	51	51	56	53	57	58	60	57	55	48	45
1918	高点	57	59	58	59	60	60	63	64	64	70	75	80
	低点	51	56	54	52	54	55	58	60	59	61	65	72
1919	高点	81	85	87	95	115	139	138	137	132	132	138	139
	低点	73	74	80	82	92	110	123	113	110	119	112	117
1920	高点	144	128	115	115	102	97	102	89	90	81	73	70
	低点	122	91	93	97	89	93	86	80	75	71	58	53
1921	高点	73	72	75	80	79	68	56	54	51	51	51	57
	低点	62	65	65	69	66	50	47	40	43	46	47	49
1922	高点	56	57	65	67	67	66	64	59	58	58	55	56
	低点	52	53	57	62	62	57	58	55	49	51	47	50
1923	高点	62	62	65	62	58	52	44	44	44	40	39	40
	低点	55	57	59	58	49	38	40	35	36	31	34	36
1924	高点	43	39	36	32	30	29	32	38	37	36	41	42
	低点	37	35	29	25	22	24	27	30	31	32	32	38
1925	高点	44	45	3	42	48	55	65	59	65	81	97	91
	低点	40	39	33	36	40	46	54	53	51	65	78	76
1926	高点	88	87	77	70	63	65	61	69	67	63	64	64
	低点	78	75	61	58	50	63	56	57	60	52	56	57
1927	高点	62	7	66	65	59	52	47	52	58	58	56	58
	低点	57	59	60	56	49	37	41	45	46	49	47	52
1928	高点	63	61	54	53	46	44	34	40	44	44	44	48
	低点	56	46	40	41	41	27	27	31	36	36	37	38
1929	高点	55	54	65	58	60	54	55	50	58	56	36	31
	低点	42	46	51	51	45	46	46	44	46	15	22	23

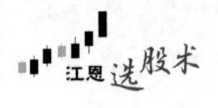

美国钢铁　　　　　　　　　　　　　　　　　　单位：美元

年份		一月	二月	三月	四月	五月	六月	七月	八月	九月	十月	十一月	十二月
1914	高点	67	67	65	64	64	63	62	欧战期间交易所关闭				55
	低点	57	64	62	56	58	58	50					48
1915	高点	53	45	50	61	61	64	58	78	80	88	88	89
	低点	40	38	42	48	48	53	58	67	74	77	84	84
1916	高点	89	86	87	86	86	87	87	99	121	122	130	127
	低点	79	81	80	80	80	83	83	86	95	108	118	100
1917	高点	116	109	118	119	137	135	130	128	114	111	99	92
	低点	108	99	103	109	112	125	119	109	104	109	89	79
1918	高点	98	98	93	96	114	110	109	116	116	115	104	100
	低点	89	93	86	89	95	96	101	107	107	101	94	92
1919	高点	97	96	101	103	109	112	115	110	108	112	112	107
	低点	89	88	92	97	96	103	107	98	100	104	102	101
1920	高点	109	106	106	107	97	95	96	91	91	90	89	83
	低点	104	92	93	94	90	91	87	84	86	85	80	76
1921	高点	85	85	83	85	86	80	76	76	80	82	85	85
	低点	80	81	78	79	79	70	71	72	74	77	80	83
1922	高点	88	96	96	100	102	103	102	105	106	111	111	108
	低点	82	85	93	95	97	97	98	100	101	101	100	101
1923	高点	109	108	110	108	104	98	93	94	94	91	96	100
	低点	104	104	105	103	95	90	85	86	86	86	91	94
1924	高点	107	109	104	101	100	100	108	112	110	110	119	121
	低点	98	101	97	95	95	94	99	106	105	105	109	116
1925	高点	130	128	125	118	120	117	120	126	126	130	139	137
	低点	120	122	112	113	113	113	115	117	118	120	127	129
1926	高点	138	134	128	125	125	144	149	160	153	155	153	160
	低点	132	124	118	117	118	122	138	147	142	134	138	146
1927	高点	159	162	167	173	176							
	低点	153	156	156	165	165							
1926	高点									新股票			117
	低点												114
1927	高点	116	116	121	125	126	126	138	148	160	155	148	155
	低点	111	113	114	119	118	119	119	129	143	129	130	138
1928	高点	153	147	152	154	150	147	145	156	162	166	172	167
	低点	144	138	137	144	142	132	134	139	152	156	160	150
1929	高点	193	192	194	192	184	191	211	260	261	234	190	189
	低点	157	168	171	176	166	165	189	209	221	166	150	157

242

答疑解惑

我们经常会收到许多咨询各种各样信息的来信。为了省掉许多不必要的重复回信，我们将一些常见问题的答复进行了归纳。

股市中的零碎股交易和谷物期货中的零星交易

交易者经常会问，他们能不能进行零碎股交易。大多数纽约证券交易所的成员经纪人都会接受零碎股交易的委托单。他们大多可以全部用现金去买 1 股以上任何数量的股票。在芝加哥期货交易所，零星交易或 1000 蒲式耳谷物的交易也可以做。有些经纪人会接这样的零星交易，而也有一些经纪人是不干的。你可以去询问任何一个芝加哥期货交易所的成员经纪人，就可以知道有关零星交易，或者说低于 5000 蒲式耳（5000 蒲式耳为一整批或一份合约的最小单位）交易的具体情况。芝加哥期货交易所和新奥尔良棉花交易所都接受 50 包的棉花交易量。可靠的交易所都不会接受每次低于 50 包的棉花交易量。那些可以交易 10 包或更多包棉花，或者招揽这种零星交易的场所就像是野鸡交易所。交易者在这类公司开户要加倍小心。

权威作家应具备什么能力

那些在职场或商界中被称为权威的人，他们的见解都是有价值的，这些人都是在某个专门的行业里拥有多年实践经验的人。当一名律师、医生或工程师结束在大学的学习，离开校园后，他们除了理论什么也不会。他的受教育程度可能会很高，也可能掌握了学校里教的关于某个专业的全部知识，但没有人能从大学里得到真正实践知识的重大基本原理。这方面只能在实践这所学校里才学得到。当一个人把那些理论用到实际工作中时，会发现很多都行不通。我们都要在实践中学习，就像人们常说的那样，"吃亏学乖代价高，笨汉非此学不好。"

一个人可能会构想出一套很美妙的股市赚钱理论，可能还会在纸上演练了一番，发现效果不错。不过这只是表面的成功，当他在真实的交易中应用其理论，并开始进行股票买卖以后，他就会发现理论中的弱点，而这个理论在实战操作中根本派不上用场。我知道我在讲什么，因为我已经在股市中试用过几十种不同的理论，然后自己的钱进行试验，结果都赔了；不断对理论进行探索，之后又摒弃，然后一切从头再来。

在经过20多年对股票和期货市场孜孜不倦的研究后，我感觉我有能力写出一些从实践中提炼出来的东西，并能够证明这些对其他人是有实战价值的。事实上，我的预测方法已经经受住了时间的考验，它可以充分证明我已经找到了解决问题的钥匙。全国各地有成百上千的人都知道，我的方法曾经让我精确地预测出了1914年到1919年战争时期的股市走向，同时也让我准确地预测出了战后的股市运行情况。当时所有最顶尖的经济学家都声称，世界大战带来了如此令人不安的局面，以致从前那些行得通的理论在战后的这个时期里没有一个是管用的。但我的方法是奏效的，我每年都会发布一份年度预测，这些预测后来证明都非常之准确。用我的朋友，已故的乔治·S. 史密斯先生的话来说，"这些都是白纸黑字写下来的，是抹不掉的"。你并不是非得相信我的话，我靠的是我以往的业绩。几乎在美国的每个州都有对我的预测信服不已的订户，他们会按照我的预测进行操作，并体验到了科学战胜猜测。

一名报社记者曾经问威廉·E. 吉利先生："为什么江恩先生在预测市场方面能取得成功？"吉利先生的回答是："因为他在股票和期货市场的研究上倾注了20多年的心血，这么多年别的什么都没干。他只搞这一项研究，而多年的不懈专注就会带来成功。他有很好的数学计算能力和精密分析的头脑,这些都能让他发现导致股市强弱的因素,也使得他可以挑选并只使用那些不仅经受住了过去很多年的验证,而且在今后的股市中也会发挥作用的操作法则。"

江恩提供的服务将如何帮助你

这个世界从未像现在这样,各行各业都迫切需要专家提供的服务。这是一个专家的时代。那些在任何一个领域内可以提供有价值服务的人都只专注于一件事,并把它研究透了的人。没有一个有理智的人会让一个杂而不精的人来为他提供服务。如果我的眼睛不舒服,我不会去找一个全科医生,而是会让眼科大夫来为我诊断。我不会图便宜去找个要价低的人,因为我知道我花多少钱,就能得到与之相匹配的服务。其实到最后算下来,最好的服务总是最便宜的。

在股市和期货市场的投资和投机中,人们之所以会赔钱是因为他们缺乏正确的知识。另一个原因是他们认为没必要去为那些专家的建议花钱。他们可以去问自己的经纪人或银行经理该买或卖哪只股票,但是他们从来没有停下来问问自己:"为什么经纪人或银行经理就应该比我更清楚哪只股票该介入,或是更了解正确的交易时机呢?"他们想要得到免费的建议,但到头来却付出了最昂贵的代价,因为他们赔了钱。

经纪人不应该被认定为专业的市场预测者。这不是他的业务,他的业务就是从客户的交易里提取佣金。这就是他挣钱的方式。他的建议没有什么价值,因为他没有研究过市场的波动情况,也没有专心只干这一件事。一般来说,经纪人的建议还不如任何其他人给出的建议,这不是因为他想误导你,也不是因为他不诚实,原因就在于他的事务实在太繁杂了,他们看到和听到的东西太多,以至于作出的判断不可靠。经纪人不得不被动地听市场上所有的传言,还有来自买方和卖方的各种观点。我知道很多诚实并有责任心的经纪人都拒绝讲出他们对股市的看法,因为他们认为他们的看法不值得成为客户的操作依据。

我提供的服务是很有价值的，因为我是专家，我的成功完全取决于我的客户能否获得成功。我出售的只有我的服务，我既不是经纪人，也不是推销商，而且从不为任何人买卖股票或债券。在过去的20多年里，我只盯着市场。每天都会从不偏不倚的立场出发去研究市场。我没有期望或恐惧的情绪。当我建议你买进或卖出股票时，没有任何自私的动机。为了让你能继续惠顾，我必须让你赚到钱。你是否发现每年只花100或200美元就能在我这里得到的服务，与每年花2.5万美元聘用一个专家才能得到的服务相同？我能将收费的标准定得如此低廉的原因跟你买一张5美元的歌剧票，就可以聆听到一位伟大艺术家的演唱是一样的道理。而那位艺术家一个晚上的收入高达几千美元。正因为有成百上千的人订阅我的各种服务内容，我才能将收费定在一个合理的价位。

你始终可以感受并了解到我是在为你的利益和成功而工作。对于你的经纪人，为了保住业绩，他必须为他自己的利益工作。所以，他必须让你进行尽可能多地交易，来帮他得到更多的佣金。我的目标是让你在股价接近顶部或底部时介入，只要你的交易还在盈利，就会让你一直留在场内。我不会想办法让你过于频繁地进出市场。如果那样做的话，那些多出来的佣金、税金和利息会提高你的费用支出，从而削减你的盈利。

很多人都会在行动前停下来好好想一想。我曾收到过一位在西部很有名气的商人的来信，这封信就是很好的证明。信的内容如下："我需要一种值得我信赖的股市服务。在你回答了我的几个问题后，我就可以判断出你那里是否有我想要的服务。你是一名经纪人吗？或者你与经纪人有任何关联吗？你是推销商吗？你是否曾经因为可以从股票推销商那里拿到佣金，而推荐买入某只上市或非上市公司的股票呢？你的建议是靠小道消息或内部消息得出来的吗？你是否也在自己的账户做投机交易呢？"

我对那封信做了如下答复："我的推测是建立在供需法则基础上的，是完全科学的数学推测方法。很多年前，我发现了时间因素，它让我可以判断出股价何时出现蓄势或派发，以及何时会接近顶部或底部。"

"我同任何一位经纪人或推销商都没有关联。我只为我的客户服务，并不为任何其他人工作。通过做这项业务，我已经建立起了一项大事业，我对于能继续为客户的利益而工作感到很满意。我不从推销商那里收取任何佣金，与他们的那些谋划也没有任何牵连。"

"我从来没有建议买卖那些不在纽约证券交易所上市的股票，也不会听信任何小道消息或内部消息。我从来没听说过哪个人能拿到内部消息并可以靠它赚到钱。那些所谓的内部消息或小道消息最后都会不可避免地让人赔钱。"

"对于我是否也在自己的账户做投机交易的问题，我想说的是，当我不在市场中交易时，我的判断力总是最棒的，因为那时我不会再受期望或恐惧的情绪影响，就能从公正的立场去地看待多空两方。很多人会想，要是一个人掌握了像我这样能在多年里准确预测市场的方法，那他就能在股市中发大财了。当我在自己的账户进行投机交易时，不止一次创造了世界纪录。但当我这么做时，我会集中全部精力在它上面，不会同时想着如何为其他人处理事务了。当成百上千的客户在追随我的建议进行操作时，我的时间和注意力都是归他们的，帮助他们在市场中立于不败之地是我的责任。"

那位商人在收到我的这封回信后便订阅了我的服务，现在已成为对我的服务相当满意的客户。

不管是为了自己账户中的投机交易可以获得成功，还是为了很好地向他人提供操作建议，都需要你专心致志，并付出不懈的努力。没有人可以同时把两件事都做成功。就好像一个人不可能在自己享用馅饼的同时，还想着把它送给别人。作为一名专业顾问，当我的订户付给我相当于一个百万富翁的收入，让我照管好他们的利益时，我没有权利去自己进行投机交易。我的时间属于他们，我不应该把时间花在我自己账户中的投机交易上。特别是当它会干扰到我的判断力，从而给我的客户造成损失时，我更不会这么做。

有的人常会说："如果你能像你说的那样准确地预测市场，那你就不会在这里卖信息了。"能说出这样话的人要么是很无知，要么就是太自私。他可能是引用了哪个报纸上的话，或是听到什么杰出人士曾这么说过。并不是每个向公众提供服务的人都只图赚钱，也有人会从中获得愉悦。洛克菲勒先生卖石油是因为他需要钱吗？福特先生卖汽车是因为他需要钱吗？不！这几位早就过了看重金钱的阶段。他们为公众提供的是大家的必需品，同时还付给员工很好的薪水，给他们一个可以独立的机会，这是他们为人们提供的一项伟大服务。当我掌握了可以让成千上万的人在市场中保护自己，免受损失，还能帮他们赚到钱的知识时，如果我拒绝把它卖给这些人，我是不是很自私呢？人们很少停下来想一想，这个世界上最容易干的活儿就是当个批评家。因为这个职业无需动脑就可以说，"它不可能办到"。这句话任何人都会说，你甚至也可以教一只鹦鹉来说这句话。只是简单说一句"如果"和"它不可能办到"是既不用动脑，也不需要受过什么教育。为了取得进步，我始终欢迎有一定智力水平的批评，但是没时间去搭理那些除了会说"如果"和"不可能"，其他一无所知的人。

我15年前来到华尔街，并宣布自己已经发现了一种可以预测股市和期市走向的方法。很多自作聪明的人说我疯了，说这是不可能的，是办不到的事。但是我却做到了。1909年，在《报价器杂志》(*Ticker Magazine*)宣布我运用科学的投机方法在股市中创造了世界纪录这件事之后，来自全国各地的男男女女或是写信，或是亲自登门拜访，有的想得到我的钱，有的想告诉我该如何去做。对于我研究了这么多年，自己辛辛苦苦发现的东西，他们都能给我提建议，告诉我那是怎么回事。我对一位先生的来访印象很深刻，他是一位比我年长很多的老先生，打电话说要来见我，并且说要给我一些好的建议。我非常感谢他。他对我说：

"年轻人，我在华尔街已经待了40年，我用尽了各种方式，想要找到可以在这场游戏中取胜的方法。但事实上不可能——它是不可能办到的，因为这就是个赌博游戏。你只不过是因为运气好，才赚了许多钱，就把这归功于科学的预测市场的方法。用不了多长时间,你就会发现你的方法不灵了,因为你会进入到一个与过去不同的市场。趁你现在还有钱,罢手吧,不要总想象着你能预测市场来骗自己了。"我先是感谢了他给我的忠告,然后说:

"如果您允许的话,我想给您讲一个我在得克萨斯州听到的小故事。那是一年的秋天,山核桃树上挂满了果实。通常每年的这个时候都会下大雨,风也会把山核桃吹到地上。但偏偏有一年秋天的旱情严重,风照刮,但雨却没下。一只老野猪多年来已经养成了习惯,每年这个时候都会来到一棵大山核桃树下,等着风雨交加的天气让山核桃从树上掉下来,成为它的盘中餐。可那年秋天,几个星期过去了,一个山核桃也没有掉下来。野猪非常饿,几乎快要饿死了。它用鼻子在树下拱,用头去撞树,直到精疲力竭,但是也没能让一个山核桃掉下来。一天,正当它准备在绝望中放弃时,一只猴子从旁边路过,对他说:'你好,老兄。这棵树上结满了好吃的山核桃,我饿了,我要弄一些下来吃。'那头野猪咕哝着说:'这不可能,我已经试过了。'但是猴子爬上了树,美美地吃了一顿。野猪和猴子的区别在于,猴子知道如何用不同的方式来进行尝试。"

那些尝试过,后来放弃的人永远也不会取得很大的进展。而那些承认那是不可能办到的人其实已经失败了。在所有这些批评者和善意的忠告者向我提出建议后,我继续搞我的科学研究,对所有的东西进行验证,并坚持那些被证明是正确的东西。我的发现经受住了时间的考验,我多年来对市场的预测就可以证明。只有少数人涉足的领域才是能赚到钱的地方。如果去做每个人都能做的事,那既赚不到钱,也不会让人心生敬意。只有去做那些不可能的事,或者说所谓不可能的事,你才能够成功。所以,当某人对你说"不可能做到",并且还讲了一大堆"如果"和"但是"的理由时,不要将他的决断当成是最后的结论,而是要自己调查研究后,再作出你的决定。

如果你有了一项伟大的科学发现,它可以使公众不再损失几百万块美元,让华尔街上无辜的门外汉们不再"福特车进去,自行车出来",

你会怎么做呢？你是否会出于自私的目的将它作为秘密来保守，让它掩盖在月光下，还是让它像阳光一样照耀四方？对于任何人来说，最大的快乐就是当他向其同胞提供最伟大的服务时实现的。爱默生的话是对的，他说："如果一个人可以写一本更好的书，进行一次更感人的宣讲布道，或是能够做一个比邻居家更管用的捕鼠器，那么即使他把家安在了森林里，世人也会踩出一条通向他家大门的路。"我一直试图要写一本更好的书，同时为公众提供比别人更好的服务。如果我都能做到，不管那些批评我的人说什么，我心里都会感到很满足。

江恩对1929年股市的预测

图20中标出的工业曲线1精确复制了我在1928年11月3日做出的关于1929年的预测。曲线2是我对那些强势的领涨股趋势预测的精准拷贝。从30种工业股平均指数和20种铁路股平均指数的走势图，你就可以看出，道琼斯平均指数的实际走势与我的预测有多接近。注意我的预测是如何判断出平均指数会有一次大跌，这次下跌会在3月达到极致，指数应在此时见底；还有我的预测是如何建议大家在底部买入，持股守候一轮会持续到8月的大涨。大多数股票见顶的日期与我的预测都没有相差几天。你会发现我的预测中提示9月3日将会是股市见顶的最后一天，随后会出现大幅下跌。1929年9月3日，道琼斯30种工业平均指数到达了本年的最高点，同时也是历史的最高点，接下来，正如在我的预测中提示的那样，平均指数开始了一波大幅下跌行情。

你知道还有任何其他一家经济、投资或咨询机构能够像我这样提前一年就预测出了1929年股市的恐慌性下跌吗？我的预测是建立在我的"大师时间因素"和对周期的回归进行数学演绎的基础上，而不是凭借猜测或人为主观判断得来的。如果是那样，我就会像其他那些靠瞎猜来买股票的人一样走入歧途了。当你把钱放在股市中冒险时，只靠猜测来交易股票的损失你是承受不来的。别人怎么想无所谓。你想要追随对股市了如指掌的人。当你知道未来会发生什么，你就不会再害怕，而是可以充满信心地进行交易。

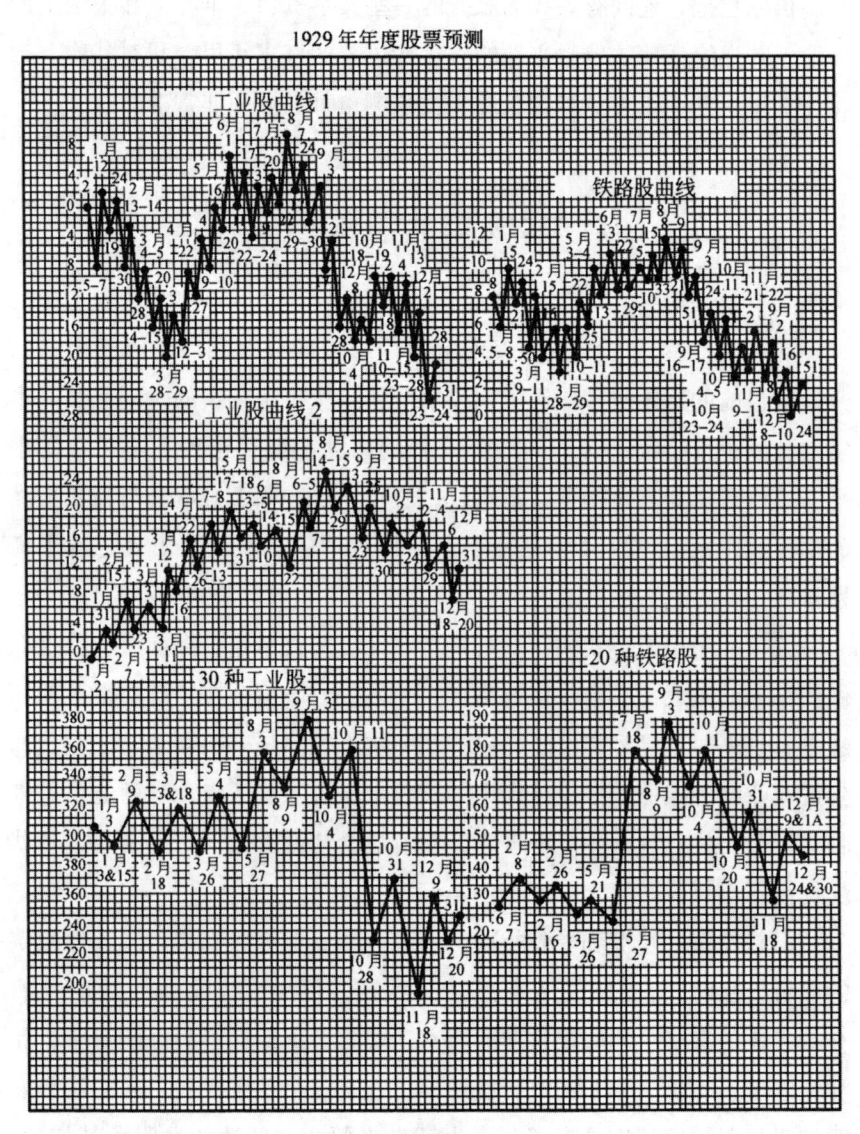

图 20

我的年度股市预测可以帮助你了解什么时候是正确的买卖股票的时间，它会证明它对你具有重大的价值。我们制作了一份从 1919 年到现在每年的年度预测图，并将它与道琼斯平均指数的实际走势做了对比，我们很乐意把它连同有关我的服务的一些文字资料、推荐信和报纸上的评论一并送给任何一位感兴趣的人。在过去的许多年里，我对谷物、棉花、咖啡、糖、可可豆和橡胶的年度预测也都被证明非常准确。

对 1929 年的总体展望

从周期上看，1929 年将表现出的是牛市的终结和一轮漫长熊市的开始。目前的这轮牛市比历史上以往任何一次牛市持续的时间都长。事实上，从牛市持续的时间到股价拉升的高度都已经达到了不正常的水平，这就意味着当市场下跌来临时，股价下跌的幅度必然会与当初上涨的幅度成正比。1929 年将见证很多高价股中的一些股票出现急速恐慌性暴跌。

股市的历史告诉我们，它总是会对经济的繁荣作出提前反应，这么做的结果就是股价总会涨得过高。换句话说，股市会在经济的繁荣期还远没有到来时就已经在涨了，它的第一次下跌只是一次调整，让股价回到按其业绩和投资回报应该定出的股价水平上。接下来，当商业萧条来临时，公司的收入开始走下坡路，股价也会持续走低，对不利的经济状况提前作出反应。

但是像石油、糖和橡胶板块，以及一些农业类股来说，当其他股票的股价上涨时，它们正处在低落的下跌期，预计这些股票在 1929 年将会有很大的涨幅。那些受欢迎的新兴工业将会继续保持很好的势头，比如无线电、飞机、化工和电子板块等。这是一个电子时代。人们对新发明接受得很快，特别是对那些为生活带来便捷与舒适的发明尤其如此。这将提高那些新型家用电器制造商的收入。

当一些强势股的股价不断走高时，很多股票将出现派发，它们的股价会走低。来自这个国家不同地方、代表这么多行业的公司本来就是纷繁复杂的，想让它们走出一样的走势无论如何也是不合理的。

越来越多的行业加入到了大规模生产、兼并与合并的行列当中。大公司把生意都抢到了手，而那些小一些的公司将发现让公司达到可以维持一定股本回报水平的生意量也越来越难。

1929年上半年，经济状况将低于人们普遍的希望和预期。在春天和夏天，经济状况将会好转，总体上的前景将令人欣喜。但在这一年秋天，经济萧条又会再次降临，不利的经济状况将引发股市的大幅下跌。利率在这一年的大部分时间里，都将保持在一个高水平上。

在1928年，公众投资者进入股市的规模是有史以来最大的。外国人也在买入我们的股票，而且购入量超过了世界大战爆发以来，或者从战前至今的任何一个时期的购入量。美国民众不再进行安全的股票投资。他们有着赌徒一样的狂热，不计成本地买入所有股票，他们买入股票只是因为他们期盼股价会继续上涨。这是一个危险的情况，它总会导致股价的大跌。在这方面从无例外。

那些想要在1929年靠股票赚钱的人，在精选可买入的股票时，将不得不用上前所未有的更强的辨别能力。一旦当股价到达最后一个高点后，将开始下行，这时股价将会持续走低，而且反弹的幅度也会越来越小。那些持股不动，还盼着股价会涨回去的人，将会亏大钱。市场将会呈现出非常宽幅的波动，股价急速暴跌后会有快速反弹。交易者在大多数时间里都要非常谨慎，为了充分利用好活跃市场带来的机会，要迅速调整自己的多空立场。

哪些因素会导致下一次的经济萧条和股市下跌

繁荣——美国在过去几年经历的经济繁荣巨大浪潮从很多方面都要

到股市中去找原因。股票市值的巨幅增长大大提高了各个公司的借贷能力，并使它们得以扩大自己的规模，这甚至还导致了通货膨胀的发生。钟摆向一个方向摆动的幅度过大时，以至于很多人已经忘记了它还会摆回来，而且一个极端的后面总是会伴随着另一个极端，这可以说是屡试不爽。股票就像水一样，总是在寻找它们该在的位置。

很多大公司在前几年取得的巨额收入将难以为继。过度自信与极度悲观一样糟糕。大人物也会像小人物那样容易犯错。我判定，很多在这轮牛市中赚了大钱的聪明投机者将会在股市中待得时间过长，就像以前一样被套牢。接下来，当股价处在下跌过程中时，他们想要在熊市中清仓，这将给股价带来真正的重创。你能让股价升到让人目眩的高价是一回事，而在接近顶部的价位把它们全卖掉却完全是另一回事。股价下跌迫使联营投资集团和公众投资者都开始往外抛股票，而公众投资者当初的进场会导致股价跌到比正常下跌更低的价位，如果当初没有他们的过度投机，股价就不会跌得这么深。我从来都不认为公众投资者是牛市中很好的领军力量。事实上，由于现在公众投资者参与到股市中的人数比以往任何时间都多，这就给市场的技术面增加了危险系数。

通货膨胀——1929 年，纽约证券交易所的成交量创下了历史最高纪录。截止到我写这本书时，1930 年成交量已经超过了 7.5 亿股，在年底前会接近 9 亿股。证券交易所的交易席位也出现了历史上最大的增长幅度。1927 年和 1928 年，发放给经纪人的贷款额都实现了翻倍。在这样狂热的市场中，极高价位附近出现如此巨大的成交量和宽幅波动，这只意味着一件事，那就是联营投资集团和内幕人员在借公众的买入清空仓位，一旦他们卖光了不得不卖的筹码，他们就不会再去支撑这个市场。虽然有这么多公众投资者的深入参与，但是他们支撑不起这个市场，一旦股价进入下降通道，跌幅会比以往任何一次都要来得更急，跌得也更惨。银行还是通知公司归还贷款，而在新的贷款时，银行只会把钱贷给那些最顶尖的公司。我们将听到有很多上市公司被剔除了贷款资格。

另一个导致通货膨胀的原因是我们过去有大量的黄金储备，但这种情况在 1927 年和 1928 年期间发生了实质上的变化，有价值五亿多的黄金在这两年流到了国外，而且种种迹象表明，这种状况在未来的几年里还会继续。

分期付款购物——人们仍然在过着入不敷出的日子，继续大量地进行分期付款购物。我们相信这种情况将会被证明是悬在这个国家的经济和繁荣之上的达摩克利斯之剑。当经济萧条来临时，失业率提高，人们将无力支付那些过去他们靠贷款买来的东西，购买力将会出现衰弱。很多公司到时不仅没生意可做，而且以前那些以信用还款方式销售出去的产品还会让他们赔钱。

农业状况——过去几年的农业状况是如此糟糕，以致政府不得不想办法来帮助农民，无疑在胡佛总统的任期内，会颁布一些新的法律来缓解这一局面。不过，我们正处在一个庄稼减产的周期中，或者说未来几年是庄稼收成中的小年。这样就会降低农民的购买力，助长市场上出现通货紧缩。

繁荣情结——近来这一轮表面风光的繁荣浪潮可以归结为是人的心理影响造成。人们在过去三年中看到股价在疯涨，直到他们如同被催眠了一样相信每个公司和个人经济状况都处于繁荣期，但事实并非如此。在 1927 年，有大约 45% 的公司拿到了所得税退税，显示他们的业务出现亏损，这种情况在 1928 年将不会有大的改观。现在是适者生存的年代。倒闭的小企业一年比一年多。形势变化得太快了，以至于很多老牌公司也被迫关门。电力和石油正在取代煤炭和木材的地位，汽车替代了马，尽管这些年人口和经济都出现了大幅增长，但是铁路行业的收入并没有像它们 20 年前那样可观。很多行业不景气已经有一段时间。纺织业、煤炭业和农业都受到了打击。而石油业一直都很不景气，直到近期才有所好转。橡胶业也饱受低价之苦。糖价在过去两年也一直处在低位。当人们发现繁荣并不是普遍的，只是限于少数几个行业中时，接下来，他们又会产生"恐慌情结"了。

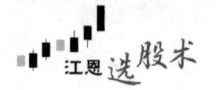

公众信心——只要公众相信一切都还好，他们就会持股不动，盼着股价还往上涨。但是当公众的购买力已经耗尽时，历史上为数最多的股市赌徒们就会失去信心，所有人都会开始抛售股票，市场将会发生什么场面不需要你去冥思苦想，就能浮现在你眼前。当时间周期到来时，无论是共和党、民主党，还是我们的好总统胡佛先生，都无法遏制住这一浪潮。这是自然法则。作用力与反作用力一样大。我们在看潮起潮落时能感觉到这一点，我们从植物在夏天的繁花似锦到冬天的枯叶满地这个过程中也能感悟出这个道理。赌徒是不思考的，他们在赌博时总是仅凭着对股价的那点期望，这就是他们为什么会赔钱的原因。投资者和交易商必须停下来想一想，看看情况，也听一下周围的声音，在大洪水到来之前及时离场。

战争——美国的大繁荣已经引起了其他国家的妒忌。当外国的情况恶化时，贪婪和妒忌将会导致战争的发生。挑起打斗的总是饿狗。一份对各国兴衰的研究显示，当任何一个有幸在很长的时间内走过不寻常的繁荣历程的国家，战争会成为经济萧条开始的主要原因之一。当我们听到许多关于和平的言论时，事实表明，目前世界上的许多强国，还有我们自己国家军费开支水平都超过了历史上的任何一个时期。当一个人或一个国家武装起来，做好了战争准备时，他通常会得到他为之奋斗的东西。

来自国外的竞争——德国正在迅速恢复元气，在未来的一年与我国的商贸竞争将会更加激烈。其他国家都在不遗余力地重新拿回各自战前的商贸份额，他们在这些行业中会取得长足的发展，而这必将对我国经济发展产生不利影响。

（一）工业股

主要趋势或重要波段：

今年的工业曲线是按照道琼斯30种工业股指数来做的。以前在《华尔街日报》上刊登的是道琼斯20种工业股平均指数。但在1928年下半年，他们把20种工业股平均指数改成了30种工业股平均指数。我们的曲线就是以这30只工业股票为基础的。现在道琼斯平均指数中30家成分股包括：联合化工、美国制罐、美国熔炼与精炼、美国糖业、美国烟草B股、大西洋精炼、伯利恒钢铁、克莱斯勒汽车、通用电气、通用汽车、通用铁路信号、古德里奇、万国收割机、国际镍业、纳什汽车、马克卡车、北美、派拉蒙、波斯塔姆、无线电、希尔斯·罗巴克、新泽西标准石油、得克萨斯、得克萨斯湾硫黄、联合碳化物、美国钢铁、胜利留声机、西屋、伍尔沃斯和莱特飞机。

从1921年8月的低点到1928年11月的高点，20种工业股平均指数创下了上涨230个点的记录，这是历史上最大的一次涨幅。事实上，平均指数在1928年的涨幅就接近100个点，这也是历史上空前的大涨。这一年就像1906年、1916年和1919年那样，当股市经历了如此剧烈的震荡，成交量也随之放大后，下一年就只会出现恐慌性的下跌。

预计在1929年，道琼斯30种工业股平均指数的极高点与极低点之间的最小波幅也不会少于50个点，而它们的最大波动区间可能会达到90到100个点。这意味着很多高价股在极高价和极低价之间的震荡幅度将达到150到200个点。而低价股的震荡幅度将会窄一些，它们的极高价和极低价之间将不会出现那么大的差距。

大多数道琼斯30种工业股的走势会与工业曲线1非常接近。大多数股票会在1月12日左右见到高点。随后，股价将会逐渐走低，趋势也应转为下行，直到3月28日至29日见底为止，接下来将是另一波牛市行情。很多股票的股价将在3月14日至15日见底，随后进行窄幅整理，直到4月才会再发起一波牛市行情。正如工业曲线1和工业曲线2所示，当股价进入上升通道后，一些股票的股价会在5月见到本年的高点，还有一些会在6月见到本年的高点，另外有些股票走势落后于大盘，它们会在8月见到最后一个高点。大部分股票在7月见到本年的高点后，股价就会开始走低。在7月和8月初之后，市场的大趋势将掉头向下，出现一些急跌，股价逐步下挫，9月27日至28日左右会形成第一个底部。从这个底部价位开始，大盘会出现一次相当大的反弹，在11月上旬以前，市场都会有很好的交易性机会。接下来，大熊市的行情将展开，股价将持续下跌，12月23日至24日左右会达到极低点。

纽约证券交易所目前有1500只股票上市交易，一天中发生交易的股票经常会超过800只。所以，30种工业股平均指数和20种铁路股平均指数并不总能代表市场的大趋势，或者说是运行的曲线，很多股票的走势会与大盘的趋势相反。这就是为什么我要给出两条工业股的曲线，即工业曲线1和工业曲线2的原因。

工业曲线2代表的是那些强势的股票，它们中有很多都并不在道琼斯30种工业股之列。很多这样的股票在1928年是处在下跌状态，到现在还一直在进行蓄势整理。当别的股票下跌时，它们的股价会出现上涨。曲线2提示股价在1月2日左右见底，随后的拉升会持续到1月31日。随后，股价会下跌到2月7日，而下一次反弹会在2月15日左右见到高点。接下来，股价将会走低，并在3月11日左右见底。要关注在这个时候见底的股票，因为它们会引领下一次的上涨。在3月见底以后，这条曲线将开始走高，直至5月17日至18日见顶为止，其间只会有些温和的回调。从这一顶部开始，将发生一次更大幅度的下跌。最后一个低点预计将在6月22日左右见到。从这个价位起步，那些处于强势，而走势又落后于大盘的股票将逐步涨升，它们中一些股票将会在7月见顶，而其他的股票将要一直等到8月14日至15日才会见顶。在到达这个顶部之后，沉重的抛盘将开始对股价进行打压，股价在每一次反弹过后，回调的底部都会下移。第一次的下跌会在9月30日左右打到底，接下来会有一轮反弹，并预计在10月2日见顶，随后又是一次下跌，并应该持续到10月24日。接下来，股价在11月2日至4日左右见到最后一个高点，随后会再次出现大跌，并在12月18日至20日左右见底，接下来的反弹将会持续到年底。

附 录

　　下面是强势股的列表,它们的走势应与工业曲线2非常接近,是逢回调买入的最佳选择。

埃阿斯橡胶	大陆烘焙A	洛夫特	辛克莱石油
阿拉美达	大陆汽车	南益橡胶	南波多黎各糖业
美国农业化工	古巴美国糖业	利恩与芬克	斯派塞制造
美国甜菜制糖	柯蒂斯航空	路易斯安那石油	加利福尼亚标准石油
美国博世杂志	戴维森化工	马克卡车	新泽西标准石油
美国制动蹄	多姆矿山	熔岩	纽约标准石油
美国制药	电力与照明	麦林森	太阳石油
美国和国外电力	电力储备	马拉开波	超级石油
美国船运与商业	菲斯克橡胶	马尔兰	田纳西铜业
美国钢铁铸造	基业	墨西哥海岸	得克萨斯公司
美国糖业	格利登	中陆石油	得克萨斯太平洋煤炭与石油
美国毛纺	古德里奇	国家电力与照明	得克萨斯湾硫黄
安纳康达	固特异	内华达建筑	横贯大陆石油
阿穆尔A	格兰比	纽约气压制动	美国橡胶
干果连锁店	大北方矿石	奥的斯钢铁	美国熔炼与精炼
奥斯丁·尼可斯	大西部糖业	帕卡德	弗吉尼亚-卡罗来纳化工
巴恩斯达尔A	哈波	锅柄	沃德烘焙B
贝奇特	印第安Ref.	潘·皮特B	华纳兄弟影业
伯利恒钢铁	灵感	帕克-犹他	西屋电气
布斯渔业	国际内燃机工程	帕特快递A	怀特鹰
布里格斯	国际海运优先股	菲利浦斯石油	怀特汽车
加利福尼亚与赫克拉	琼斯茶	佛罗里达贝氏堡	威利斯越野
中央合金	凯尔西-海斯	礼欧汽车	沃森纺织
塞罗迪帕斯科	家荣华	共和钢铁	卫盛顿泵业
钱德勒·克利夫兰	肯尼科特	雷诺兹弹簧	莱特飞机
智利铜业	克瑞斯吉S.S.	荷兰皇家	黄色卡车
康戈利姆	拉格石油	壳牌联合	制作人&Ref
联合纺织	洛斯	西姆斯·皮特	

259

下表中给出的这些股票已经完成了派发，是最适合在工业曲线1提示的见顶日期附近进行做空的股票。这些股票的跌幅将是最大的，特别是在今年上半年和8月到12月这两个时间段里，曲线提示将会出现大熊市行情。

艾利斯·查莫斯	克莱斯勒	万国收割机	铁姆肯
联合化工	可口可乐	克罗格	烟草制品
美国制罐	大陆制罐	麦特森·阿拉巴马	联合碳化物
美国国际	玉米制品	蒙哥马利·沃德	美国工业乙醇
美国亚麻籽	杜邦	雷诺兹B	美国钢铁
美国机车	通用电气	希尔斯·罗巴克	钒钢
美国散热器	通用汽车	沙塔克 F.G.	胜利留声机
美国熔炼与精炼	哈德逊汽车	斯图华纳	伍尔沃斯
A.M. 拜尔斯	休斯敦石油	斯图贝克	

（二）铁路股

（1）主要趋势或重要波段

铁路股曲线是以《华尔街日报》上的道琼斯20种铁路股平均指数为基础。该铁路股平均指数所选取的股票如下：阿奇逊、大西洋海岸、巴尔的摩与俄亥俄、加拿大太平洋、切萨皮克与俄亥俄、礁岛、德拉瓦-拉克万纳与西部、伊利、伊利诺伊中央、路易斯维尔与纳什维尔、纽约中央、新港、诺福克与西部、北太平洋、宾夕法尼亚、佩雷-马凯特、南太平洋、南部铁路、得克萨斯与太平洋以及联合太平洋。

从1921年6月的低点到1928年11月的高点，铁路股平均指数上涨了约80个点。同时也创下了历史最高价，突破了1906年的极高点位。它们在1928年下半年就上涨到了一个新高的区域这一事实，预示着很多铁路类股会在1929年进入强势，股价还会高走。不过还有一个实际情况是，即使在经济繁荣时期，铁路公司的平均收益率也没达到过6%，所以从投机的角度来看，铁路股的吸引力并不大。只有那些有业绩支撑和收入丰厚的铁路股才会在1929年出现非常大的涨幅。

1929年，铁路股平均指数在极高点和极低点之间的波幅不太可能低于20个点，上下可能会有30到35个点的空间，这就意味着很多高价的铁路股在极高价和极低价之间的震荡会达到50至75个点。

通常铁路股会比工业股走出更接近我预测的走势，因为它们只代表一个板块，而工业股中会有15到20个不同板块的股票。道琼斯20种铁路股平均指数在铁路板块中是具有代表性的，大多数铁路股的走势会与铁路曲线1非常接近，所以今年就没有必要给出铁路曲线2了。

从铁路曲线1中，你会注意到曲线从1月2日开始下行，提示会在5日至7日左右见底。1月的顶部预计会在15日左右出现，随后，大趋势将拐头向下，股价开始走低，并在3月9日至11日左右见到第一个底部，第二个底部预计会在3月28日至29日左右形成。这个时间大约会进入蓄势阶段，并展开一轮牛市行情。第一个顶部提示会在5月3日至4日左右出现，接下来会有一次下跌，随后又将是一波上涨，这次反弹后形成的第二个顶部可能会高于第一个顶部，时间应该在6月3日前后。接下来，又会出现一次下跌，走势将会不太有规则，见底的时间预计在6月28日至29日左右。随后，股价会一直走高到7月15日左右。接下来又将下跌到6月22日，随后的上涨将会在8月8日至9日左右见顶，而这将是铁路股的最后一个顶部，又一波大跌近在眼前。从见到这个顶部以后，股价在每一次反弹过后都会降到比前一次下跌的底部更低的价位。曲线提示9月将出现一次大跌；另一次急跌会在10月发生，见底的时间应该在23日至24日左右。接下来的反弹会持续到11月21日至22日左右，随后的回调会一直跌到12月24日，这时20种铁路股平均指数会见到这一年的最低点。

下列都是最强势的铁路股，当曲线提示牛市行情出现时，它们的涨幅应该是最大的。

大西洋海岸	特拉华－拉克瓦纳与西部	密苏里太平洋
班戈与阿鲁斯图克	伊利	新港
布鲁克林曼哈顿	大北方优先股	北太平洋
芝加哥大西部	哈德逊与曼哈顿	海岸高架线
芝加哥－密尔沃基与圣保罗	堪萨斯城南	沃巴什普通股
C. M. 与圣保罗公司	堪萨斯城南部	瓦伯什普通
芝加哥－密尔沃基与圣保罗	密苏里－堪萨斯与得克萨斯	西马里兰

最低价位		最低价位		最低价位	单位：美元
先进如姆利	6	伊瑞尔	10	北太平洋	3
空气压缩机	30	自由港得克萨斯	8	无线电公司	20
艾丽斯·查莫斯	1	通用沥青	3	雷丁	3
美国汽车与铸造	11	通用电气	20	共和钢铁	6
美国树胶	5	通用汽车	8	雷明顿·兰特	17
美国与外国电力	12	格利登	6	圣路易斯 S. W	1
美国冰冻食品	9	固特异	5	希尔斯罗巴克	24
美国国际	12	格兰白建筑	12	南太平洋	12
美国机车	11	哈德逊与曼哈	4	南方铁路	10
美国安全剃刀	4	琥珀汽车	2	里纳西铜与 C	11
美国自来水厂	4	国际商用机器	24	得克萨斯与太平洋	5
美国毛纺	7	宝石茶	3	联合太平洋	4
安那康达	15	堪萨斯市苏打水	14	美国铁管	6
阿奇森	9	凯塞公司	17	美国工业酒精	15
大西洋湾 W. I	3	肯尼科特	15	美国房地产	8
巴尔的摩与俄亥俄	11	洛伊	10	美国橡胶	7
伯利恒钢铁	8	墨西哥海岸	3	美国钢铁	8
加利福尼亚石油	8	密苏里、堪萨斯与得克萨斯	8	钒铁	20

Case 打谷机 ……… 14	密苏里太平洋 ……… 9	伍尔坎除锡 ……… 3
密尔沃基与圣保罗 ……… 11	蒙哥马利·沃德 ……… 12	瓦伯什普通 ……… 5
可口可乐 ……… 18	马林斯 Mfg ……… 8	华纳兄弟电影 … 12
科罗拉多燃油 ……… 14	国家蒸馏产品 ……… 6	西部马里兰 ……… 8
哥伦比亚天然气与电力 … 14	国家铅业 ……… 11	西屋电器 ……… 16
玉米制品 ……… 8	新港 ……… 10	华盛顿泵业 ……… 19
熔炼钢铁 ……… 3	诺福克与西部 ……… 9	赖特飞机 ……… 6
	不同类别股票的强弱势头	
C.M. 与圣保罗 pfd.	Mo. 堪萨斯与得克萨斯	西部马里兰

下列铁路股从技术面来讲是最弱的，它们的股价已经有过涨升，行情图显示它们正处在派发期。在我的预测中显示市场下跌时，最适合在这些股票出现反弹后做空。

阿奇逊	里海谷	匹兹堡与西弗吉尼亚
巴尔的摩与俄亥俄	路易斯维尔与纳什维尔	雷丁
加拿大太平洋	纽约中央	圣路易斯与旧金山
切萨皮克与俄亥俄	俄诺福克与西部	圣路易斯与西南
礁岛	佩雷-马凯特	南太平洋
德拉瓦与哈德逊	得克萨斯与太平洋	南方铁路
联合太平洋		

（2）各个不同板块的走势

目前在纽约证券交易所上市的股票不仅数量多，而且覆盖的行业也是各种各样的，其中既有国内的公司。也有国外的公司，这样一来，那么多不同板块的股票不但要受供给和需求影响，还会受到全国各地不同经济状况的影响，连在外国发生的重大事件也会影响这里的股票走势，所以让每只股票在同一天，甚至是同一年或同一个月都达到极高点或极低点是不可能的。不同个股和板块也都有各自不一样的时间要素，于是就会出现一些股票上涨，而另外一些却在下跌的局面。因此，我们还是关注个股比较重要。要关注那些股价在 5 月、6 月和 8 月见顶的股票。那些在 1929 年上半年见顶后，没能在 7 月或 8 月继续走高的个股将会成为下跌行情的领跌股，因为它们需要更长的时间来进行派发。当这些后期启动的股票有足够的时间来完成派发以后，你就要开始提防做空它们的风险了。每月 1 日，你都会收到一份增刊，它会包括最强势和最弱势股票的列表。

道琼斯 30 种工业股在交易活跃的工业股中是有代表性的，它们中大多数股票的走势会与工业曲线非常接近。但是有一些股票的走势或更强或更弱，会与工业曲线不一致，它们见顶和见底的时间也都各不相同。这些具体的股票名称和它们的走势情况也会出现在每月的增刊中。

纽约先驱论坛报推出的平均指数有 70 只成分股，现在与道琼斯 30 种工业股指数相比，它是更有效且更可信的趋势风向标。我马上会给出该平均指数中的成分股名称，因为我将在明年每月 1 日出的增刊中经常提到它们。这 70 种股票在极高点和极低点之间的波动范围预计不会小于 40 个点，还很可能会达到 70 至 80 个点之多。这些股票在以下板块中都是有代表性的个股。

铜——美国熔炼与精炼、安纳康达、塞罗迪帕斯科、卡鲁默与亚利桑那、格林 & 卡纳尼、肯尼科特和田纳西铜业与化学。

机械设备——美国汽车与铸造、鲍尔温机车、通用铁路信号和普尔曼。

食品——美国糖业优先股、德拉瓦阿穆尔肉类加工优先股、加利福尼亚包装、玉米制品和国民饼干。

制造业——联合化工、艾利斯·查莫斯、美国制罐、美国散热器、美国烟草、宝来计算器、芝加哥气动工具、可口可乐、哥伦比亚碳业、伊士曼柯达、恩迪科特-约翰逊、通用电气、IBM、万国收割机和美国橡胶。

汽车——通用汽车、克莱斯勒汽车、克莱斯勒汽车优先股、约旦、哈德逊、马克卡车、斯图华纳、斯特隆伯格、斯图贝克和怀特。

石油——大西洋精炼、加利福尼亚石油、休斯敦、马里兰石油、泛美石油A、纯净石油优先股、加利福尼亚标准石油、新泽西标准石油、得克萨斯公司和加州联合石油。

铁路——伯利恒、克鲁斯伯、海湾各州、斯洛斯·谢菲尔德、美国钢铁和钒钢。

百货商店——金贝尔兄弟、梅西、蒙哥马利·沃德、希尔斯·罗巴克和伍尔沃斯。

公共事业——美国运通、AT&T、布鲁克林-爱迪生、哥伦比亚天然气、统一天然气、底特律-爱迪生、大众燃气和西联汇款。

我发布的预测中也会对以上板块进行回顾，告诉你哪些走势最强，哪些走势最弱，这些内容也有可能在每月的增刊中出现。

（3）主要趋势发生改变的重要日期

你应该关注以下日期，不管是工业股，还是铁路股，它们的大趋势都将有可能在这些日子里发生重要变化。如果任何一只股票在下列任何一个日期附近见顶或见底，就可以预计该股的趋势将发生逆转，特别是在这些时点附近出现急跌或急涨时，变盘的可能性就更大。这些重要的时段包括：2月8日至10日、3月21至23日、5月3日至7日、6月20日至24日、8月3日至8日、9月21日至24日、11月8日至11日，以及12月20日至24日。这些日期是根据一个永久不变的周期得出的。很多股票每年都会在这些时段附近见到重要的顶部和底部。要关注那些在以上时段达到极高点或极低点的股票。

（4）交易活跃和股价宽幅震荡的日期

下列日期提示的是股票交易将非常活跃，股价会出现宽幅震荡，并见顶和见底的日子。尽管并不是所有股票都会在这些时段附近见顶和见底，但是一些交易最活跃的股票会走出这样的行情，如果你去关注那些在这些时段中发生变盘的股票，以后的行情会证明这样做对你的交易非常有帮助。

1月：5日至7日、12日至15日以及18日至24日。

2月：9日至12日、20日至22日以及27日至28日。

3月：10日至11日是非常重要的变盘时段，21日至22日是重要的变盘时段，28日至29日也是非常重要的变盘时段。

4月：3日、9日至10日、13日至15日以及21日至23日。

5月：3日至4日，关注在这个时段附近见顶的股票；9日至11日也是一个重要的时段，在这个时段一些股票将见底，而另一些股票将会见顶。22日至23日和29日至31日，它们都是非常重要的变盘时段，关注在这个时段附近见顶的股票。

6月：1日至2日是很重要的变盘时段，7日至10日也是重要的变盘时段，21日至23日是更重要的变盘时段。

7月：3日至5日是非常重要的变盘时段，9月到10日也很重要。21日至24日是更重要的变盘时段。

8月：本月是会发生变盘的最重要月份之一。很多股票将就此走上长期的下跌之路。7日和8日是很重要的变盘时段，16日至17日是重要的变盘时段，23日至24日也是重要的变盘时段，29日至30日的重要性较低。

9月：2日至3日是重要的变盘时段，16日至17日也是重要的时段，这里应是恐慌性下跌的底部。21日至24日是见顶的重要时段，27日至28日是大幅破位下跌后见底的重要时段。

10月：2日、8日至9日以及18日至20日都是非常重要的变盘时段，关注那些开始下跌的股票，可以跟随它们的趋势进行操作；26日至28日的重要性较低。

11月：10日至22日是非常重要的股价会有宽幅震荡的时段。飞机类股、无线电类股和一些电气类股可能会出现急速拉升。其他重要变盘时段包括：1日至2日、17日至19日以及24日至25日。

12月：1日和2日是重要的变盘时段，16日至17日的重要性较低，23日至24日在交易活跃度提升方面是重要性较高的一个时段。

上述日期不仅对于股价见顶或见底，以及发生趋势变化来说具有重要性，而且在这些时段里还会出现一些重要的消息，其中有的消息会很突然，具有不可预知性，它们有时会是利好，也有可能会是利空。正因为如此，交易将变得活跃，股价也会产生震荡，从而造成股价见顶和见底，并发生变盘。

（5）如何利用预测做好交易

我在预测中给出的见顶和见底的时间是你需要知道和关注的最重要因素。股价具体是多少已变得不再重要。只要你知道股价何时候会见底或见顶，你到时进行买入或卖出的操作也就能赚到钱了。当预测中提示一些股票会在一定时段内见底，而到时它们确实跌了时，那你就应该去买我们给出的强势股，或是我们推荐的股票，并把止损单设在离成交价3到5个点的价位。对于那些股价在200美元到300美元的股票，有必要将这个间距拉开到10个点，因为你这时有机会获得大笔盈利，也就能承担得起更大的风险。

在我的预测中提示的会出现顶部和底部的时段，你要关注股票在此期间的走势。对于那些股价好几天都处在上下犹豫的状态，一直没有创下新高或新低的股票，你应该立刻出局，并转变多空立场。只要坚持绘制股票行情图，并遵循我在《股票行情的真谛》一书中给出的交易法则，你就能在按照预测的提示进行操作时，更好地利用它的优势，也就能赚到更多的钱了。

不要指望平均指数或个股能在上涨或下跌时，其实际涨跌幅度与图上显示的样子或预期的趋势分毫不差。这只是一个指南，提示你什么时候股票会出现交易的活跃与大幅的波动。例如：1月2日，工业曲线1从"0"开始启动，在1月5日至7日期间下跌到"7"，平均指数下跌了7个点。而这个时候，一些高价股可能会下跌10至20个点，另外一些中价股可能只下跌2到5个点。对于一些后期启动，走势又非常强的个股，它们会按照工业曲线2的走势来运行，在高价股开始领跌的同时，这些股票会在1月出现上涨行情。而最重要的是，曲线1提示1月5日至7日左右会出现急涨行情，并一直持续到1月12日，而曲线2显示1月全月的趋势都是向上的。所以，你应该关注月初的下跌行情，并在1月5日至7日左右买入强势股，接下来，关注它们在1月12日至15日之间何时会见顶，当股价见顶时卖出手中的股票，随后就开始做空那些被我们列入做空名单的股票。接下来，如果在1月30日出现曲线2中提示的大幅下跌行情，你就应该进行空头回补，并进行做多买入，后市反弹可期。如果股票一直上涨到2月13日至15日，你就应该关注顶部在这几天何时会见顶，到时就要卖出多头仓位，并开始做空。因为工业曲线1提示你在2月的下半个月和3月将会有一波大幅下跌的行情。

大好的买入机会将在3月到来。在3月10日至11日与28日至29日左右，你应该买进最好的股票，并一路持有到5月下旬这轮春季牛市结束为止。曲线1和曲线2都提示从7月和8月开始，会有一波大幅下跌行情，并将一直持续到12月。所以，你在7月和8月以后，就应该准备做空，你该做的是等股价出现反弹时进行卖空，而不是在出现破位下跌时去做多买入，因为市场的主趋势是向下的，你永远也不应该逆趋势而动，而是要顺势而为。

要记住，你必须选好买卖股票的正确时间，在这个时候你可以不用去考虑股价的高低。无论股价有多高，如果它接下来还有上涨的空间，你就应该买入。这与不管股价有多低都可以卖空时的情形一样，也就是说，如果股票的趋势是向下的，而且股价正在走低，你就必须进行做空，顺势而为。如果你发现预测有偏差，或是你选错了股，就应该迅速止损出局。不要死抱股票不放，对后市的走势还存有幻想。犹豫不决会有很大的危害性。小的损失以后弥补回来很容易，但大的损失将很难弥补。你要遵循的交易规则是，斩断亏损，让盈利飞奔。你要学会迅速采取行动。立即采取行动止损，比相信未来某个不确定的时间里行情会好转要好得多。只要手里有钱，你就总能再回到这个市场中来。如果你有耐心，还有现金，新的机会总会出现，到时你就可以好好地利用这些机会赚钱了。

（三）1929年前瞻

（1）1月、2月和3月

尽管1929年在开年时的局势还算不错，你也将听到很多有关经济大繁荣的言论，报章上也表现出对未来形势的乐观态度，但是光明的前景有可能因为国外的战争或复杂情况而笼罩上一层阴影。有些因墨西哥或日本而起的纷争会对美国造成威胁，和平条约可能会破裂，西班牙和法国之间将产生对抗。在国外的一些国家会发生宗教骚乱，从而扰乱世界的和平局面。

在初春时节，预计美国的南部和西南部地区将会遭遇大风暴天气。火灾将造成重大损失和破坏。当胡佛总统在3月就职时，如果一些法律没被批准通过，他会敦促通过一项援助农民的法律。这将造成农产品的价格上涨，反过来，它会有助于农业股的上涨。飞机制造公司将在春天有突飞猛进的发展，这个板块的股票也会从2月和3月处在恐慌与萧条下的股市中走出，去迎接一轮春季的牛市。钢铁业的生意将会很火红。电气公司会有大的业务量，石油类股也会步入景气周期。

(2) 4月、5月和6月

春季的天气将不利于即将开始的农播。墨西哥湾沿岸会有暴风雨，还有出现海啸的危险。商品价格将上涨，整体经济状况将有所好转。一轮对石油、铜、橡胶、糖和飞机类股的疯狂投机风潮将使这几个月的股市非常活跃。5月或6月，来自国外的竞争将会开始对我国的一些行业造成伤害。这会引起在这些板块的股票产生洼地效应，它们的股价将会下跌。

(3) 7月、8月和9月

在这段时间，有些国家的经济将会走向繁荣，我们将要面对巨大的竞争。我们与外国之间可能会爆发战争或纠纷。在这个时期中，市场上个股的趋势不统一，有些股票在上涨，而其他股票却在下跌。考虑到农作物收成不好，投机将从股市转移到农产品期货。其他一些国家的农作物也将出现短缺。暴雨和反常的天气将引起破坏。

8月的天气将会出现很多次雷暴，火灾也会造成破坏。在这个月，一些新发现将帮助化工类股走好。德国和法国将在航空领域大踏步地前进。

9月的经济状况将出现重大的变化，这会引发股市的暴跌行情。纺织和毛纺类股将会走好，它们将列入最后一波上涨的板块中。在4月、8月、9月和10月期间，一些国家有爆发战争和纠纷的危险。

(4) 10月、11月和12月

美国与法国之间债务问题的解决将走到前台。对于那些会导致美国国内出现经济萧条的贸易，其他国家将安排一些对我方有利的协议。年关将近，经济前景将发生巨大变化。企业的收入将会出现下降，令投资者失望。

矿业类股在10月会出现上升的行情。石油和糖业类股将在这几个月里最后上涨的股票之列。11月，化工和石油类股将在短时间内走强，并见到最后的一个顶部。在12月，我们与南美国家的对外贸易将会向好，但是我们将面临来自一些欧洲国家的竞争。

（四）每月提示

1月

新年开局的形势不错，但是股市会开始出现获利回吐的卖盘，头几天中股票会遭遇抛售，股价将急跌。随后，会有大量的买盘出现，将展开一轮上涨行情。石油、橡胶、化工和飞机类股将成为领涨股，并在12日至15日左右见顶。一些铁路、电气和钢铁类股将会在18日至24日左右上涨。在国外，法国和德国发生的一些纷争会对我们的股市产生不利影响，使得股市开始下跌。要关注股票何时见顶，到时卖出多头仓位，并开始做空。1月底会有一次较大幅度的下跌行情。

工业股的提示——1月的极高点将在12日至15日左右出现，而极低点将出现在5日至7日以及30日左右。次级波动：股票应该在1月2日开始下跌，5日至7日见到下跌后的底部。这时应该有大量买盘开始涌现，股价将出现急速上涨，并在12日左右见顶。19日将是又一波下跌后的底部，24日会是反弹后的顶部，随后会遭遇沉重的卖盘，股价将出现急剧下跌，在30日左右到达底部。

铁路股的提示——1月的极高点将在15日左右出现，而极低点将出现在5日至7日和30日左右。次级波动：1月2日股票见顶，这时应该就要开始下跌了。5日至7日将是下跌后的底部，后面会有一次幅度不小的反弹。15日应是强势反弹后的顶部，随后将出现另一波下跌，并应在21日见底。24日将是反弹后的顶部，从这个顶部开始，应该会有一波大幅下跌的行情，30日左右应达到当月的低点。

应关注的变盘时段：后面标有"××"的日期是最重要的日期，提示会出现重大的趋势变化。你应该关注在这些日期附近出现的重要变盘。后面只有一个"×"的日期表示在这里会发生重要性较低的趋势变化，变化后的趋势走向仅会持续几天而已。1月5日至7日××，11日至12日×，25日至26日××，31日×。

2月

经济将会出现下滑，我们会听到一些令人沮丧的报告。为了遏制投机，联邦储备银行将作出一些政策上的变动或发出预警。人们会谈论新的银行法，它可能会对投机产生不利影响。虽然市场中喜忧参半，但高价股一般会在这个月出现下跌。糖业和橡胶类股，以及那些启动较晚的股票将会有一些上涨。铁路、飞机、无线电和电气类股在每次回调后都会有一波反弹。在12日至13日左右，石油、橡胶和糖业类股的走势将会很强。不过，早期的领涨股都会在每次小幅反弹后跌得更凶。

工业股的提示——2月的极高点将在13日至14日左右出现，而极低点会出现在28日左右。次级波动：1日至4日有一波上涨，随后就是一次下跌，一直到8日见底，接下来又会有一次迅速反弹，在13日至14日将见到反弹后的顶部。这里要卖出多头仓位，并开始做空。预计随后的抛盘很重，股价将出现急速的暴跌，并在28日左右见底，随后会有一次温和的反弹。

铁路股的提示——2月的极高点将在15日左右出现，而极低点会出现在28日左右。次级波动：1日至5日会出现上涨，股价见顶后将有一次温和的下跌，9日会是下跌后的底部。预计一些铁路股将会出现迅速反弹，并在15日左右见到高点，随后就是一次急跌，接下来会在28日左右见底。

应关注的变盘时段：9日至12日××，19日至20日××，23日至24日×，28日×。

3月

胡佛先生将在这个月就任美国总统，上半个月市场将会有所表现，股价的涨幅会很大，但是股价在高位是撑不住的，很多股票在月底前将出现急速的暴跌。我们在与西班牙或墨西哥的关系上可能会产生一些纷争，这会让市场感到不安。在那些提示会上涨的日期里，飞机类股的走势会很强。石油、糖业和化工类股的上升趋势会比其他股票保持得更好。牵引机类股将成为强势股，这可能与地铁票价的提升有关，它引发了纽交所牵引机类股的上涨。钢铁、汽车、铁路和电气类股将会在本月上旬和下旬出现破位下跌。

工业股的提示——3月的极高点将在4日至5日左右出现，虽然一些股票会在14日至15日左右见到本月的低点，但大多数股票的极低点将出现在28日至29日左右。次级波动：1日至5日有一波强劲上涨。市场会提前预支胡佛总统就职对股市的影响。随后股价将出现一次急跌，在14日至15日左右将见到第一个底部。接下来很多股票会有一次迅速的反弹，并在20日左右见顶。随后市场会遭遇很重的抛压，引发一波急跌，一直到28日或29日左右将见到最后的底部，这里也会再走出另一波牛市行情。这是买入强势股的时机，因为他们的股价将会出现急速上涨，一路走高到夏天。

铁路股的提示——3月的极高点将在4日至5日左右出现，而极低点会出现在9日至11日以及28日至29日左右。次级波动：1日至5日市场走强。那些走势落后于大盘的股票将成为领涨股。从4日至5日左右的顶部开始，将会有一次幅度很大的急速下跌，并在9日至11日左右见底。随后会出现一次温和的反弹，并会在16日左右见顶。接下来又会是一波下跌，在28日或29日左右见到最后的底部，这时你应该买进强势股，后市的上涨行情将会持续到5月初。

应关注的变盘时段：4日至5日×，10日至11日××，16日×，21日至23日×，28日至29日××。

4月

公众将会再次大规模入市，会掀起一波狂热的投机潮，特别是对石油、铜、橡胶、糖业和飞机等板块的投机尤为严重。化工、飞机和无线电类股将会出现迅速上涨行情。政府会采取的一些行动，或是出台的一些法律将导致股价破位下跌，这种情况会持续到15日左右。利率水平将会很高。16日至30日，大体上的消息会更有利于股市，股价将有一波更大的上涨行情。对外贸易，尤其是与南美国家之间的贸易，将会出现增长。

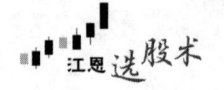

工业股的提示——4月的极低点将在12日至13日左右出现，而极高点将出现在20日至22日左右。次级波动：1日至3日将是迅速上涨后的顶部，12日至13日将是一波下跌后的底部，而另一波大幅上涨行情将从这里展开。在20日至22日将见到急速反弹后的顶部。随后的一次下跌将在26日至27日左右见底，这时应该买入钢铁类股，它接下来的另一次上涨行情将持续到4月底，并有望在5月不改升势。

铁路股的提示——虽然它们的走势会很强，有些股票还将会在月底时走高，但是一般来说，本月的极低点将在10日至11日左右出现，而极高点将出现在20日至22日左右。次级波动：1日至3日或4日股价的涨幅会很大，随后会是一次温和的下跌，在10日至11日左右见到下跌后的底部。这时将出现一波急涨，股票一路快速上涨，并在20日或22日左右见到反弹后的顶部，接下来的一次回调会持续到25日。随后会有一波强势的拉升，并一直持续到月底。

应关注的变盘时段：2日至3日×，9日至10日×，13日至15日××，21日至23日××，26日至27日×。

5月

这个月股市的交易将极为活跃。我们会听到一些宏观经济状况方面的利好消息。一些大公司将会进行合并，或是完成兼并。大额的金融交易也将会发生，会有很多人谈论将持续不断的经济繁荣，所有这些会导致公众投资者在顶部买进股票。一般来说，各路消息将会对股市有非常大的利好，股价会出现宽幅震荡。一些股票将在本月上旬见顶，而在本月中旬出现破位下跌。橡胶、糖业、石油、飞机、无线电和电气类股将会步入景气期。这些股票会成为领涨股。关注股价何时见顶，到时应卖出手中的股票。不要在股市中停留过久，因为6月将会出现一次破位的大跌行情。

工业股的提示——5月的极高点将在29日至31日左右出现，而极低点将出现在9日至10日左右。次级波动：1日至4日会有一次迅速反弹,见顶后将出现一波急速回调。9日至10日将是下跌后的底部,这里应该买入,另一波急速上涨的行情可期。16日将是反弹后的顶部,但随后只会出现一波次级回调,并在20日见到回调后的底部。在10日和29日期间,强势股将会有一次迅速的上涨。要关注它们何时见顶。

铁路股的提示——5月的极高点将在3日至4日左右出现,尽管一些股票会在月底左右见到极高点,但一般来讲,极低点将出现在11日至13日左右。次级波动:1日至3日市场为强势,在3日至4日左右见顶。随后就是一次下跌,并在11日至13日左右见底,接下来出现的上涨会在25日左右见到第一个顶部,随后有一波温和的回调,将会持续到28日,接下来的反弹将维持到月底。

应关注的变盘时段:3日至4日×,9日至10日××,22日至23日×,29至31日××。

6月

根据提示,很多股票会在本月出现急速下跌,它们将遭遇沉重的抛压。国外将会爆发战争或是有开战的流言,国内外都将发生罢工,农作物方面也会有不利的消息。在南部边境地区和墨西哥的风暴或地震将造成很大的破坏,并加重市场的担忧。对夏天整个经济前景的展望将非常杂乱。主要的周期和时间因素会在这个月走完,提示本月会出现一次非常重要的变盘。高价股将会迅速下跌,很多股票会见到本年的极高点。锡、石油和农业以及化工类股在本月上旬见顶后,将会出现破位暴跌。汽车股也将急速下跌。

工业股的提示——本月的极高点将在6月1日左右出现,而极低点将会出现在22日至24日左右。次级波动:1日至2日股价上涨并见顶,随后会有一波大幅下跌。10日至11日将会是急跌后的底部。随后就是一次温和的反弹,并在17日左右见顶。接下来会遭遇大量的抛盘,股价将出现急跌,并在22日至24日见底。从24日到月底这段时间里,很多股票都将会有一波反弹。

铁路股的提示——本月的极高点将在 3 日左右出现，而极低点将出现在 10 日至 11 日以及 28 日至 29 日左右。除了几只股价非常高的股票以外，铁路类股在这个月不会出现非常宽幅的波动。次级波动：1 日至 3 日出现上涨，4 日至 10 日或 11 日有一波急速下跌。随后出现温和的反弹，并在 21 日至 22 日左右见顶。接下来也是遭遇到抛售，股价开始走低，并在 28 日至 29 日见底。

应关注的变盘时段：6 月 1 日至 2 日××，7 日至 10 日×，21 日至 23 日××，28 日×。

7 月

这个月股市还将有一波上涨行情，很多股票将会急速反弹，并达到本年的最后一个高点。飞机板块的上市公司将会生意兴隆，他们的股票也会跟着上涨。电气和化工类股也将出现急速拉升的行情。联营投资集团将尽可能快地拉高出货。当早期的领涨股开始进行派发时，那些后期启动的股票将开始发力。糖业和橡胶类股应该会有一些急涨的行情。一个非常重要的时间因素将在这个月结束，这就提示你一个长期的大熊市行情将会到来。要记住，很多股票将在这个月见到当年的最后一个高点。在见到这个顶部之后，股市将出现洪水般的抛盘和恐慌性的下跌，这将导致 9 月出现一个"黑色星期五"。在西部和南部有可能出现一些劳资纠纷和罢工，这对经济前景也会有干扰作用。

工业股的提示——7 月的极高点将在 20 日左右出现，而极低点将会出现在 9 日至 10 日左右。次级波动：1 日至 3 日股价走强并见顶，随后就是一波迅速的下跌，9 日至 10 日将是急跌后的底部。接下来将有一次迅速上涨，并在 20 日见顶。随后又将是一波下跌，在 22 日见底。接下来还会有一次强势上涨，并将持续到月底。

铁路股的提示——这个月铁路类股的波动幅度将相对较窄。极低点将在 9 日至 10 日和 22 日左右出现，而极高点将出现在 15 日左右。次级波动：1 日至 3 日出现上涨，随后有一次下跌，并在 9 日至 10 日左右见底。接下来的迅速反弹将持续到 15 日。随后将会出现一波急跌行情，

22 日将是下跌后的底部。接下来又会有一波上升行情,将可以持续到 7 月底。

应关注的变盘时段：3 日至 5 日××,10 日×,21 日至 24 日××,30 日至 31 日×。

8 月

一些后期启动的股票将在这个月出现上涨,并达到最后的一个高点。化工类股也将会是最后一波上涨的股票。钢铁和石油类股将在一段时间内走强,糖业和橡胶类股将见到最后的顶部。不利的消息还将不断扩大,它会让大盘开始急速下跌,而长期的牛市行情将会急刹车似地到达终点。利率也将保持高水平,股市见到最后一个顶部后,一轮大熊市行情将会展开。远离熊市,不要在出现洪水般的抛盘时被套住！一定要记住,当所有人都想卖出手里的股票时,你再去卖股票就为时太晚了。这个月会有雷暴天气,它对农作物将造成破坏,火灾也将带来重大的损失。

工业股的提示——8 月的极高点将在 7 日至 8 日左右出现,而极低点将会出现在 29 日至 30 日左右。次级波动：1 日开盘就很强势,股价将快速向上攀升,并在 7 日至 8 日左右见顶。随后将遇到沉重的卖压,股价接下来将有一波急跌,并在 16 日至 17 日左右见到下跌后的底部。而随后只会出现一次小幅反弹,并将在 23 日至 24 日见到反弹后的顶部,接下来的抛盘很重,股价又将开始走低,并在 29 日至 30 日左右见到本月的底部。

铁路股的提示——8 月的极高点将在 8 日至 9 日左右出现,尽管一些后期启动的工业股和铁路股还将保持上升的势头,直到曲线 2 所提示 14 日至 15 日才会见顶。铁路股的极低点将出现在 30 日至 31 日左右。次级波动：1 日开始上涨,股价会快速攀升,并在 8 月至 9 日左右见顶。随后将有一次快速下跌,会在 20 日至 21 日左右见底。接下来将出现一波温和的反弹,并将持续到 25 日左右。随后将是一次急速下跌,并在 30 日至 31 日见到本月的低点。

应关注的变盘时段：7日至8日××，16日至17日×，23日至24日××，29日至30日××。

9月

9月将出现这一年中最急速的下跌行情。投资者将失去信心，公众投资者会在损失中快速出局。暴风雨天气将对农作物造成破坏，整体经济前景将变得迷茫。有关战争的消息会令市场不安，不利于上市公司在外国的发展。提示会出现"黑色星期五"，股价将出现恐慌性下跌，其间只会有小幅的反弹。做空将被证明是最赚钱的操作策略。你应该开始做空，并在股价下跌的过程中一路采用金字塔交易法进行操作。

工业股的提示——9月的极高点将在2日至3日左右出现，而极低点将出现在27日至28日左右。次级波动：2日至3日将是一次温和反弹的顶部，在这个时候将会引爆沉重的抛盘。不利的消息会扩散，一波急速的暴跌行情将会出现，并在16日至17日左右见到第一个底部。随后只会有小幅的反弹，并会在20日至21日见到反弹的顶部，接下来又将是另一波很重的抛售，将股价打压到极低点，这次会在27日至28日见底，从这个低点开始，股价将会出现一波温和的反弹。

铁路股的提示——9月的极高点将在3日左右出现，而极低点会出现在月底。次级波动：1日至3日将出现上涨，在这个时候抛盘将开始涌出，随后股价会有一次急速下跌，并将股价拖低到16日至17日左右出现的底部。接下来的空头回补将会带动股价出现一波温和反弹，并在23日至24日左右见顶。随后又将是一次急跌，并将持续到月底。

应关注的变盘时段：9月2日至3日××，16日至17日××，21日至24日×，27日至28日××。

10月

整体经济状况将会更加恶化，这个国家将尝到过度投机的苦头。利率水平还是会居高不下，银行经理们会催还贷款，这又会让一些股票在反弹后再次出现急速的下跌行情。化工、电气和飞机类股将保持上升的势头，它们的股价在提示会出现上涨的日期附近会有一波迅速反弹。

工业股的提示——10月的极高点将在18日至19日左右出现，而极低点将出现在8日至9日以及26日至28日左右。次级波动：10月2日将是小幅反弹后的顶部，随后将出现一次急跌，并在8日至9日见到下跌后的底部。这时将会有一波幅度更大的上涨行情，特别是那些强势股的反弹会更猛，反弹将在18日至19日左右见顶。弱势股将会出现一次急跌，并要到26日至28日才会见到下跌的底部，接下来又将是一波温和的反弹，并会持续到月底。

铁路股的提示——10月的极高点将在10日至11日出现，而极低点将出现在23日至24日。次级波动：1日至4日股价将下跌并会见底，随后有一次温和的反弹，10日至11日将是反弹的顶部。接下来沉重的抛售潮会随之而来，股价出现下跌，并在23日至24日左右见底。随后又将是一波温和的上涨行情，可以持续到月底。

应关注的变盘时段：2日至4日××，8日至9日×，18日至20日××，26日至28日×。

11月

石油、化工和橡胶类股将在本月出现最后一次上涨行情并见顶，随后会展开一波下跌。经济状况将变得越发不利。墨西哥或者加利福尼亚可能会发生地震，这将会扰乱市场，并让经济更萧条。这个月会传来一些国外的战争消息，某个重要的外国领导人将要显显威风了。11月下旬利空的消息还是非常多，股市会出现一些急跌行情。但是飞机、无线电和电气公司以及一些铁路公司的股票将在10日至22日左右出现上涨。

工业股的提示——11月的极高点将在2日至4日左右出现，而极低点将出现在23日至25日左右。次级波动：1日至4日将上涨并见顶，随后会出现急速的暴跌，在沉重的卖盘打压下，股价会一直跌到11日至12日左右才见底。接下来也只不过会有一次温和的反弹，并在18日至19日见顶。从这个高点开始，股价又将出现一波急速暴跌的行情，将股价拖低到 23 日至 25 日左右的底部价位。随后将再次出现一波温和的反弹，并持续到月底。

铁路股的提示——11 月的极高点将在 21 至 22 日左右出现，而极低点将会出现在 27 日至 28 日左右。次级波动：1 日至 2 日将是温和反弹的顶部，随后会是一次下跌，并在 9 至 11 日左右见底。接下来有一波迅速的反弹，将在 21 日至 22 日见顶。随后会遭遇沉重的抛售，股价将出现急速下跌，并在 27 日至 28 日左右见底。

应关注的变盘时段：1 日至 2 日××，11 日至 13 日×，17 日至 19 日××，24 日至 26 日×。

12 月

我们在其他国家的生意将会增多。投机将从股市转到期市。就算没有爆发战争的危险，美国政府也将受到强大的对立势力的威胁。整体经济前景将会恶化，变得非常不利。股市将会出现恐慌性下跌。

工业股的提示——12 月的极高点将在 2 日左右出现，而极低点将出现在 23 日至 24 日左右。次级波动：1 日至 2 日将出现上涨，随后将有一次急速的暴跌，抛盘会很重，其间只会出现仅有一两天的小幅反弹。在 23 日至 24 日左右将达到极低点，接下来会出现一波迅速反弹，并在 28 日见顶；随后的下跌行情将会持续到 31 日。

铁路股的提示——12 月的极高点将在 2 日左右出现，而极低点将出现在 24 日左右。次级波动：1 日至 2 日将会上涨，3 日和 10 日将出现急速的下跌行情，见底后只会有一次温和的反弹行情，该反弹将在 15 日见顶。随后将遭遇沉重的抛压，接下来的下跌行情会一直持续到 24 日，随后的反弹会进行到月底。

应关注的变盘时段：1 日至 2 日××，16 日至 17 日×，23 日至 24 日××；28 日×。

W·D. 江恩
1928 年 11 月 23 日

（五）时间因素和预测方法

在你学完《股票行情的真谛》和《江恩选股术》这两本书中所有的交易法则，并知道如何去运用它们之后，我确信你会同意这两本书是物超所值。那么接下来，你要准备开始学习相当于研究生的进修课程了，你可能想知道如何来根据我的《掌握时间因素》一书来进行预测，判定出股市会大涨并见到最后顶部的年份，又是如何判定出恐慌性下跌发生的年份和周期。

我会把所有这些法则连同我的全套预测方法一起传授给你，告诉你如何根据时间要素来判定哪些是主要波动，哪些是次要的波动。我也能教你如何判定不同股票的各行情波段的长短，这样当股价进入到一个新高的区域后，你就可以知道它接下来还会涨多少个点，而当股价跌破了派发区间后，你也能知道它下面还会跌多少个点。掌握了我的预测方法，你就可以提前一年或更长时间对平常情况下的市场作出预测，而且还能对个股进行年度预测。每只股票都会按照它自己的期限来波动，并在不同的时间形成顶部和底部，因为不同股票的震荡幅度和行情波段长短是千差万别的。

我也会传授关于棉花、小麦、玉米、燕麦、黑麦、猪油、咖啡、糖、可可豆、橡胶、丝绸和其他商品期货的教程，但我只会把这些方法教给那些愿意按照我的要求做的人。这些方法实在太有价值了，因而不能将它们广为散播，或是到了那些不能好好利用它们的人手里。所以我只会将这些方法传授给那些想要自己使用，并且不会试图将它们出版或销售给别人的人。除非是我确认他们在学成之后能够取得成功，否则我是不会将预测方法教给他们的。有些人不管是教给他什么样的方法或法则，他都不会成功。我不会拿了一个人的钱，教给他一些我认为他不会获益的东西。

那些希望在投机或投资上获得成功的人，就必须尽其所能去研究和了解关于市场的所有知识。俗话说得好，"知识大门开启的地方，就是告别投机行为的地方"。所以,每个想在投机或投资方面取得成功的人,都应尽可能多地获取的科学知识定为自己的目标,这样他就有能力赚钱了。

(六)江恩提供的科学服务

我的有关股市和期市的趋势判定方法已然经受住了时间的检验。我已经在纽约市生活了22年,并一直以我自己的名字开展业务。我提供的服务具有很多超出其他等级服务的高端优势,因为它拥有一个其他所有服务所不具备的东西,那就是"时间要素"。我的"时间因素"和"大周期"这两个发现,使我能够提前几年就对市场作出预测。我靠的不是那些仅凭空间波动得出的空间图,因为这些图会出错,并造成损失。我是将成交量与正确的单位时间内的行情图相结合,这样就可以帮我对股票的技术走势进行判断,所得出的结果比统计走势好得多,也快得多。时间可以说明一切。事实上,我在过去的15年中,一直向国内的各个地方和很多外国地区销售我的各类预测,这证明它是有价值的,因为人们在年复一年地续订它们。投资者和交易商总是愿意在那些能帮助他们取得更大成功的东西上花钱。为了得到最好的科学知识而花钱是值得的,因为把眼光放远,到头来,最好的总会是最便宜的,你不能指望分文不出就能得到好东西。经验教会我,帮助他人的最好方法就是告诉他们如何去帮助他们自己,如果我能够让订户来读我的书,并学会我的方法,他们就能借助我的服务取得更大的成功。

供给和需求简报——这项服务的目的是为你提供以科学方法为基础的有价值的建议,并告诉你如何去帮助你自己。只有傻瓜才会吃过一堑,却不长一智。我已经从我自己过去犯的错和赔钱的教训中得到了教益。我可以告诉你如何避开那些大多数华尔街上的交易者会犯的错误。

为工作忙碌的人提供服务——很多银行家、批发商、制造业者、律师、医生和生意人等各行各业的大忙人们,都没有时间去研究市场，并作出自己对股市的预测。所以，我们就是要为这些没有时间亲力亲为的人提供专业的分析服务。这项为工作忙碌的人开设的服务实际上就是一种私人服务。我们会替你盯着你的账户，时刻关注你的股票，并提出在何时应该买入或卖出某（几）只股票的建议，必要时我们会给你写信和发电报，但你要自己进行交易。我们不会代客交易，在任何情况下我们都不会处理那些全权委托的账户。我们出售的只是服务，别无其他。

因为置身于市场之外，不去进行任何买卖操作，也不插手任何股票推销，所以我能以数学科学和我的时间因素为基础，为你提出更好的专业建议，这是任何银行经理、经纪人或其他服务比不上的。为了获得成功，我们就必须让我们的订户能一直赚钱。对好的服务来说，我们为客户付出后，自身是不会有什么损失的，给我们带来的只有收获，也全都是收获。给别人的帮助越多，我们的获益也就越大。

供求简报

我每周发布三次供求简报，其中会包括对选股的建议。这份简报可以告诉你哪些股票是最好的股票，哪些股票的交易最活跃，并告诉你应该在什么时间和什么价位去买进和卖出。我也会建议设止损单的价位。

只有一种方法能够判定价格的波动，那就是我用的这种方式，即对供求和时间因素进行研究。供求会告诉你每个人正在做什么，而不是一群人或公众在做什么。供求信息可以显示出是多空哪一方的力量占了上风，如果来自公众的需求大于来自所谓内幕人员的供给，股价就会涨，反之亦然。但是要记住，公众从来不会引领市场太长时间，因为他们是没有组织的，也没有领导者，最后的结果只能是溃不成军，落得一身亏损。我每天都在研究市场，确定供求力量对比是否发生变化，并找出哪方占优，这样就可以让我的订户在大幅波动的行情中得到利益。

一般人会去猜行情下一步会怎么走，或是跟着内部的小道消息，或所谓"真正的"内部消息跑，这样的人到最后都会赔个精光。我可以告诉你，内部消息是不可能得到的，只有"傻瓜和笨蛋"才会盼着得到它。你能想象那些做行情的人会告诉你，他们什么时候会买进和卖出股票吗？如果他们这样做了，他们就成傻瓜了。他们要先从别人手里买进筹码，等到他们想卖出时，他们就必须要找到买主。别自己骗自己了，那些内幕人员会使尽一切办法来为他们的操作保密。

很多人常犯的一个错误就是只订阅一个月的市场简报。当时市场可能正处在蓄势或派发阶段，因而在一个月之内都没有什么大的波动，接下来他们就不订了，还会批评我的简报。要记住的是，我不是做行情的人，我只是在跟踪那些有操控股价情况发生的股票，一旦股价要出现大的波动，我就会让你赶紧介入。如果你使用我的服务时间足够长，已经熟悉了我的方法，你就会对它的价值赞赏有加，并成为一位长期订户。

在订阅简报时，另一些人就经常犯的错误是，自认为已经了解到未来市场的走向，然后就不续订了，并且还说："嗯，好了，我知道市场的趋势了，现在我不需要这份简报了。"接下来，我可能突然发现市场发生了变化，于是会建议我的订户卖出手中的股票，而那些没有得到我的简报的人还在抱着股票，他们不知道趋势已经发生了改变，所以这些人自然就会赔钱，可他们反过来还会责怪我。

人们常会给我写信，问一些我对鲍尔温、美国钢铁、通用沥青或一些具体股票的看法。我会根据当天的时间因素和成交量的情况来判断它们的走势。如果几天后，我看到成交量出现大幅放大或萎缩，我就会改变我的立场，所以我今天怎么看一只股票并不重要，重要的是过些时候我会对它有什么样的看法。这就是为什么我会一周发三次简报，因为市场在变化，我这样做的话，能够建议我的订户及时去改变他们的多空立场，保护他们的资金免受损失。如果市场的趋势从来都不发生转向，也就没必要一周发三次简报了。

人们也常来信说："你在某某天对某只股票是看空的，可现在，你在一周三次的简报里，却又开始对它看多。"我的回答是："一个聪明人会改变他的看法，而傻子则不会。"当一个人发现有理由改变想法时，他能够快速地去改变，那他就应该是你要跟随的人，因为他将保护你的利益不受损失。那些愚笨和固执的人，死抱着股票不放，傻傻的盼着股价还能涨回去，却对眼前的事实视而不见，最后只会毁了自己。你来到这个市场是奔着赚钱的，当具体的市场状况需要你改变想法时，你就要随时准备变换多空立场。

一周三次商品期货简报与股市简报是分开来发的。它会在每周一、周三和周五发出，涵盖了棉花、棉籽油、小麦、玉米、燕麦、黑麦、猪油、咖啡和糖的信息。每周简报会在周五发出，包含的内容与上面一样，订阅价格也与股市简报相同。

股市年度预测：

我的股市年度预测会在每年的12月发布。这个预测会给出下一年的股市趋势、每个月高点和低点会出现的时间，年度的极高点或极低点预计会出现的时间，还有股市是在牛市或熊市周期中。年度预测是以我发现的"时间"因素为基础的。在过去20年中，我已经能够预测出每一次重要的行情。最近几年的预测复制本可以随之免费邮寄。

年度预测的价格为每年100美元。每月1日会向订户邮递当月的增刊。

棉花与谷物的年度预测：

每年的12月，我会发布包括棉花在内的下一年商品期货的年度预测。这份预测包括了各种商品期货的行情图和期货期权的预期曲线，也提示了见顶或见底的日期。这份预测的价格是100美元，也含每月一次的增刊，必要时还会加刊。

谷物预测包括小麦、玉米、燕麦、黑麦和猪油。

咖啡、糖和可可豆合并在一份预测中。

橡胶的预测包括了各种橡胶期货。

上述每份预测的价格为100美元。

我们会根据要求提供丝绸、牛皮、粗麻、黄麻和麻袋，以及其他商品的年度预测。如果有需要的话，也会提供个股的年度预测。

威廉·江恩科学服务公司
纽约华尔街91号